Angelika Aliti, geboren 1946, ist Lebens- und Sozialberaterin sowie freie Autorin in Wien. Mutter von zwei Kindern. Studium der Sozialpädagogik und Ausbildung als Journalistin in Hamburg. Einige Jahre als freie Schauspielerin tätig. Initiatorin von TEMENOS, einem Programm für Bewußtseinsarbeit, das sich zum Ziel setzt, Lebensangst aufzulösen. Als Buchpublikation ist bislang erschienen: »Die Sucht, unsterblich zu sein. Warum der Mensch den Tod fürchtet und darüber das Leben versäumt« (1991).

Dieses Buch wurde auf chlor- und säurefreiem Papier gedruckt.

Vollständige Taschenbuchausgabe November 1994
Droemersche Verlagsanstalt Th. Knaur Nachf., München

Umschlaggestaltung: Adolf Bachmann, Reischach
Umschlagabbildung: Henri Matisse – Blauer Akt
Druck und Bindung: Elsnerdruck, Berlin
Printed in Germany
ISBN 3-426-77119-5

2 4 5 3 1

Angelika Aliti

Die wilde Frau

Rückkehr zu den Quellen weiblicher Macht und Energie

Knaur

Inhalt

Vorwort

Es gibt keine bessere Nacht, um ein Buch wie dieses zu beenden. Es ist Vollmond und die Nacht von Samtene. Von Osten her ist der Mond schon aufgestiegen und beleuchtet die Berge so weit, als wäre es gerade ein Katzensprung bis zu den Wassern, die Kreta von mir trennen.

Das vergangene Samtene war ich dort unten, hockte auf den Felsen gleich am Meer, es war warm wie im Sommer, und ein Gewitter tobte zwölf Stunden lang über meinem Dorf, daß man nicht wußte, ob es nicht doch der Untergang der Welt war. Blitze schlugen in das Wasser ein, die gesamte griechische Freundlichkeit wandelte sich in den Ernst des kommenden Winters, und auch mein Dorf erinnerte genau wie das ganze Hellas nach einem weiteren touristenreichen Sommer an eine traurige Hure mit verrutschter Perücke und einem frischen Riß im Kleid. Alle waren müde, hatten schmerzende Füße und wollten noch gar nicht so genau wissen, wieviel ihrer Selbstachtung in dieser Saison auf der Strecke bleiben mußte für den Anbau am Haus und ein neues Auto.

In einem der alten Häuser, die ein wenig weiter hinten vom Meer standen, aber doch auch nicht so weit in die Berge hinein wie die Neubauten, die vom Geld der Touristen gebaut worden waren, winkte mich eine alte Frau herein. Im Halbdunkel des Raumes forderte sie mich auf, ruhig in der Mitte des Zimmers stehenzubleiben. Mit einem alten Räuchergefäß, aus dem es duftend und weißlich nach Salbei, Myrrhe, Thymian und Wermutkraut aufquoll, umkreiste sie mich mehrmals linksherum, das heißt, sie begann rechts und nahm dann gleich die Kurve nach links und murmelte auch für mich – möglicherweise auch für sie selbst – fremde Worte. Ich habe nicht gefragt, was sie da tat. Sie war keine Hexe, sie war eine ganz normale Hausfrau, Gattin eines geldgierigen Hausvermieters, und was ihr Bewußtsein anging auf die übliche, bigotte Weise christlich-religiös. Sie war aber auch die Erbin einer versunkenen Kultur, die einst von den griechischen Eroberern vernichtet wurde. Was immer sie da tat, sie wußte wohl noch, *wie* man es machte, aber sie wußte nicht mehr *warum*. Schon gar nicht hatte sie eine Ahnung, daß sie es in einer Nacht tat, die ein Volk, das wir heute als Kelten bezeichnen, als eines seiner wichtigsten Feste des Jahres feierte und Samtene nannte. Genausowenig war ihr bekannt, daß dieses Fest in allen alten Mutterreichen einmal gefeiert worden war.

In den alten Zeiten war dies die letzte Nacht des Jahres. Danach kam bis zum Frühjahr die Nicht-Zeit, in der die Nächte der Finsternis das Leben bestimmten. Man entzündete haushohe Feuer und lud die toten Ahnen in das Haus, zeigte ihnen, was man über das Jahr geschaffen hatte, ließ sie teilnehmen, hörte auf ihren Rat (wenn er etwas taugte), aß und trank reichlich, gab denen, die nichts hatten, und feierte ein wildes Fest von Tod und Leben.

Ich blicke also zurück auf das, was ich in diesem Jahr geschaffen habe. Es war vor allem von diesem Buch bestimmt, dessen letzte Zeilen ich gerade schreibe. Manchmal war es eine Befreiung, ein Gesang und ein Tanz, häufiger aber war es ein mühsamer Kampf um den Ausdruck meiner Gedanken und Gefühle, von denen ich jetzt weiß, daß sie deshalb von einer solchen Schwere waren, weil die wilde Frau mich und mein Leben an dem messen wird, was ich erzähle – und nur manchmal war es in diesem wunderbaren Sommer, als wäre ich noch ein Kind, das seine Hausaufgaben machen mußte, während alle anderen draußen in der Sonne spielen gehen durften.

Schreibend habe ich – wieder einmal – eine Grenze überschritten und mich verabschiedet von meinem Beruf, weil ich eine pathologische Auffassung der Welt nicht länger teilen mag, in der die Menschen nun wohl bald nicht mehr nur als körperlich defekte Maschinen, sondern auch als seelisch defekt betrachtet werden. »Mach eine Therapie« als Heilmittel gegen den Wahnsinn einer solchen Gesellschaft. Die Psychotherapie ist mir viel zu eng, zu klein, zu brav und zu zahm. Das, was ich lehre, ist dagegen wild und grenzenlos. Vor allem ist es weiblich. Kein Bedauern ist angebracht, es ist nur ein weiterer Abschied in die Vollendung.

Was ist das nur für eine verrückte Welt, die wir da im Laufe der letzten Jahrtausende auf den Kopf gestellt haben! Was habe ich noch darin verloren? Nichts, außer meiner Wahrhaftigkeit. Was habe ich noch darin zu suchen? Nichts, außer dem Weg hinaus ins Freie.

Lugitsch im November 1992 Angelika Aliti

Erster Teil

Abschied von den Männern

Mit ausgebreiteten Armen steht Kalypso und wartet. Als keine Regung von ihm kommt, läßt sie die Hände sinken. Sie steigt hinunter und wartet. Aber er spricht nicht. »Du kannst meine Kraft nicht ertragen. Du sehnst dich. Ich sehne mich. Aber wir sehnen uns fort voneinander« ... Kalypso lachte und hob die Hände über den Kopf, dann warf sie sich mit einem Schrei ins Wasser und als sie wieder auftauchte, war ihr üppiger Leib mit silbrigen Schuppen überzogen. Sie tauchte unter und sprang über die Schaumkronen. »Warte«, rief Odysseus, »warte doch ... Sieben Jahre habe ich gewartet«, sprudelte sie aus der Meerestiefe. »Jetzt habe ich Lust zu leben.«

Luisa Francia, Kalypso

1. Kapitel

Ich bin das Chaos, die Finsternis, die Frau

Als ich geboren wurde, war gerade ein Jahr zuvor der Weltuntergang vollbracht. Hätte damals, ein Jahr nach dem Zweiten Weltkrieg, nach Vernichtungslagern und Bombenteppichen, nach insgesamt etwa dreißig Millionen ermordeter Menschen jemand prophezeit, daß der Weltuntergang weitaus mehr wie der Untergang der Titanic aussehen würde, mit aufspielendem Orchester und luxuriösen Roben, mit Champagner und Überfluß auf einem angeblich unsinkbaren Musikdampfer, einem Triumph menschlicher Technik, statt des Grauens, das damals allen vor Augen geführt worden war, niemand hätte es geglaubt, geschweige denn auch nur annähernd eine Vorstellung davon entwickeln können, auf welche Weise bald darauf alles Leben auf der Erde endgültig und unrettbar in Gefahr geraten würde.

Als ich ein Kind war, glaubte ich, Häuser und Straßen der Stadt seien genauso gewachsen wie Bäume. Daß es sich dabei nicht um Natur handelte, wollte mir als Großstadtkind nicht in den Kopf. Um mich herum waren alle anderen von mindestens ebenso sonderbaren Vorstellungen befallen. Erwachsene Menschen waren allen Ernstes davon überzeugt, daß so abstrakte und unbeseelte Dinge wie das Bruttosozialprodukt nicht nur wachsen *könne*, sondern vor allem *müsse*. Fabriken wuchsen aus dem Boden wie Pilze; die Industrie wuchs überhaupt, später der Tourismus und andere Dienstleistungsbranchen. Jedes Jahr mehr Geld: das schien allen selbstverständlich. Der Glaube an das grenzenlose Wirtschaftswachstum war ebenso grenzenlos.

Ich wurde außerdem in der Überzeugung erzogen, dies sei folgenlos, ja geradezu natürlich. Ich lernte zwar, daß alles seinen Preis kostet, aber nichts über Konsequenzen. Das Gesetz von Ursache und Wirkung schien nicht zu gelten.

Heute – ich bin in meinen mittleren Jahren angelangt – weiß ich, wie alle wissen, daß wir am Ende sind. Das ungehemmte Wachstum künstlicher Dinge, unser materieller Wohlstand und Reichtum bringt unsere Erde um. Sie ist bereits so beschädigt, daß berechtigte Zweifel bestehen, sie – die Lebensraum aller Lebewesen ist – überhaupt noch retten zu können. Zwar tun wir alle in unserem alltäglichen Leben so, als spielte die Musik noch, aber das Schiff sinkt bereits. Und während wir weitertanzen, als wäre nichts geschehen, betreten die Ratten wieder einmal das sinkende Schiff; diesmal im Kostüm von Gurus aller Art, politische und esoterische Erlöser, Megatrendforscher und Gen-Manipulateure, alle diejenigen, die es noch immer nicht sein lassen können.

Die Menschheit, oder besser gesagt, die weiße, westliche Zivilisation, etwas, was im allgemeinen Sprachverständnis häufig auf arrogante Weise gleichgesetzt wird, hat nur etwa ganze 3.000 bis 5.000 Jahre gebraucht, um das zu erreichen, wobei die Sache in den letzten hundert Jahren derart beschleunigt wurde, daß in diesem letzten Jahrhundert mehr zerstört wurde als in den 29 vorhergehenden. In diesen Jahren haben wir für unsere Kinder endgültig keine Zukunft mehr geschaffen, sondern ihr

Erbe selber aufgebraucht. Wir haben das, was uns die Erde bietet und schenkt, nicht mehr pflegend geliebt, um es weitergeben zu können; wir haben verbraucht und konsumiert, was das Zeug hält. Und je mehr wir verbraucht haben, um so raffgieriger wurde unser Blick, mit dem wir die noch verbleibenden Mengen an Rohstoffen maßen, allenfalls fürchtend, sie könnten schon zu unseren Lebzeiten erschöpft sein. Schamlos haben wir nicht einmal bei dem Verbrauch des Erbes unserer eigenen Kinder haltgemacht, sondern das Erbe der Kinder fremder Völker gleich mitverjubelt. Wir haben, so widersprüchlich es klingen mag, alles andere als materiell gelebt. Dieses Wort ist engstens wortverwandt mit dem Wort Mater = Mutter. Unsere Zivilisation ist vor allem durch die Verachtung und den Mißbrauch der Materie gekennzeichnet. So gesehen, sollten wir eher lernen, wieder materiell zu werden, anstatt mit unserem Kopf in den Wolken Mutter Erde wie einen Selbstbedienungsladen zu plündern. Dreitausend Jahre sind nicht viel, wenn man die vier Milliarden Jahre Evolution auf Erden betrachtet. Dreitausend Jahre Leben auf Kredit zieht allerdings einen Bankrott nach sich, der sich gewaschen hat.

Nie zuvor in der Geschichte waren Menschen so begütert wie wir, die Angehörigen des weißen Mannes, und niemals mehr nach uns werden Menschen es auch nur annähernd sein. Niemals jedoch waren Menschen aber auch so dumm, so unwissend wie wir, haben Menschen so wenig mit ihrem Wohlstand, mit sich und dem Leben anfangen können. Wir haben den Boden unter den Füßen schon lang verloren.

Es ist nicht der Untergang der Menschheit, der uns bevorsteht, es ist der Untergang der weißen Zivilisation, die sich auf den gemeinsamen Nenner Patriarchat bringen läßt. Es hat in seiner Lebensfeindlichkeit mehr als bewiesen, daß es kein Weg ist, soll es also untergehen. Es ist das begrüßenswerte Ende der Hybris. Es ist nicht das erstemal, daß sich eine patriarchale Kultur selber umbringt. Aber es wird das letztemal sein. Wenn es je eine nächste menschliche Kultur auf Erden gibt, so wird sie nicht mehr vom männlichen Prinzip dominiert werden. Neu an diesem letzten Untergang aller Variationen patriarchalen Untergehens ist lediglich, daß die weiße Zivilisation diesmal den ganzen Planeten Erde in Mitleidenschaft gezogen hat. Wie auch immer das Patriarchat daherkam, es war von Anbeginn an ein Vernichtungsfeldzug, das heißt ein Krieg Mann versus Leben, ein Versuch, das Vaterland über Mutter Erde zu stellen. Die Folgen waren von Anfang an global.

Meine griechische Heimat, die Wiege des europäischen Patriarchats, trägt noch heute an den Verletzungen, die ihr vor mehr als zweitausend Jahren, zu Anfang dieses Vernichtungsfeldzuges beigebracht wurden. Die lebenspendenden Wälder, die über Generationen für den Bau von Kriegsschiffen abgeholzt wurden, sind bis heute nicht mehr nachgewachsen. Der einstmals fruchtbare Boden ist verkarstet, kein Aufforstungsprogramm der Welt kann den Schaden je wiedergutmachen. Und so büßten viele Generationen mit bitterer Armut dafür, daß ihre Vorfahren den patriarchalen Hals nicht voll genug bekamen. Das war, wie gesagt, nur der Anfang der Destruktion, im Vergleich zu dem, was heute angerichtet wird, vergleichsweise harmlos. Es ging weltweit weiter so mit einem Tempo, das sich progressiv steigert bis auf den heutigen Tag.

Die Rücksichtslosigkeit des weißen Patriarchats macht auch vor sich selber nicht halt. Wir haben geglaubt, daß Sicherheit und Wohlstand die neuen Götter sein werden, die uns zu einem glücklichen Leben verhelfen werden, indem wir Materie in Güter verwandelten. Um das zu erreichen, haben wir besonders seit der Zeit der Aufklärung auf das Wissen gesetzt. So sind wir zu den gebildetsten Dummköpfen geworden, die es jemals gegeben hat. Wohl wissen wir vieles *über* die Dinge, aber wir verstehen gar nichts vom Leben. Ich verstehe von einer Sache erst dann etwas, wenn ich mich auskenne. Auskennen werde ich mich erst, wenn ich Potenz und Erfahrung habe. Das ist das ganze Geheimnis der Kompetenz. Alle Güter und Sicherheit, aller Wohlstand und Luxus und alles Wissen »über« hat uns nicht nur nicht glücklich gemacht, es hat uns die Erfahrung gebracht, daß wir auch mit sattem Bauch und saturierter Lebensweise, trotz Infrastruktur und sozialem Netz immer noch unglücklich sind.

Wir leiden, doch woran? Die Symptome sind bekannt. Trotz eines vorbildlichen Gesundheitssystems, trotz einer gigantischen Pharma-Industrie steigt die Zahl der Erkrankungen quantitativ und qualitativ. Ehen und Beziehungen erscheinen trotz zahlreicher Ratschläge aus Büchern und Therapien ein Hort seelischen Leidens. Einsamkeit und Isolation sind eine häufige Erscheinung städtischen Lebens. Gewalt und Kriminalität lassen sich nicht bekämpfen, und auf der ganzen Welt herrscht weiterhin Krieg, der mittlerweile vor allem den Tod und die Vernichtung der Zivilbevölkerung zum Ziel hat. Diese Liste der Leidenssymptome ließe sich endlos weiterführen. Die Zivilisation hat viele Lösungsmöglichkeiten zu ihren Problemen erprobt, und alle haben versagt. Das Problem besteht darin, daß bis heute nicht wahrgenommen wurde, worin das Problem wirklich besteht.

Wer leidet, dem fehlt etwas. Wohl bleibt die Summe

aller Materie immer gleich, ihre Qualität allerdings nicht. In Güter verwandelte Materie macht aus unserer Mutter Erde einen intergalaktischen Müllhaufen. Analog zum qualitativen Verlust von Materie haben wir auch geistig-seelisch etwas verloren, denn diese drei Dinge lassen sich nicht trennen. Auf der Suche nach dem, was uns fehlt, haben wir die Seele entdeckt und viel Zeit und Kraft auf das Studium der menschlichen Beziehungen verwendet, weil wir doch sonst alles hatten. Wir leiden immer noch. Wir werden weiter leiden, solange wir nicht erkennen, daß Leiden nur dann entsteht, wenn Lebensgesetze verletzt werden, wenn der Mensch aus der Ordnung des Lebens herausgefallen ist.

Menschsein heißt Leiden. Ich wurde nicht zur Christin erzogen, aber ich entkam der Selbstverständlichkeit dieser Annahme ebensowenig wie andere Menschen, die ausdrücklich im Geiste des Christentums aufwuchsen. Du kannst es nicht ändern, also leide, war eine unausgesprochene Botschaft, die mir von allen vorgelebt wurde. Mehr noch: Wenn ich nicht leide, werde ich nicht lernen. Jedes philosophische Werk, das ich in die Hand nahm, erzählte mir das gleiche, jede mir zugängliche Religion ebenso. Jahrtausendelang haben Philosophie und Theologie unter gewaltigen Anstrengungen versucht, das Böse in der Welt zu erklären oder das Gute herbeizureden.

Aber je mehr das Wort Humanismus beschworen wurde, um so weniger wurde eine Antwort darauf gefunden, daß nicht dem Tier, sondern dem Menschen die Bestialität vorbehalten ist. Erst spät gingen mir die Augen auf: Nicht dem Menschen, sondern dem patriarchalen Menschen ist die Bestialität vorbehalten, denn er hat die Macht der Mütterlichkeit abgeschafft. Eine Welt in den unkontrollierten Händen des Vaters ist eine

Welt ohne Wärme und Liebe. Dazu bedurfte es des historischen Blicks und der Bereitschaft, hinter die Dinge sehen zu wollen, um Zusammenhänge zu erkennen. »Trenne und herrsche« ist die Basis des Patriarchats. Wer in eine solche Welt hineingeboren wird, hat wenig Möglichkeiten, Zusammenhänge zu erkennen. Dies jedoch ist notwendig, um wieder Verbindung mit dem Leben zu bekommen.

Die ganze Welt, die wir kennen, deren größte vorstellbare Einheit wir Universum nennen, ist ein Organismus, also etwas, das zusammenhängt, um – miteinander – leben zu können. Wir jedoch haben uns auf alles, was trennt und getrennt ist, spezialisiert. Wir glauben, die Wahrheiten zu finden, wenn wir zerlegen und aufspalten bis in die kleinste Einheit. Wenn wir endlich den kleinsten Baustein des Lebens gefunden haben, werden wir wissen, was Leben ist. Dieser Gedanke spukt in menschlichen Köpfen seit Platon und Aristoteles. Beide stehen hier an dieser Stelle als Symbol für den Beginn einer Zivilisation, der wir zur Zeit zu ihrem Ende verhelfen, weil sie sich vor allem durch Zerstörung auszeichnet, was gleichbedeutend mit zerlegen ist. Der Mensch kann wohl zerlegen, um zu sehen, was sich in der Erscheinung des Ganzen verbirgt, aber was einmal zerlegt, gespalten, getrennt ist, kann nicht wieder zusammengesetzt werden. Auch so könnte man das zweite thermodynamische Gesetz betrachten.

Was heute ein Ende findet, muß logischerweise einmal einen Anfang gehabt haben. Was einen Anfang hatte, war also nicht immer da, es muß demnach etwas vorher gegeben haben. In jedem Anfang ist das Ende bereits enthalten. Wenn wir diesen Gedanken weiterverfolgen, so muß auch das Ende auf die Art des Anfangs schließen lassen.

Ich will mich an dieser Stelle noch nicht mit dem beschäftigen, was vor Beginn des Patriarchats war, obwohl der Anfang des Patriarchats untrennbar mit dem, was vorher war, dem Paradies, dem Matriarchat, dem Land, wo Milch und Honig fließt, verbunden ist. Denn der Wunsch, das Matriarchat zu zerstören, die Macht des Lebens zu brechen, hat dem Patriarchat seinen destruktiven Charakter verliehen. Hier, an dieser Stelle, soll das Patriarchat in seiner Ganzheit betrachtet werden, so daß sein Charakter sichtbar wird. Erst der Blick auf das zusammenhängende Ganze kann erklären, warum Menschen leiden und Tiere, Pflanzen und Bäume, Himmel und Erde in Mitleidenschaft ziehen. Es handelt sich um die Klärung unseres Standortes und um die Frage nach der Berechtigung dieses Standortes. Es geht um nichts Geringeres als den Mut, das, was normal ist, nicht als selbstverständlich und natürlich zu nehmen nur deshalb, weil alle so denken und alle so handeln. Das Märchen von des Kaisers neuen Kleidern sollte uns daran erinnern, daß ein klarer Blick und ein offenes Wort am besten geeignet sind, die Dummheit und Anmaßung von unberechtigter Herrschaft zu entlarven. Unberechtigte Herrschaft – im Grunde ein Pleonasmus.

Die Frage nach der Existenzberechtigung des Patriarchats zu stellen, ist deshalb nicht nur erlaubt, sondern notwendig, weil unsere Töchter, die heute gebärfähigen Frauen, die erste Generation auf Erden sind, die weltweit eine letzte Generation zur Welt bringt. Oder, um im patriarchalen Sprachgebrauch zu bleiben: Unsere Töchter sind die letzten Frauen, die ihren Männern Kinder schenken. Dies nicht etwa, weil sie von nun an ihre Kinder lieber selber behalten wollen, sondern weil es für die Kinder unter diesen Bedingungen kein Leben mehr geben wird. Daß dies nicht etwa eine katastrophale Begleiterscheinung der Evolution, sondern logische Folge des patriarchalen Systems ist, das manchem angesichts der paar tausend Jahre Existenz »wie ein geschichtlicher Unfall erscheint« (Heide Göttner-Abendroth), liegt auf der Hand.

Das Patriarchat zeichnet sich bekanntlich durch die Dominanz des männlichen Prinzips aus. Die Basis des Patriarchats ist die monogame Ehe und die hierarchisch strukturierte Macht der Herrschaft über andere (wie wunderbar präzise unsere Sprache doch ist, eine Damenschaft gibt es nicht), Abgrenzung und Egodominanz statt Verbundenheit; Staatenbildung, Nationalismus, Territorialkriege und Mord (Kain und Abel waren bekanntlich Männer).

Das männliche Prinzip ist allerdings ganz anders definiert. Yin und Yang, die beiden chinesischen Prinzipien von »männlich« und »weiblich«, bedeuten im allgemeinen heutigen Verständnis hell, schöpferisch und aktiv für das männliche; dunkel, passiv und empfangend für das weibliche Prinzip. Ursprünglich war die Bedeutung für Yin das Wolkige, Trübe; die für Yang: in der Sonne wehendes Banner. Noch deutlicher hat Pythagoras definiert, was ein patriarchaler Mann für das männliche und weibliche Urprinzip hielt: »Es gibt ein gutes Prinzip, das die Ordnung, das Licht und den Mann, und ein schlechtes Prinzip, das das Chaos, die Finsternis und die Frau geschaffen hat.«

Dies steht nun zwar ganz und gar im krassen Gegensatz zur Wirklichkeit einer patriarchalen Gesellschaft, aber nach einem Leben im naiven Glauben an die Möglichkeit, Männer mit der Wirklichkeit vertraut zu machen, und einem Leben in Empörung gegen die Ungerechtigkeit männlichen Denkens und Handelns, nach all den Kämpfen, die von dem Wort *auch* gekennzeichnet waren (ich bin *auch* ein Mensch, *auch* intelligent, *auch* fähig, *auch* etwas wert) nehme ich diese Definition an. Ich bin das Chaos, die Finsternis, die Frau. Man kann es auch anders ausdrücken: Ich werde fruchtbar sein wie das Chaos, wesentlich und essentiell wie die Finsternis, ich werde unberechenbar sein wie das Chaos und meine Kinder in der Dunkelheit verbergen, bis sie stark genug sind für ein freies Leben. Ich habe gelernt, mich im Licht zu bewegen, nun ziehe ich mich in die Finsternis zurück.

Dies ist kein Rückzug aus Protest, wenn es auch eine Abwendung ist. Eine Abwendung allerdings im Sinne von Loslassen. Protest ist Rebellion. Rebellion ist die Schwester der Fügsamkeit und bedeutet in jedem Falle eine Fixierung von gleicher Qualität. Der Rückzug, von dem hier die Rede ist, ist eine Abrechnung, eine Klärung des Standortes. Er bedeutet, ein Ende zu machen, damit etwas Neues beginnen kann. Es ist höchste Zeit, die Frage nach dem, was weiblich, was männlich ist, neu zu stellen; alle gängigen Definitionen abzubürsten vom Staub der Verfolgung von Interessen und der Verstrikkung in etwas, das der Volksmund »Kampf der Geschlechter« nennt.

Dieser Kampf der Geschlechter hat niemals stattgefunden. Zu diesem Kampf gehören Gegner, die einander ernst nehmen, das heißt, trotz aller Differenzen und Emotionen einander achten. Der Kampf der Geschlechter bestand darin, daß wir Frauen um, gegen und für den Mann gekämpft haben, während dieser nicht mittat, sondern mehr oder weniger unbehelligt von unserem Kampf seine Interessen durchsetzte. Frauen sind für den Mann niemals ein Gegenüber gewesen, sondern immer nur Mittel zum Zweck, eine Funktion. Ihm ging es stets um etwas ganz anderes. Dies hat ein anderer Gründungsvater des Patriarchats, der gelernte Pharisäer Paulus, mehr als deutlich gemacht mit seiner Aussage, daß der Mann zum Ruhme Gottes, die Frau aber zum Ruhme des Mannes geschaffen sei (1 Korinther 9, 7).

»Ich und der Vater sind eins«. Der dies sprach, war ein Sohn, und aus diesen Worten der Sehnsucht und Unterwerfung geht nicht nur hervor, daß der Sohn offensichtlich Probleme mit dem Vater hat, sondern auch, welcher Art diese Probleme sind. Beide Aussagen zusammen machen erst deutlich, worum es offenbar geht. Vater ist ein Über-Vater und will es bleiben. Er braucht seinen Sohn zu seinem eigenen Ruhme. Um dies zu erreichen und den Sohn zum Ruhmbereiter zu machen, weist er ihn ständig zurück. Der Sohn ist verurteilt zum ewigen Sohn und wird niemals erwachsen sein dürfen, noch darf er es wollen, sonst kann der Vater kein Über-Vater bleiben. Dies ist der wahre Kampf des Patriarchats. Frauen haben da nichts zu suchen. Dennoch spielen sie eine Rolle in diesem mörderischen Spiel. Es fragt sich nur: welche?

Die Rolle der Frau ist die der Benutzten, Betrogenen, der Erfüllungsgehilfin, deren innere Realität nicht mit der Wirklichkeit übereinstimmt. Zwischen Männern und Frauen geht es zu wie in der »Pension Schöller« – einer klassischen Verwechslungskomödie, in der ein Mann, der in eine ganz normale Pension kommt, glaubt, in einem Irrenhaus zu sein, und daher alle Verhaltensweisen der Bewohner als Beweis für deren Irresein nimmt. Das Komische an dieser Komödie ist, daß jede Partei den Text der anderen Partei in ihre Vorstellungen einbaut und vermeintlich versteht, obwohl nichts einen Sinn ergibt. Zwischen Männern und Frauen ist es nicht ganz so komisch.

Der Versuch der Verständigung war einer der vergeblichen Versuche, das Leben zwischen Männern und Frauen erträglich zu machen. Selbstverständlich mußte dieser Versuch, das Problem zu lösen, ebenso wie alle anderen scheitern, denn es handelt sich eben nicht um ein Kommunikationsproblem. Alle weiblichen Lösungsversuche waren von dem Wunsch nach Anerkennung durch den Mann geprägt. Diese jedoch werden wir niemals erreichen. Es ist besser, daß wir diese Realität lieber früher als später wahrnehmen, es ist eh schon zu spät. Der Wunsch nach männlicher Anerkennung und Wahrnehmung erzählt nicht nur von der Mißachtung der Frauen durch die Männer, er erzählt auch, daß Frauen weiterhin die Dominanz des männlichen Prinzips anerkennen. Frauen wollen auch das Licht, das Aktive, das Schöpferische symbolisieren. Sie wollen nicht das Wolkige, Trübe sein. Verständlich. Ich halte diese Forderung, diese Erwartung allerdings für höchst naiv. Wenn ich fordere und erwarte, dann will ich, daß mein Gegenüber meine Probleme löst, etwas für mich tut, mir etwas gibt. So gesehen warten wir Frauen nun schon dreitausend Jahre, und ich frage mich, wie lange denn noch? Wenn man nicht mehr das Wolkige, Trübe sein will, dann muß man eben damit aufhören. Das ist nicht nur leicht gesagt, es ist auch leicht getan, es hat allerdings seine Konsequenzen. Wer die nicht ziehen will, macht sich mitschuldig.

Indem Frauen die herrschende Definition von männlich und weiblich annehmen, beweisen sie, daß diese Definition stimmt, sie das Passive, Empfangende sind. Dies ist eine patriarchale Definition, und die wird logischerweise anders sein als eine matriarchale Erklärung des Weiblichen. Das ist nicht gleichbedeutend mit einer Erklärung aus männlicher und weiblicher Sicht. Die Auffassung einer Frau darüber, was weiblich ist, wird im Falle einer Identifikation mit dem männlichen Prinzip ganz sicher auf dem patriarchalen Boden weiblicher Passivität bleiben. Der Besitz von Brüsten und Vagina macht also noch lange keine Weiblichkeit aus, sondern erst die Tatsache, womit sich eine Frau identifiziert.

Ich bin das Chaos, die Finsternis, die Frau. All dies habe ich in mir geleugnet, nicht geliebt, nicht geschult, nicht gepflegt, nicht gedeihen lassen. Das aber wäre die Kunst der Passivität gewesen. Ich verstehe Passivität nicht so, daß man alles mit sich geschehen läßt, sondern es *sein* läßt, so daß es gedeihen kann. Wird uns Frauen diese Passivität nicht erlaubt, so müssen wir energisch eingreifen. Lassen wir es also sein und steigen wir in die Finsternis. Der Weg in die Finsternis ist gewiß ein Abstieg aus lichten Höhen. Es ist vor allem ein weiblicher Weg.

Das weibliche Prinzip aus weiblicher Sicht zu definieren, ist nach dreitausend Jahren Gehirnwäsche nicht ganz leicht. Wenn man alles verlernt hat, muß man ganz von vorn beginnen: in der Realität. Die sicherste Realität, die wir haben, ist unser Körper. Leben als weiblicher Körper ist zyklisches Leben, das zwei komplementäre Höhepunkte, den Eisprung und die Menstruation, kennt. Die Angst der patriarchal verzauberten Frau vor der Finsternis ist buchstäblich. Konzentriert auf die lichte Seite des Zyklus, auf Empfängnis, Gebären und Empfängnisverhütung, holpert sie dahin wie ein halbiertes Rad.

Sie ist aber auch eine »bloody woman«, die tagelang bluten kann, ohne daran zu sterben, eine offenbar so beängstigende Tatsache für alle, die das nicht erleben können, daß diese dunkle Seite des Zyklus seit Anbeginn des Patriarchats mit einem derart scharfen Tabu belegt ist, daß sogar eine heutige, aufgeklärte, wirtschaftlich unabhängige, selbst- und körperbewußte Frau davon überzeugt ist, vor allem eine Geruchsbelästigung zu sein, und das Blut zwischen ihren Beinen ihr vor allem als ein Sicherheitsrisiko in ihrer blitzsauberen Existenz erscheint. Sie schämt sich ihres Blutes, jedoch nicht ihrer Gedankenlosigkeit, wenn sie ihr heiliges Blut zu ihren Exkrementen wirft und die Toilette hinunterspült. Aller Protest ihres Körpers gegen diese Selbst-Vergewaltigung und die Weigerung, in die Tiefe der Finsternis zu steigen, das Leugnen der weiblichen Macht in Form von Schmerzen, Krämpfen, Depressionen und Über-Empfindlichkeit während der Menstruation hat eine medizinische Klassifizierung erhalten, was weder die Beschwerden noch die Tatsache der Finsternis vertreibt. Die dunkle Seite des Zyklus ist ein Augenblick der Wahrheit, der Lügen nicht erträgt und nur der Frau gehört. Es ist dieser Augenblick, der zeigt, daß Fürsorglichkeit und Mütterlichkeit nur ein Aspekt von Weiblichkeit ist, der gegenüber anderen Aspekten gleich-gültig ist. Mehr nicht.

2. Kapitel

Das Ende der Naivität: Ich habe geglaubt, er meint mich

Der Zustand unserer Welt ist in dem gleichen Maße mit dem Phänomen Patriarchat verknüpft wie der Zustand der persönlichen Befindlichkeit der in diesem System lebenden Menschen. Diese Befindlichkeit wird selbstverständlich anders sein, je nachdem, ob dieser Mensch weiblichen oder männlichen Geschlechtes ist. Der gesellschaftliche oder politische Zustand dieser Welt setzt die Akzeptierung und Identifizierung des einzelnen mit dem herrschenden gesellschaftlichen System voraus, sonst ließe sich dieses System nicht aufrechterhalten. Simpler ausgedrückt: Wenn nicht alle glauben, daß die Welt in der sie leben, richtig, wirklich und natürlich ist, so wie sie ist, wäre sie anders.

Frauen finden, wenn sie geboren werden, eine männlich dominierte Welt vor und haben zur Kenntnis zu nehmen, nur das zweite Geschlecht zu sein. Es leuchtet ein, daß ein solches Lebewesen eine andere Art von Bewußtsein entwickelt als ein männlicher Mensch, dem zwar schon in den Windeln klargemacht wird, die Nummer eins zu sein, der aber dafür seinen eigenen, besonderen Preis zahlen muß, ohne daß ihm dies je klargemacht wird. Die Frage ist nur, welcher Art das Bewußtsein ist, das eine in das Patriarchat hineingeborene Frau entwikkelt, und was sie damit anfängt. Noch unsere Großmütter stellten weder diese noch andere Fragen, wenn wir einmal von einzelnen, besonders mutigen und besonders widerborstigen Frauen absehen. Die Situation unserer Großmütter läßt sich einfach und treffend mit dem Begriff »Abhängigkeit« charakterisieren. Das bedeutete: Ohne Mann kein Leben; keine Nahrung, kein Obdach, kein Schutz. Und machen wir uns nichts vor: Ohne die Unterstützung und Duldung durch die Männer hätte keine der besonders mutigen und besonders widerborstigen Frauen in jenen Zeiten eine Chance gehabt, auch nur ansatzweise eine der beiden Eigenschaften auszuleben. Sie waren damals im Grunde das, was im Märchen der Narr am Hofe des Königs war.

Unsere Mütter machten nur eine Generation später ganz andere Erfahrungen. Während ihre Männer, Väter und Söhne endlich in voller Breitenwirkung ihrem freigelassenen Sadismus frönen durften und sich und andere in zwei Weltkriegen umbrachten, erhielten die Frauen zu Hause das Leben. Folgenlos. Kaum waren die Männer, oder vielmehr das, was von ihnen übriggeblieben war, wieder da, rafften alle die Röcke und rannten ohne Widerspruch zurück in die Enge an den heimischen Herd. Wenn ich die Augen schließe und das Bild der Frau in den fünfziger Jahren wiederauferstehen lasse, wenn ich mich daran erinnere, was als der Sinn im Leben einer Frau galt, so sehe ich einen Haufen dummer Hühner in Petticoats mit toupierten, bretthart gesprayten Haaren, die unter den kontrollierenden Augen ihrer asexuellen, in Hüfthaltern steckenden Mutter-Matronen verzweifelt darum bemüht waren, irgendeinen Mann dazu zu bringen, sie zu heiraten.

Zwischen dieser Zeit und heute liegen nicht nur Jahrzehnte, sondern Welten. Aber es hat uns nicht viel genutzt. Inzwischen gilt es als selbstverständlich, daß eine Frau berufstätig ist; es bedeutet keine Schande mehr, ein Kind ohne Vater aufzuziehen; beileibe nicht mehr alle Frauen sind daran interessiert, den Mann, mit dem sie leben, auch zu heiraten. Emanzipation, ein unseren Müttern noch fremdes, bis vor zehn Jahren beinahe obszönes Wort ist vertrauter Bestandteil unseres Sprachschatzes geworden. Alle äußeren Bedingungen unserer Abhängigkeit von Männern, die für unsere Großmütter noch bittere Wirklichkeit waren, gibt es nicht mehr, wenn wir nicht wollen.

Dies ist die Wirklichkeit aus gesellschaftlicher Sicht. Blicken wir auf die Befindlichkeit der einzelnen Frauen in ihrem ganz persönlichen Leben, so schaut es aus, als wäre die Zeit stehengeblieben. Die Probleme bestehen auf anderer Ebene fort. Hundertschaften von Autoren, Legionen von Therapeuten leben inzwischen recht gut von der allgemeinen Verwirrung, seit dem einzelnen Mann die alte Rolle des Machos nicht mehr so ohne weiteres gestattet ist und Frauen glauben, sich zu Superfrauen stressen zu müssen, um nunmehr Karriere, Mann und Kinder unter einen Hut zu bringen. Wir haben die Gleichberechtigung über die Illusion der Gleichheit der Geschlechter zu erreichen versucht und damit nur eine anders ungleiche Sache aus unserem Leben gemacht. Ungleich deshalb, weil wir zwar nicht mehr in der Welt unserer Großmütter leben, wohl aber noch mit ihrem Bewußtsein: Ohne Mann kein Leben.

Die Geschichte jeder Frau, die ich kenne, ist von diesem Gedanken bestimmt – es ist eine Geschichte von unglaublicher Anstrengung und Tapferkeit, aber auch von unglaublicher Selbstverleugnung und Entsagung. Vor allem aber eine Geschichte von großer Naivität. Viele naive Frauen, die ich kenne, halten sich selber nicht für naiv, sondern würden eher sagen, daß sie den Männern und deren Kraft und Fähigkeiten vertrauen. Sie halten sich selber für schwach und entwickeln machtvolle Kräfte und Energien gegen jemanden, der das Gegenteil behauptet und der vielleicht auf den Gedanken verfiele, ihnen ihre Macht und Stärke vor Augen zu führen. Sie würden alles dafür tun, daß ihr Leidens-Status nicht angetastet wird, bis dahin, sich in das Zentrum von Veränderung zu begeben und eine Therapie zu machen, um den unerträglichen Zustand erträglich zu machen. Eine naive Frau kann die Macht, die sie mit ihrer Passivität ausübt und demonstriert, nicht erkennen. Sie ist stolz darauf, stets zu Diensten zu sein, auch dann, wenn sie sich schon lang weit entfernt davon wähnt, die Magd ihres Herrn zu sein. Sage mir, welche Art Frau du willst, und ich werde es sein. Von dieser Vorstellung sind naive Frauen beherrscht und reagieren tief verletzt, mit Migräne, Depressionen oder anderen typisch weiblichen Symptomen, wenn sie nicht gleichzeitig beschützt wie ein kleines Kind und mit achtungsvoller Vorsicht, wie es einer erwachsenen Frau gebührte, behandelt werden.

Naive Frauen wissen, daß der ganze rosarote Brei vom Happy-End, die Hochzeit in Weiß mit dem Ave-Maria singenden Knabenchor, die Vorstellung von dem wunderbaren Haus voll großartiger Kinder, umsonnt vom liebevoll väterlichen Lächeln des rührend um sie besorgten Gatten, eine bösartige Illusion ist, und versuchen es trotzdem. Sie glauben, sie hätten einen Anspruch auf Glück, und dieses Glück käme vom Mann. Auch glauben sie, daß der Mangel an Glück im Leben anderer Frauen ein Beweis für deren Unfähigkeit ist, wie sie sich sofort als Versagerin erleben, wenn sich bei ihnen das Glück nicht einstellen will. Sie sehen im Mann eine Art eierlegende Wollmilchsau. Stellt sich dann heraus, daß er es nicht ist, versuchen sie, eine aus ihm zu machen. Funktioniert auch das nicht, versuchen sie es weiterhin, oder sie leiden resigniert bis zur Selbstzerstörung. Und er ist schuld.

Es ist naiv anzunehmen, mit einem Mann glücklich werden zu können. Als Lebensziel ist es sogar höchst töricht. »Männer und Frauen passen nicht zusammen« (Loriot). So, wie wir gelernt haben, daß es sein soll, war es nie vom Leben vorgesehen. Das, was wir für Liebe halten, die Ehe, die Beziehung, ist nicht Sinn des Lebens, sondern Sinn des Patriarchats. Was habe ich, eine Frau, eigentlich von der Ehe oder einer ähnlichen Verbindung, wenn ich mir mein Geld selber verdiene; meine Kinder selber aufziehen kann; mich unbehelligt in der Welt bewegen kann; Freundinnen habe, die mir zuhören und mich verstehen, und bei Bedarf Liebhaber, die mir Freude machen? Was hat ein Ehemann oder Lebensgefährte in einem solchen Falle zu bieten, außer daß er Platz wegnimmt und schmutzt, ein Energiefresser aus vergangenen Tagen? Diese Deutlichkeit zielt nicht gegen den Mann, sondern soll klarmachen, auf welchem für Frauen irrealen Boden sogenannte Liebe wächst. Liebe als Basis für eine Gemeinschaft der Geschlechter ist eine blutjunge gesellschaftliche Erfindung, noch keine 200 Jahre alt.

Keiner klugen Geschäftsfrau fiele es ein, mit einem Geschäftspartner zu fusionieren, weil er ein so wunderbares Lächeln hat oder so schöne Briefe schreibt. Aber aus derart banalen Gründen legen wir bedenkenlos unser ganzes Leben in die Hand eines Mannes, teilen mit ihm nicht nur Tisch und Bett, sondern vor allem Leib und Seele, ohne ihn vorher auf Herz und Nieren geprüft zu haben. Nicht die Liebe treibt Frauen weiterhin in die Beziehungskiste, sondern die Angst vor der Einsamkeit.

Frauen haben durchaus allen Grund, sich vor Einsamkeit zu fürchten, denn Frauen sind von Natur aus Beziehungswesen. Kinder kann man nur in der Gemeinschaft mit Hilfe anderer aufziehen. Ein Kind kann gar nicht genug Mütter haben, wenn es später einmal ein seelisch gesunder Mensch werden soll, und eine Mutter braucht viele helfende Hände, wenn sie imstande sein soll, sich ihrem Kind in Liebe und Aufmerksamkeit zuzuwenden, und dabei nicht sich selbst vergessen will. Diese matriarchale Art, Kinder aufzuziehen, finden wir bei allen höherentwickelten Säugetieren, zum Beispiel bei den Elefanten, den Löwen und den Delphinen. Die patriarchale Frau, die aus Angst vor Einsamkeit in die Enge einer Beziehung zum Mann flüchtet, findet genau dort die Einsamkeit vor, der sie zu entgehen gehofft hatte. Niemand ist einsamer als eine dem Mann dienende Frau.

Die Faszination, die Männer auf die naive Frau ausüben, besteht darin, daß sie es nicht fassen kann, daß eines dieser beinahe überirdisch privilegierten Wesen es ihr tatsächlich erlaubt, den Saum seines Mantels küssen zu dürfen. Sie, die sich und ihresgleichen als schwach erlebt und dafür verachtet, sieht noch in seinen lieblosesten Handlungen ihr gegenüber Zuwendung, Aufmerksamkeit und Auszeichnung. Noch in ihrem Leid lebt sie davon, eine Auserwählte zu sein. Das ist der Grund, warum es so vielen Frauen schwerfällt, von den Männern zu lassen. Die naive Frau wird ihr Leben lang um seine Liebe und Anerkennung kämpfen.

Anpassungsleistungen erschöpfen, Lebenshilfe für den Mann macht durch die Vergeblichkeit, dadurch Nähe herzustellen, traurig und bringt alle Freude am Leben zum Verschwinden. Ist sie endlich die Frau geworden, die der Mann sich gewünscht hat, muß die naive Frau feststellen, daß sie deshalb immer noch nicht geliebt wird. Im schlimmsten Falle wird sie den Vorwurf entgegennehmen müssen, daß er eine solche Frau, wie sie nach seinem Wunsch geworden ist, gar nicht will. Sie muß eventuell mit anschauen, wie er – dieses Spiels müde geworden – sich einer erwachsenen Partnerin zuwendet, die sich erfolgreich weigert, sein Geschöpf zu werden. »Ich habe geglaubt, er meint mich«, war der verzweifelte Ausspruch einer Frau, nachdem sie bei dieser Erfahrung angelangt war. Wie hätte er sie meinen sollen, wenn sie gar nicht sie selbst war? Und sie vergaß darüber, daß auch sie nicht ihn gemeint hatte, sondern den vermeintlichen göttlichen Repräsentanten der Macht über das Leben.

Spätestens jetzt sollte sie sich der Wahrheit stellen, daß der starke Mann und die Sicherheit durch ihn ein Mythos ist. Vor uns stehen neben einigen Dinosauriern aus der Macho-Zeit und etlichen energiefressenden Horrorbabys in Männergestalt ziemlich überforderte Figuren, denen die Frage, worin die männliche Existenzberechtigung über die Zeugungsfähigkeit hinaus eigentlich besteht, wie ein Alp auf der Brust liegt. Von uns Frauen kann die Antwort nicht kommen. Woher sollen wir das wissen, wir sind keine Männer. Hier findet unsere zweifellos große und von der naiven Frau geleugnete Kompetenz für das Leben ihre natürliche Grenze. Und wir werden in Zukunft alle Hände voll damit zu tun haben, herauszufinden, was Frauen eigentlich sind. Frauen sollten sich auch vor Mitleid hüten, das einen schon mal bei diesem Anblick gesammelter Ratlosigkeit überkommen kann, denn Mitleid ist eine Bitte um Schonung und die Falle, die vor der Beziehungskiste aufgestellt ist. Dort wartet eine Funktion auf die Frau und keine Liebe.

Es kann der Mann auf dem höchst fragwürdigen Gebiet patriarchaler Wissenschaft, Wirtschaft, Technik und Kunst nur dann Höchstleistungen vollbringen, wenn er materiell und emotional von mindestens einer Frau umsorgt wird. Diese Umsorgung kostet die Frau ihre Persönlichkeit, und das ist das Opfer, das dem Fortschritt, den wir kennen, zu erbringen ist, und daher der Frauen Beitrag zur Umweltverschmutzung. Die Höchstleistungen des Patriarchats, die nichts mit dem Begriff Kultur und alles mit einer lebensverachtenden Zivilisation zu tun haben, gipfeln in einer sterbenden Natur und darin, daß unsere Welt für unsere Kinder nicht mehr lebbar ist.

Das Patriarchat ist eine ziemlich heruntergewirtschaftete Firma. Ihre Vertreter sind es auch. Eine Sanierung kommt nicht in Frage. Was bleibt, ist das Ende der Naivität. Was bleibt, ist die Akzeptierung der Wirklichkeit. Dem Mann ist seine Identitätssuche zumutbar. Der Frau ist die Verantwortung für ihr Leben zumutbar. Wenn alle nicht mehr glauben, daß die Welt, so wie sie ist, natürlich ist, dann und nur dann kann sie anders werden. Das Lexikon definiert das Wort »naiv« als natürlich, unbefangen, kindlich, arglos, einfältig. Das sind Eigenschaften, die einem Kind angemessen sind. Ein Kind weiß noch nicht, daß es eine Göttin der Verantwortlichkeit gibt, die auf niemandes Knien sitzt und niemandes Diener ist. Sie ist eine unbequeme Göttin, die es den Frauen zumutet, nicht überall beliebt zu sein, isoliert zu werden, beschimpft und bekämpft zu werden, und daran zu wachsen, erwachsen zu sein. Sie fordert zur Eigen-Mächtigkeit auf. Sie schont die Frauen nicht, denn sie nimmt sie ernst.

3. Kapitel

Das Ende der Empörung

Ich habe es noch nie vertragen, nicht ernst genommen zu werden. Das ist vielleicht der Grund, warum ich mein Leben lang eine ziemlich wütende und ärgerliche Frau war. Immerhin habe ich die Zeit, als man weiblich und schwachsinnig noch in einem Zuge nannte, als bereits Erwachsene erlebt. In mir steckte soviel Zorn auf selbstgerechte Männer und sich selbst erniedrigende Frauen, auf die ungerechten Zustände in dieser Gesellschaft, auf Dummheit, Gleichgültigkeit und Bürokratie, daß ich mich selber manchmal vor mir fürchtete. Gern wollte ich die ungerechten Zustände in gerächte verwandeln. Mein Zorn, mein Widerspruchsgeist und der Mut, meiner Empörung jederzeit Luft zu machen, sorgten wahrscheinlich dafür, daß ich weniger unter dieser Männergesellschaft zu leiden hatte als viele meiner Geschlechtsgenossinnen. Ich machte einen furchtloseren Eindruck als andere Frauen, was möglicherweise zu weniger offensichtlicher Unterdrückung geführt hat.

Männer haben mich nie sonderlich beeindruckt. Ich betrachtete sie immer eher wie eine russische Aristokratin die neuen Herren nach der Oktoberrevolution: Alles Diebe meines alten Erbes. Immer stand ich auf der Seite der Frauen, denn ich stamme aus einer reinen Frauenfamilie, bei uns haben sich Männer nie lange gehalten. Aber auch ich habe meinen Anteil an Leid und Schmerz, an Mißachtung und Benutzung als Objekt abbekommen, so daß Angst, Furcht und Schrecken mich ebenso quälten wie alle anderen Frauen: Ich wurde als Kind jahrelang sexuell mißbraucht. Als Erwachsene habe ich mir viel von meiner Verantwortung abnehmen lassen und ließ mich auf meinem ureigensten Feld besiegen (ohne zu wissen, daß es mein ureigenstes Feld ist), so daß meine Kinder im Krankenhaus als Krankheit zur Welt gekommen sind und nicht aus eigener Kraft von mir geboren wurden. Ich erlaubte Männern immer wieder, schlecht mit mir umzugehen, und sorgte unaufgefordert dafür, daß ich sie nicht in ihrer Männlichkeit verletzte. Ich ließ es zu, daß ich mich meiner namenlosen Vulva schämte, die Schönheit der »Dreißigblättrigen« (griechisch für Rose) leugnete, und widersprach nicht, wenn das männliche Geschlechtsorgan als Phallus pathetisch geadelt wurde. Wenn ich auch Freuds Annahme, daß Frauen auch gern einen Piephahn hätten, als höchst sonderbar, wenn nicht neurotisch verwarf, so sprach ich doch niemals aus, daß Hoden und Penis eigentlich eher an »zwei kranke Kröten, die unter einem kaputten Ast hocken« erinnerten, wie Benoîte Groult einmal treffend und köstlich formulierte. Ich wehrte mich nicht immer, wenn mir Ungerechtigkeit widerfuhr, aber mit den Jahren immer mehr. Selbstverständlich wurde ich eine Feministin. Hätte ich etwa eine Maskulinistin werden sollen?

Es gehört schon ein gerüttelt Maß an Dummheit und Ignoranz dazu, die Ungerechtigkeit einer männlich dominierten Welt für uns Frauen nicht zu erkennen. Ich kämpfte gegen alle Formen der Gewalt, die Männer über Frauen ausüben, ob es sich um Vergewaltiger und andere Sexualverbrecher handelte oder um katholische Priester, die den wunderbar weichen und duftenden Leib einer Frau nicht kennen, aber mir und anderen erzählen wollten, wie wir mit diesem Leib umzugehen haben. Ob es nun um Gewalt und Lieblosigkeit in der Ehe ging oder um andere dreiste Formen der Kaschierung männlicher Erbärmlichkeit und Herrschaft – ich empörte mich. Ich maß jedoch mit zweierlei Maß. Die naive Frau in mir war nett bis zur Selbstverachtung und deutete hocherfreut als männliches Verständnis, wenn Männer sich mir zuwendeten. Und die Rebellin entlarvte währenddessen unnachsichtig, stieg auf die Barrikaden und strafte, wo es nur ging, auch wenn ich sehr mit meiner Beißhemmung zu kämpfen hatte.

Wir sind mit unserer Empörung auch nicht weitergekommen als mit unserer Naivität. Woran sind wir gescheitert? Am mangelnden Unrechtsbewußtsein unserer Gegner. Aber nicht nur daran. Wir scheiterten daran, daß wir die Männer ernst nahmen, sie uns jedoch nicht. Da gingen sie und nahmen, als wäre es ihr Geburtsrecht, die ganze Weite der Welt auf Kosten der Frauen in Anspruch, und ich brüllte mit anderen Feministinnen, daß ich meinen Anteil an der Weite der Welt forderte und nicht länger bereit sei, in der mir zugeteilten Enge meiner Welt zu verharren. Wir hatten allen Grund, die Männer ernst zu nehmen. Wir sind die tief verletzten Töchter von Generationen tief verletzter Vorfahrinnen, auf deren Blut, Knochen und Tränen diese Welt aufgebaut worden war, die Leidtragenden.

Ist eine Frau der Naivität entwachsen, sind ihr die Augen geöffnet worden, muß zwangsläufig Empörung folgen. Sie wird nicht mehr imstande sein, erfahrenes Leid unbemerkt hinzunehmen. Widerstand ist eine höchst notwendige Form des »Nein-Sagens«. Wenn Zustände ungerecht sind, dann ist das Gefühl der Empörung die richtige Antwort. Ohne die Zeit des weltweiten Protestes der Frauenbewegung in den siebziger Jahren würde sich die Frauenfeindlichkeit im Patriarchat noch immer hemmungs- und grenzenlos äußern dürfen. Wir dürfen nicht vergessen, daß die heutigen Gesprächspartnerinnen der Männer noch vor zehn Jahren als kranke Zwangsneurotikerinnen galten.

Wer jedoch erwartet hat, daß sich damit bereits etwas im Bewußtsein der Menschen geändert hat, ist in die Naivität zurückgeglitten und hat die Macht des Patriarchats und sein Gift in unseren Herzen unterschätzt. Patriarchal geprägte Männer können kein Unrechtsbewußtsein entwickeln. (Patriarchal geprägte Frauen übrigens auch nicht.) Unsere Empörung wird daher nicht mit der beschämten Einsicht der Männer belohnt werden. Manchmal schaut es so aus, als hätten wir uns verständlich gemacht, um dann feststellen zu müssen, daß der nächste Konflikt bereits ins Haus steht und davon erzählt, daß sich nichts, aber auch rein gar nichts geändert hat. Und verbittert beginnen wir von vorn mit unserer Sisyphusarbeit. So wie sich Wirtschaft und Industrie immer nur so weit bereit finden, die Erde weniger schädigende Produkte herzustellen, wie ein Markt vorhanden ist, wird ein Mann sich nur immer so weit verändern, wie es ihm etwas bringt. Das patriarchale System kann auf unsere Rebellion gar nicht verzichten. Der Zorn der Grünen erschließt der Industrie neue »biologisch-dynamische« Märkte, und die Empörung der Feministinnen macht auf Mängel in den Beziehungen der Geschlechter aufmerksam. In beiden Fällen hat es zum Ergebnis, daß das System nach der Umstellung effizienter arbeitet.

Mit unserer Empörung haben wir um Gleichberechtigung gekämpft. Das ist ein »*Auch*-Protest«. Wir forderten die Weite der männlichen Welt, wollten den Weg des Mannes gehen; seine Gefährtin der Freiheit werden; das Patriarchat für uns erobern. Es war der Überdruß, *underdogs* zu sein. Wir wurden Wissenschaftlerinnen, Busfahrerinnen, Pilotinnen, Managerinnen. Wir bewiesen, daß wir Superfrauen sein können, ohne aufzuhören, Mütter, Ehefrauen, Lebensgefährtinnen zu sein. Das war eine große Leistung, das war eine traurige Leistung. Wir wollten »davon genesen, Frauen zu sein«, wie Benoîte Groult in den siebziger Jahren schrieb. »Nicht davon, als Frau geboren zu sein, sondern davon, als Frau in einer Männerwelt groß geworden zu sein und davon, jede Phase und jede Handlung unseres Lebens mit den Augen von Männern und nach männlichen Kriterien gesehen zu haben.«

Unsere Empörung ließ uns mittendrin steckenbleiben. Hätten wir begonnen, uns und die Welt mit weiblichen Augen zu sehen und weibliche Kriterien zu entwickeln, das Patriarchat hätte sich nicht aufrechterhalten lassen. So haben wir den männlichen, uns beurteilenden Blick beibehalten und die männlichen Kriterien verinnerlicht, und wurden wütend. Zornig starrten wir auf die unbeweglichen Männer, die ihre Privilegien nicht und nicht aufgeben wollten, und forderten sie dazu auf, sich zu schämen, männlich zu sein. Wir wollten nurmehr denen unsere Gunst schenken, die uns unsere Freiheit gewährten. Wir wollten das Wissen der Männer über uns Frauen erweitern und träumten davon, dem Patriarchat ein menschliches Gesicht zu verleihen. »An jenem Tag werden sie selbst nicht mehr scharf darauf sein, die Rolle des Männchens zu spielen; es wird sie vielmehr betören, ihr Ebenbild vorzufinden – das dennoch verschieden von ihnen ist –, und sie werden in diesem wunderbaren

Unterschied alle Wunder des Lebens entdecken« (Benoîte Groult).

Das passierte selbstverständlich nicht. Sie ließen sich nicht betören (welch naive Vorstellung!) Und so blieben wir wütend auf die Männer. Damit war erwiesen, daß ER auch weiterhin das Problem ist. Langsam sollte es uns dämmern, daß es unsere Großmütter sind, die da aus uns sprechen: Ohne Mann kein Leben. Nicht der Mann ist unser Problem, sondern unser Verharren in der Empörung, die inzwischen nichts anderes bedeutet, als Warten auf Gewährung der Freiheit. Wir warten, als wären wir verehelichte Godot.

Die Freiheit kommt ganz von allein, wenn wir nicht stehenbleiben. Empörung heißt Einhalt gebieten. Und dann muß man gehen. Viele der empörten Frauen kehrten nach den Jahren des Frauenprotestes in den Siebzigern mit Wut im Herzen zurück in die Enge, um mit dieser Demonstration die Klage aufrechtzuerhalten. Andere steigen nicht mehr herunter von den Barrikaden, hocken dort wie festgefroren, während ihr Protest in Larmoyanz umkippt, weil sie hoffen, daß ihr Durchhaltevermögen die Lage verändern wird. Sie scheinen die Sache aussitzen zu wollen.

Auch ich habe lange gebraucht, ans Ende der Empörung zu gelangen. Ich mußte erst krank werden. Vor lauter ohnmächtiger Wut ist mir das Zentrum meiner Weiblichkeit, die Gebärmutter, beinahe explodiert. Das kann es geben, wenn das Vertrauen, das man in Männer setzt, immer wieder mißbraucht wird. Erst als die Gynäkologen schon die Messer wetzten, um mich von meinem Zentrum zu »befreien«, zog ich es vor, an mir selber zu gesunden, indem ich mich bewegte. Ich warf den Mann, der mich krank machte, aus dem Haus. Mein Zorn und meine Wut sind mir erhalten geblieben. Ich kann jetzt mit ihnen umgehen, weil ich auf das höre, was sie mir erzählen.

Zorn und Wut machen die Welt nicht gut, aber sie sind wunderbare Sprungbretter in die Aktivität. Wenn wir in diesen Gefühlen verharren, fließt all unsere Lebensenergie aus uns heraus, ohne sich regenerieren zu können. Dann werden wir hart. Was hart und starr ist, bietet eine gute Angriffsfläche, weshalb wir uns dann panzern müssen, wollen wir nicht weiterhin verletzt werden. Der Panzer jedoch ist ein patriarchales Symbol, Leben ist auf diese Weise nicht möglich. Wenn wir ihren Ausdruck pflegen und trainieren, führen sie uns zuerst in eine erwachsene Form der Traurigkeit, und dann zu neuen Ufern. Weibliches Selbstbewußtsein ist nicht zu erlangen ohne Wut und Zorn, jedoch sind sie Werkzeuge und kein Zustand.

Wilde Wut, heiliger Zorn. Wohin damit? Ich will sie mitnehmen auf meinen Weg in die Finsternis. Sie sind Teil meiner weiblichen Identität geworden, besser gesagt, ich habe sie wiederentdeckt. Es hat in den letzten Jahren, als das Bild von Frau und Mann ins Wackeln geriet, verschiedene Versuche gegeben, den Mann in der Frau, die Frau im Mann wecken zu wollen. Weil die Realität den Vorstellungen der patriarchalen Prinzipien von weiblich und männlich so sehr widersprach, weil es passive Männer und aktive Frauen gab, wütende Frauen und beschwichtigende Männer, und weil wir die Männer dazu bewegen wollten, einfühlsame Patriarchen zu werden, sollte die Wirklichkeit einmal wieder den theoretischen Vorstellungen angepaßt werden. Der erste, der mit diesem Unsinn begann, war der Psychoanalytiker C. G. Jung, der Anima und Animus erfand, zwei Imaginationen der Geschlechtsprinzipien von schweizerischer Trockenheit, mit denen er das pythagoräische Bild von

Mann und Frau erstens als Teil des allen Menschen gemeinsamen Unbewußten und damit für natürlich erklärte und zweitens weismachen wollte, wir hätten von beidem etwas, der Mensch wäre also im Grunde seiner Seele androgyn.

So richtig in Fahrt geriet dieser Versuch der Gleichmacherei jedoch erst, als die Esoteriker Jung für ihre Zwecke entdeckten. Nicht wenn wir die Polarität männlich/weiblich aufzuheben versuchen, sondern wenn wir die Polarität leben, halten wir die Welt in der Balance. Dazu jedoch muß erst einmal feststehen, um welche Polarität es sich denn handelt.

Es gibt Männer, die das begriffen haben und sich endlich weigern, die Metamorphose vom Macho zu einer Art erfolgloser Ersatzfrau ohne Busen zu akzeptieren. Sie beginnen, sich auf die Suche zu begeben, ihren Teil der Polarität zu finden. Endlich können wir Frauen uns also um unseren Teil kümmern. Was dabei herauskommen wird, mag so manchem Mann nicht schmecken. Aber auf Männer wollen wir uns nicht mehr beziehen. Das hat seit dreitausend Jahren nicht funktioniert. Es war unsere Urahnin Lilith, die biblische erste Frau, die das damals schon erkannt hat. Den ihr präsentierten patriarchalen Adam wies sie als Zumutung zurück, denn sie hatte noch einen illusionslosen Blick. Sein Ansinnen, ihm Feigenblätter-Lendenschurze zu stricken und sich von ihm die Welt erklären zu lassen, zauberte einen Ausdruck von Unverständnis auf ihr Gesicht. Auf seine Vorhaltungen, sie werde sich noch wundern, denn so dicht seien die Männer auf der Welt auch wieder nicht gesät – wenn sie noch einen abbekommen wolle, müsse sie etwas tun dafür –, antwortete sie mit einem Lachen und zog sich in die Ungestörtheit am Roten Meer zurück. Das war das letzte, was Adam von ihr hörte. Wir aber hören noch immer von Lilith über die vielen Jahrtausende hinweg.

Ich mag keine Klagen über Männer mehr hören. Ihre Unfähigkeiten sind mir bekannt, ihre Hilflosigkeit rührt mich nicht mehr, ihr Haß auf Frauen wurde in allen Einzelheiten analysiert. Ich habe alles über Männer erfahren, was eine Frau erfahren kann. Ich weiß alles über die Männer. Aber ich weiß nichts, was ihnen jetzt noch weiterhelfen könnte. Alles, was wir Männern über uns Frauen mitteilten, hat ihr Verständnis für uns nicht erreichen können. Daß wir uns bemerkbar gemacht haben, daß wir Grenzen zogen, daß wir uns zu verteidigen lernten, das alles war gut. Wir haben viel gelernt auf diesem Weg. Vor allem eins: Wer mit einem Mann nicht glücklich werden kann, muß ohne einen noch lange nicht unglücklich sein. Wenn das der Fall ist, liegt es nicht am Mann.

Wir wollen uns nicht mehr beklagen, zur männlichen Dominanz gehört auch jemand, der sich dominieren läßt. Und so entdecken wir, daß wir eine Nase haben, an die wir uns fassen können. Arme Eva, du dachtest, du wärest die bessere Frau als Lilith. Du wolltest, daß Adam die Frauen nicht mehr fürchtet. Du wolltest nett sein. Was du erreicht hast, ist, daß er dich dafür verachtete und dich zu hassen begann. Deine Freundlichkeit erschien ihm seitdem wie eine Erlaubnis, dich quälen zu dürfen. Wußtest du nicht, daß Männer und Frauen keine Freunde sind? Sie sind Gegner, damit sie einander begegnen. Du glaubtest, das Leben würde leichter, wenn du deine Macht aus den Händen gibst. Du hättest den Apfel nicht weitergeben dürfen. Du hättest ihn essen sollen wie alle Frauen vor dir und Schluß. Adam hatte seinen eigenen Baum. Er hätte ihn selber suchen müssen. Daran hat ihn deine Hilfsbereitschaft gehindert.

Ich weiß, er hat dich um diese Hilfe gebeten. Du hättest sie ihm verweigern müssen. Das wäre ein wahrer Ausdruck deiner Liebe gewesen. So hätte aus ihm ein Mann werden können. Als es zu spät war, als du mit dem schwachen, mit deiner Macht überfrachteten und überforderten Adam hinter dir das Paradies, deine Welt verlassen mußtest, wolltest du deinen Irrtum nicht zugeben. Du hast dich seitdem in den Staub drücken lassen, hast mit deinem Blut, deinen Knochen, deinen Tränen bezahlt, hast dich in die Enge treiben lassen – nur um nicht zugeben zu müssen, daß Lilith recht hatte. Du hast gegeben, gegeben, immer nur gegeben, und keiner hat es dir gedankt. Als wenn es jemals um Dankbarkeit gegangen wäre. Auch dir ging es nicht um Dank für deine Gaben, sondern darum, Adam im nachhinein in die Verantwortung zu zwingen, der er noch nie gewachsen war, schon gar nicht, wenn du die deine nicht trägst. Du kannst es nicht sein lassen, denn dann müßtest du zugeben, daß auch du daran beteiligt warst, daß der Mensch aus der Ordnung der Welt herausgefallen ist, daß deine Opfer sinnlos waren. Jetzt wisch dir die Tränen aus dem Gesicht und hör auf zu schimpfen. Lilith erwartet uns.

4. Kapitel

Was nicht funktioniert, das soll man lassen

Vor einigen Jahren wurde an einer amerikanischen Universität ein interessanter Versuch abgebrochen. Zweck dieses Versuches, von dem die beiden Neurolinguisten Richard Bandler und John Grinder berichten, sollte sein, herauszufinden, wie weit der Mensch dem Tier in seiner Lernfähigkeit überlegen ist. Man baute einen kleinen Irrgarten für Ratten und einen großen für Studenten. Beide Gruppen sollten daraufhin getestet werden, wie lange sie brauchten, um die versteckte Belohnung zu finden. Für die Ratten bestand die Belohnung in einem Leckerbissen, für die Studenten in fünf Dollar. Beide Testgruppen erzielten ungefähr gleich gute Ergebnisse. Nun wollte man – es war der Kern des Versuches – wissen, wie schnell Mensch und Tier wieder verlernen. Erst versteckte man Leckerbissen und Dollar am immer gleichen Tor, um sie dann, als Mensch und Ratte herausbekommen hatten, wo die Belohnung zu finden war, dort nicht mehr hinzulegen. Nachdem die Ratten ungefähr fünf- oder sechsmal vergeblich nach dem Leckerbissen am gleichen Tor gesucht hatten, gaben sie auf und suchten woanders. Nicht so die Studenten. Sie gaben nie auf. Noch Monate, nachdem der Versuch schon lange und genau deshalb, weil die Studenten immer nur am gelernten Tor gesucht hatten, abgebrochen, der Irrgarten längst abgebaut worden war, brachen sie nachts in das Institut ein, um nachzuschauen, ob nicht vielleicht doch noch die fünf Dollar an dem Platz lagen.

Wären wir Ratten, so wäre diese Art von Wissenschaft gerechtfertigt, denn wir könnten daraus lernen. Weil wir aber Menschen sind, haben wir spätestens seit diesem Versuchsergebnis ein Problem. Wie sollen wir aus der Erkenntnis, daß wir unfähig sind zu lernen, etwas lernen können? Andererseits würde wohl jeder Mensch, dem ein anderer eine Ohrfeige nach der anderen verpaßt, auf die eine oder andere Weise dafür sorgen, daß dieser Mensch damit aufhört, also für Veränderung sorgen. Der Druck muß also nur ausreichend groß sein, um den Betroffenen dazu zu bringen, eine Veränderung herbeizuführen. Hier landen wir jedoch wieder bei unserer Unterlegenheit gegenüber den Ratten, denn der abgebrochene Versuch erzählt auch davon, daß unser Vertrauen in eine einmal gemachte Erfahrung so groß ist, daß weitere Versuche, die zu weiteren Erfahrungen führen, nicht einmal gedacht, geschweige denn getan werden, und zwar auch dann, wenn die einmal gemachte Erfahrung schlecht war.

Besonders Frauen neigen zu dieser Lebenssicht auch dann, wenn der Druck unmenschlich groß ist. Es scheint, als würden wir hier Opfer zweier ganz besonderer Eigenschaften, über die Frauen verfügen: ihre große Duldsamkeit und ihr enormes Durchhaltevermögen. Interessant ist dabei, daß sich hier eine bemerkenswerte Irrationalität zeigt. Einerseits hindert die Angst vor Leiden uns am weiteren Lernen; andererseits sind gerade patriarchal dressierte Frauen für ihre große Leidensfähigkeit bekannt, die sie in schmerzvollen Situationen ausharren läßt.

Wenn meine Klientinnen mir ihre unhaltbare Situation ausführlich geschildert haben, und wenn ich ihnen dann ihre Situation als unhaltbar deutlich gemacht habe, wird mir regelmäßig die Frage gestellt: Was soll ich tun? Wenn ich ihnen antworte: verändern, kommt die zweite Frage: Aber wie? Wenn ich entgegne: das, was nicht funktioniert, loslassen, kommt wieder eine Frage: Wie soll ich das machen? Ich gebe ihnen dann einen Stein in die Hand und bitte sie, ihn loszulassen. Sie halten das alle anfänglich für einen Witz. Es hat ihnen vorher noch niemand gesagt, daß Lernen so einfach sein kann. Wie schwer muß ein Stein eigentlich sein, bis wir ihn fallenlassen? Freiwilliges Lernen ist leicht. Wenn wir uns weigern, schlägt uns das Leben. Dann wird Lernen sehr schwer. Nun ist es nicht ganz einfach, zum freiwilligen Lernen zu finden, wenn wir seit der Kindheit die Bitterkeit der Entmutigung zu schmecken bekommen haben, bis die Angst vor Lieblosigkeit uns in der Lieblosigkeit gefangen hält. Nur fürchte ich, daß von vielen Frauen der Schmerz darüber mittlerweile benutzt wird, die Dinge in der leidenden Schwebe zu halten, in der sie sind, weshalb ich, die ich die Kunst der Veränderung lehre, alle Frauen, die mich bitten, sie diese Kunst zu lehren, vorsichtshalber vorher frage, ob sie zu mir kommen, um zu lernen oder um sich davor zu drücken. Es gibt ein dem Weiblichen angemessenes Lernen, denn es sind eigene Dinge, die eine Frau lernen muß, um eine Frau zu werden. Bevor sie jedoch mit dem Lernen beginnen kann, muß sie das loslassen, was nicht funktioniert.

Das ist in der Regel die Art ihrer Beziehung zu Männern. Wenn sie das Eigene tragen will, muß sie zuerst das Fremde zurückweisen. Das den Frauen Fremde ist grundsätzlich einmal das, was männlich ist, und alles, was ihr als Aufgabe zugewiesen wurde, um das Männliche in dieser Welt stark zu machen, das offenbar nicht von sich aus stark werden will oder kann. Bestes Kriterium, um das Eigene und das Fremde zu unterscheiden, ist die Erfahrung, ob etwas unsere Lebensenergie ersatzlos aus uns herausfließen läßt oder ob es sie steigert. Tut sie das, so wird die Frau darauf kommen, daß die Art und Weise des Umgangs von Mann und Frau miteinander, so wie sie es kennt, ein folgerichtiges Scheitern ist. Bei einem folgerichtigen Scheitern erübrigen sich Gefühle des Versagens und der Verzweiflung. Wohl sind Gefühle der Trauer angebracht, bevor man daran geht, die Ursache des Scheiterns zu untersuchen, um es richtig zu machen. Sie wird sich dann die Frage stellen müssen, was die Sache eigentlich dauernd zum Scheitern bringt. Das haben, zugegebenermaßen, Frauen nun schon seit zwanzig Jahren getan, ebenso wie manche Männer. Aber sie untersuchten immer nur Einzelaspekte, wobei sie stets von dem Wunsch beseelt waren, die Sache doch noch zum Funktionieren zu bringen. Die Wahrnehmung der Folgerichtigkeit des Scheiterns fehlte.

Gehen wir nun einmal davon aus, daß es nicht funktioniert. Beziehung zwischen Männern und Frauen, wie wir sie kennen, ist Symbiose, etwas, was es für eine Weile zwischen Mutter und Kind gibt, aber nirgendwo sonst geben sollte. Manche Frauen haben Symbiosen mit Ersatzsöhnen, manche mit Ersatzvätern, je nach Bewußtseinsstand der Frau – was Frauen jedoch stets beklagen, ist der Mangel an mütterlicher Zuneigung seitens ihrer Männer. Sie wollen jemanden, der ihnen Nähe und Wärme gibt, sie ermutigt, fördert und feiert. Das ist ganz genau Mutter-Energie. Es versteht sich von selbst, das wir dafür ein höchst unpassendes Objekt ausgesucht haben.

Es ist eine erwiesene Tatsache, daß Frauen schon seit ihren Mädchenjahren emotional unterversorgt sind. Einst lagen sie in den Armen einer schwachen, unsicheren Mutter, und niemand hat sie gelehrt, wie man über sich selbst hinauswächst, denn starke Co-Mütter gab es auch nicht. Alle Mädchen lernten daher, Evas Job zu übernehmen: zu geben und nicht zu nehmen und anschließend ein Leben lang darüber wütend, traurig oder tapfer zu sein. Da alle Frauen seither damit beschäftigt sind, ihre Energien zur Lebenserhaltung von Männern zu investieren, erscheint es der erwachsenen Frau als einziger Ausweg aus dem Zustand des emotionalen Verhungerns, sich zur Erfüllung ihrer emotionalen Bedürfnisse den Männern, dem Fremden zuzuwenden. Denen, die nicht zu beschäftigt und abgelenkt sind, um sich mit Frauen zu befassen. Der patriarchale Mann ist in seiner Emotionalität jedoch so schwach und unterentwickelt, daß er selber hilfsbedürftig und kaum lebensfähig ist. Auch ist Mütterlichkeit nicht seine Aufgabe. Ihr jedoch erscheint seine Nicht-Erfüllung ihrer Bedürfnisse als böser Wille, ihre Situation als ausweglos. Im Leben jeder Frau, die sich auf diese übliche symbiotische Weise mit Männern eingelassen hat, kommt irgendwann der schmerzhafte Augenblick der Erkenntnis, daß das Leben mit Männern nicht funktioniert. Die meisten lassen dann jedoch nicht los. Aus Angst vor Einsamkeit, vermeintlicher wirtschaftlicher Verstrickung und Mangel an Alternative, meistens jedoch, weil der Schmerz und die Scham darüber, daß wir Evas Irrtum wiederholt haben, mehr ist, als wir ertragen zu können glauben. Es gibt Frauen, die sich deshalb umbringen, wie die Dichterin Sylvia Plath. Andere wählen den Langzeit-Selbstmord mit Hilfe von Tabletten oder Alkohol, werden krank, ersticken in Angstattacken, flüchten sich in die

Psychiatrie, erfrieren in ihrer Frigidität – es gibt viele Scheinauswege, die uns das Loslassen, das Lernen ersparen. Alle jedoch sind bedrohlich, denn es ist tatsächlich eine Frage von Leben und Tod, ob eine Frau bereit ist, zu lernen oder nicht.

Es ist von großer Bedeutung für die von Männern enttäuschten Frauen, zu wissen, daß ein Teil ihrer seelischen Schmerzen nicht von den unmütterlichen Männern herrührt, sondern den schwachen Müttern gilt. Wenn wir den Mann nicht loslassen, können wir uns weder um die echte Ursache unserer Wunden kümmern noch jemals dafür sorgen, daß unser Leben eine heilsame Wendung nimmt.

Selbstverständlich ist freiwilliges Lernen zwar leicht, aber dennoch ziemlich unangenehm. Das liegt daran, daß wir – vor allem, wenn es um das Loslassen geht – erst einmal gar nichts haben und auch nicht wissen, ob es uns danach besser oder schlechter gehen wird. Es wäre für meinen Geschmack aber auch ein wenig zu bequem, wenn das Loslassen mit einer alternativen Verheißung erleichtert oder gar abgesichert wäre.

Weil das Gesetz von Ursache und Wirkung auch für Frauen gilt, so ist das Lernen um so folgenreicher, je später in ihrem Leben eine Frau damit beginnt. Dreißig Jahre Dressur sind schwerer zu verlernen als zwanzig oder zehn. Je selbstloser eine Frau vor dem Loslassen war, um so weniger Selbst wird sie nach dem Loslassen vorfinden. Hat sie tugendhaft an die Selbstlosigkeit geglaubt, so wird sie sich möglicherweise lieber mit ihrem Opferdasein identifizieren, das sich zu einer so interessanten Rolle ausbauen läßt, daß das Loslassen ihr sehr schwerfallen wird, denn sie wird befürchten, danach ein Nichts zu sein. Und niemand kann ihr wirklich versprechen, daß das nicht der Fall sein wird. Das Leben ist kein

Spiel. Es ist allerdings manchmal notwendig, mit dem eigenen Nichts konfrontiert zu werden. So kann man die Leere reifen lassen, damit man in sich selbst erwachen kann.

Wir kennen alle viele Geschichten, die über behinderte Menschen erzählt werden, denen ein sie wirklich liebender Mensch nicht gestattete, im Selbstmitleid zu versinken, und sie statt dessen zwang, auf fürsorgliche, aber entmündigende Hilfe zu verzichten, um das Kämpfen zu lernen und ein starker Mensch zu werden. Es ist sehr traurig, daß viele Frauen auch aus diesen Geschichten nichts lernen wollen, obwohl sie solchen Menschen gegenüber im Vorteil sind, denn sie sind nicht behindert.

Ich habe mich früher eines gewissen Gefühls der Verachtung gegenüber Menschen, die sich vor ihrer eigenen inneren Leere fürchten, nicht erwehren können. Das lag daran, daß ich damals noch nicht viel über die innere Leere von Menschen wußte. Heute weiß ich, daß eine gewisse Form der Tapferkeit dazu gehört, ihr zu begegnen; eine Tapferkeit, die schon immer den Frauen zueigen war, die wir nur gegen die Furcht vor der Leere einsetzen müssen, damit sie uns nützt. Die Tapferkeit von der Beschäftigung des Überlebens abzuziehen, um sie dem Leben zuzuführen, ist alles, war wir dafür tun müssen.

Das Überleben in unbefriedigenden, leidvollen Situationen kostet gewaltige Anstrengung. Das Loslassen ist nicht nur eine Frage der Wahrnehmung von Leid und der Bereitschaft zur Tapferkeit, sondern auch eine Frage des richtigen Zeitpunktes. Leere ist in Wahrheit nichts anderes, als unsere Erlaubnis an das Leben, den richtigen Zeitpunkt des Loslassens herbeizuführen. Seien wir also dem Nichts, der Leere nicht abgeneigt. Dieser Zeitpunkt kann offenbar nicht vorweggenommen werden, und er darf auch nicht verpaßt werden. Vorwegnehmen würden wir ihn, wenn wir handeln, ohne uns die genaue Betrachtung der Situation zumuten zu wollen. Und verpassen werden wir ihn, wenn wir glauben, der Erkenntnis haben keine Taten zu folgen.

»Siehst du also, warum du zuerst ein tapferes Herz haben mußt, bevor du Macht erlangst? «(Agnes Whistling Elk vom Stamme der Cree, Kanada).

Das Loslassen bedarf also einer gewissen Sorgfalt. Wir müssen unsere Kreise schließen, bevor wir gehen. Das richtige Abschiednehmen ist eine Kunst. Leicht wird Sorgfalt mit Perfektion verwechselt. Perfektion mag hilfreich sein, um einen Haushalt zu führen oder in einer Karriere erfolgreich zu sein. Im Loslassen nützt sie uns nichts, denn sie gehört in die Welt des Festhaltens. Gerade für perfekte Frauen, die unter Schuldgefühlen leiden (was die Quelle für das Bedürfnis nach Perfektion ist), mag es eine Erleichterung sein, daß die Männer zwar von uns zur Kenntnis genommen haben, daß es nicht richtig ist, wie sie mit der Welt umgehen, es nun aber langsam satt haben, sich von Frauen erzählen zu lassen, wie ein richtiger Mann zu sein hat. Unser Dienst bei den Männern ist also nun wirklich endlich vorüber. Mögen wir auch das, was unser Leben lang nicht funktioniert hat, vor allem im Abschied noch einmal so richtig liebgewonnen haben, weil es uns so gut vertraut ist, so dürfen wir doch nicht vergessen, daß es nicht funktioniert. Und was nicht funktioniert, das soll man loslassen.

5. Kapitel

Alle Wege sind versperrt

Unsere Ausgangssituation ist denkbar schlecht. Alle Wege sind versperrt, und dennoch sollen wir handeln. Wohin wir uns auch wenden, wohin wir auch blicken, keine Lösung in Sicht. Das muß man auskosten. Dies ist die Leere, von der im vorherigen Kapitel die Rede war.

Das meiste, was wir gelernt haben, ist nun nicht mehr nützlich. Fast sieht es so aus, als steckten wir in der Falle, als wäre dieser Zustand eine Bestätigung dafür, daß kein Ausweg möglich ist. Das ist ein Gefühl, das sich ebenso einstellt, wenn wir feststellen, daß unsere Sinne die Gefahren einer patriarchalen Welt zum Beispiel in Form von radioaktiver Verseuchung nicht mehr wahrnehmen können, um uns zum Handeln zu veranlassen. Wie wir es auch dann spüren, wenn wir zugeben müssen, daß uns alle bisher gemachten Erfahrungen im Stich lassen, wenn wir unsere Weiblichkeit wiederfinden wollen. In solchen Zeiten empfiehlt es sich innezuhalten.

Wir schauen in den Spiegel und sehen ein Wesen, von dem wir noch nicht wissen, was wir von ihm halten sollen. Wäre da nicht diese Müdigkeit angesichts der ewigen Wiederholungen der immer gleichen Probleme, wer weiß, ob nicht manche an diesem Punkt doch noch aufgeben und zurück in die Enge flüchten wollte. Hinter dem Gesicht, das wir im Spiegel erblicken, hinter dem herzigen Mädel, der charmant-kühlen Dame, der alles kontrollierenden Matrone, der patenten Kameradin, der putzwütigen Mutti und dem zugerittenen Sexualobjekt läßt sich wieder – wenn auch nur wie ein Schatten – die starke, kämpferische, lebensspendende Hüterin der dunklen Höhle, die freie Frau, das wilde Weib, die Furie, die sich nicht um menschliche Gesetze schert, weil sie das Gesetz des Lebens ist, erkennen. Diese Frau, die in den Spiegel blickt, kennt bereits die Worte des Gebetes: Scheide mich von meinen Leiden der Vergangenheit. Wenn sie nur wüßte, an wen sie es richten soll.

Diese Frau, die in den Spiegel blickt, neigt dazu, nach einer Lösung zu verlangen. Sie will nicht innehalten, und sie will nicht weitergehen. Ein wildes Weib, eine Furie zu werden, läßt sich nicht in einem Zehn-Schritte-Programm erlernen, noch wäre es zu diesem Zeitpunkt nützlich, Lösungen zu kennen, denn wer den freien Fall übt, kommt um das Aufschlagen auf dem Boden nicht herum. Die Leere dient dazu, leer zu sein. Kommt die Frage, was denn anstelle des alten richtig sei, zu früh, so würden wir uns dieser wesentlichen Erfahrung des Nichts berauben, was der Erfahrung, nicht gelebt zu haben, sehr nahekäme. Denn wenn diese Erfahrung fehlt, kann das Neue sich nicht entwickeln. Dann hätten wir die Möglichkeit vertan, uns angemessen vorzubereiten und würden nicht handeln können, sondern wieder nur reagieren müssen; könnten den Ereignissen nicht begegnen, sondern müßten weiterhin hinter ihnen herhecheln.

An das Gute der Ausweglosigkeit zu glauben, ist noch allen Frauen, mit denen ich im Laufe der Jahre gearbeitet habe, sehr schwergefallen. Wenn eine auf dem Weg zur wilden Frau ausgestiegen ist, so geschah es zu dem

Zeitpunkt, als sie an die Leere geriet und an den Ernst, der sie dadurch berührte. Es fällt mir schwer, die Frauen, die zu mir kommen, als meine Klientinnen zu bezeichnen, denn ich lasse es nicht dabei bewenden, sie mit den Leiden ihrer Kindheit auszusöhnen, wie es die Psychotherapie gemeinhin leisten soll. Patientinnen sind sie auch nicht, denn nur die Gesündesten finden den Weg zu mir, was man schon daran erkennen kann, daß sie die Mühsal und Anstrengungen des Lernens freiwillig auf sich nehmen. Doch was nützt uns alles Lernen, wenn es uns nicht über die Grenze führt. Über die gehen wir offenbar erst, wenn es keinen Ausweg mehr gibt.

Ob wir nun zu den »Ich-kann-nicht«-Frauen oder zu den »Ich-kann-auch«-Frauen gehört haben, jetzt sind wir ein Nichts. Heimatlose Waisenkinder sind wir, Fremde in der eigenen Familie. Familie? Auch dies ein versperrter Weg.

Unsere geschriebene Geschichte, sofern sich darin die Geschichte der Frauen finden läßt, ist eine Geschichte des Leidens. Die geschätzten sechs Millionen verbrannter und ertränkter Hexen sollen hier als symbolisches Beispiel dafür stehen. Wir wissen aus Erfahrung, daß es nicht gut tut, sich mit dem Leid zu identifizieren. Wir wollen alle diese Frauen nicht vergessen und unsere Achtung vor ihnen bewahren. Aber jetzt können sie uns nicht weiterhelfen.

Unsere Religionen, das Christentum allen voran, sind Religionen für Väter und Söhne. Auch eine Bischöfin hat nichts anderes zu erzählen als das. Kein angemessener Platz für Frauen vorhanden.

Alle Mythen sind zusammengebrochen. Die Königinnen sehen alle aus wie Margaret Thatcher und benehmen sich wie die Tochter eines Gemüsehändlers, die aus Begeisterung über die Folgsamkeit ihrer unverdienten

Untertanen weit über die Grenze hinausgeht, wo sich Komik und Bösartigkeit paaren. Die langweilige Armseligkeit der zeitgenössischen Könige, heutzutage nennt man sie Staatsmänner oder Führungskräfte, kann sogar ein gutgläubiges Kind leicht erkennen. Nicht einmal Hollywood hat gehalten. Seine Königinnen und Könige sind mittlerweile so künstlich wie das Silikon unter ihrer Haut. Und wären die Mythen nicht zusammengebrochen, so würden sie uns sowieso immer nur die gleichen unbrauchbaren Geschichten erzählen, denn sie sind patriarchale Mittel zum patriarchalen Zweck, wie es heute noch die Pop-Musik als letzte Bastion der Abteilung »Leiden am Mann« erfüllt. An ihnen gäbe es für uns Frauen nichts zu lernen, was wir nicht schon wüßten.

Unsere Mütter waren oder sind schwach. Es lohnt sich trotz allem, ihnen genau zuzuhören, wenn sie von ihren Erfahrungen berichten. So manche Frau wäre überrascht, was Mutter mit welch klarem Weitblick zu erzählen hätte, würde man ihr nur die richtigen Fragen stellen. Aber unsere Mütter können uns keine Wege zeigen. Sie sind selber stehengeblieben, allenfalls traurige Überlebende einer schrecklichen Welt, die wir nur allzu gut kennen, gequält von heimlichen Schuldgefühlen, weil einige nur zu genau wissen, was sie uns angetan haben; wie dürftig sie uns ausgestattet haben, wie sehr sie uns in ihrer Schwachheit für ihre eigenen Bedürfnisse benutzt haben, wie wenig sie uns loslassen können. Auch sind wir bereits zu erwachsen, um noch immer Töchter zu sein. Mutter wird auf unsere Absicht, aufzubrechen und Abschied von dem Bewußtsein »ohne Mann kein Leben« zu nehmen, unter Umständen sogar mit Panik und verstärkten Bemühungen reagieren, uns einzusperren in ihr Haus der Enge. Oder sie wird uns mißverstehen und glauben, wir wollten stellvertretend für sie vollbringen, was sie zeit ihres Lebens nicht zusammengebracht hat, das heißt, sie könnte uns als ihr erweitertes Ich mißbrauchen. Wenn sie uns bis jetzt nicht ausgerüstet hat, um in Freiheit zu überleben, so wird sie es nun auch nicht mehr tun. Mutter ist ein Tier im Zoo. Wir aber wollen in die Freiheit und können nicht mehr zurück.

Es sind uns alle Wege versperrt, in jeder Hinsicht. 1972 gab der Club of Rome die erste Prognose darüber heraus, wann die Erde unter dem patriarchalen Joch des weißen Mannes kollabieren wird. Man erwartete damals, daß der Zusammenbruch frühestens in 120 Jahren erfolgen würde. Heute wissen wir es besser. Wir haben keine 40 Jahre mehr Zeit bis zum endgültigen Kollaps. Es gibt Experten, die bereits hinter der vorgehaltenen Hand prophezeihen, daß wir nicht einmal heil über die Jahrtausendwende kommen werden. Wir dürfen nicht vergessen, daß es nicht mehr darum geht, *ob* unsere Mutter Erde umgebracht wird, sondern darum, *wann*.

Wenn wir an Grenzen geraten, so stellt sich zwangsläufig ein Gefühl der Spannung ein, das von der Ausweglosigkeit herrührt, und genau darauf kommt es an. Genauer gesagt ist dieses Gefühl der Spannung *notwendig*. Notwendig ist etwas, das die Not wenden kann. Und ohne das Gefühl der Spannung, das aus dem Erkennen der Sinnlosigkeit des Bisherigen und der Unkenntnis des Zukünftigen resultiert, kann die Not nicht gewendet werden. In der Spannung ist der Hinweis vorhanden, wohin eine Frau gehen soll, wenn sie in Bewegung gerät. Spannung, die sich aufstaut, ist nur schwer zu ertragen. Nur selten besitzt ein Mensch die Größe, den Segen der Spannung klaglos zu erkennen, denn in Zeiten der Spannung drängen Gefühle an die Oberfläche unseres Bewußtseins, die wir normalerweise als unangenehm empfinden.

Zwei dieser Empfindungen, die sich ganz sicher in den Zeiten der Leere und der Spannung einstellen, sind Schuld und Scham. Wir müssen diese Gefühle zulassen, damit wir wissen, daß wir nicht daran sterben werden. Es gibt Dinge im Leben, die wir nicht überleben. Dies ist eine Tatsache, die wir unbedingt akzeptieren und achten müssen. Robert Bly, einer der Begründer der »wild man«-Bewegung, spricht davon, daß es Männer gibt, die eine Begegnung mit der negativen Seite der Großen Mutter nicht überleben, andere wiederum können es, wie er sagt. Ich denke, für Frauen steht die Sache noch ernster (um den Begriff »negativ« aus der Enge seiner amtsüblichen Bedeutung zu befreien). Frauen haben die Aufgabe, der negative oder besser ernste Aspekt der Großen Mutter zu bestimmten Zeiten Ihres Lebens *zu sein.*

Sie spüren es zwischen ihren Beinen, wenn der Ruf an sie ergeht, im Bauch, in der Brust, im durchdringenden Blick ihrer Augen und in der angstvollen, fassungslosen, hilflosen, verständnislosen und haßerfüllten Reaktion der sie umgebenden Menschen, die sie oft dafür bestrafen möchten, was nicht nur manchmal schwer zu ertragen ist, sondern häufig ein Kampf um Leib und Leben für die Frau. Ergeht der Ruf der ernsten Großen Mutter an eine Frau, so kann sie daran sterben, wenn sie sich weigert, wie es auch tödlich sein kann, wenn sie dem Ruf folgt, ohne ausreichend darauf vorbereitet und in dieser Zeit beschützt zu sein. Unsere Irrenhäuser sind voll von solchen Frauen. Unsere Krankenhäuser auch, ebenso die Ordinationen der Therapeuten und die Wartezimmer der Ärzte.

Die meisten Dinge jedoch, die wir beinahe mehr fürchten als den Tod, resultieren lediglich aus der Angst, lebend zu versagen. Es gibt Schlimmeres als den Tod, zum Beispiel, zu Lebzeiten schon tot zu sein. Daß manche Dinge, wie zum Beispiel Fragen der Scham und Schuld, so unausweichlich und ernst wie der Tod sind, sollte uns daran erinnern, daß nicht das Risiko und der Wagemut schlecht für uns sind, sondern das Schweigen und das Heucheln und das Trösten. Verletzungen sind möglicherweise nicht so bedeutungsvoll, wie wir glauben. Bedeutungsvoll ist, auf die richtige Weise verletzt zu werden und auf die richtige Weise mit den Verletzungen umzugehen. Würde es uns gelingen, Verletzungen zu vermeiden, so käme dabei eine Welt heraus wie die unsere, die von Gewalt und Gemeinheit mehr bestimmt ist als von Liebe und Leben.

Unsere Welt hat mit ihrem überdrehten Sicherheitsstreben die Vermeidung von Verletzung und Erfahrung zum Ziel und erreicht damit genau das Gegenteil: die Bestialität der gutgemeinten Gedankenlosigkeit. Das Gefährlichste, was einer Frau widerfahren kann, ist daher, nicht verletzt zu werden und damit unwissend zu bleiben oder im Leiden an den Verletzungen vorwurfsvoll steckenzubleiben. Es war die Wiener Theaterdirektorin Emmy Werner, die dies furios auf den Punkt gebracht hat. Als eine ihrer Co-Direktorinnen über Menstruationsbeschwerden jammerte, kommentierte sie: »Wenn ein Mensch die Menstruation nicht verträgt, hätte sie keine Frau werden sollen.« Dies hat nun weniger damit zu tun, duldend zu leiden oder sich zusammenzureißen, sondern sein Leben anzunehmen.

Spannung, die sich ansammelt und staut, erzeugt überdies Gefühle der Unlust. Weil wir oft, allzu oft und vor allem weit vor der Zeit, in der wir der Spannung gewachsen gewesen wären, Spannungen ausgesetzt waren, kann es sein, daß wir glauben, sie nicht aushalten zu können. Man ließ uns als Babys schreien, anstatt unsere

Bedürfnisse zu befriedigen, und nun glauben wir, daß es jedesmal eine Frage von Leben und Tod ist, wenn nichts geschieht und Spannung sich staut. Niemals haben wir gelernt, wie man das macht: entspannt zu sein, wenn es angebracht ist, und gespannt zu sein, wenn es angebracht ist. Die jahrelangen Versuche, östliche Lebensweisen nach dem Westen zu transplantieren, resultieren aus dem Wunsch, entspannt und harmonisch zu leben, jetzt als Erwachsene ein Leben zu führen, wie es uns einst als Säuglinge zugestanden hätte, was man uns damals aber verwehrte. So mancher, der sich bei Yoga und Zen die Gliedmaßen verrenkte, hätte vom simplen rhythmischen Händeklatschen mehr, leichter und schneller lernen können, was es mit dem Verhältnis von Spannung und Entspannung auf sich hat, daß das eine ohne das andere gar nichts ist.

Alle Frauen sind im Laufe ihres Lebens andauernd von Männern tief gekränkt worden. Daraus resultiert der unermüdliche Versuch der »Ich-kann-nicht«-Frau, die Männer dazu zu bewegen, sie doch endlich zu lieben und sie von der weiblichen Harmlosigkeit zu überzeugen – und der unermüdliche Zorn der »Ich-kann-auch«-Frau auf alles, was eine tiefere Stimme hat als sie. Wenn wir nun mit beidem aufhören, so läßt sich die Wahrnehmung der Scham darüber, was wir da eigentlich ein Leben lang mit uns haben machen lassen, nicht mehr verhindern. Wenn wir nicht mehr in der Schuldzuweisung an die Männer verharren, so bedeutet das nicht, daß die Schuld wohl an uns selber hängen bleibt. Das ist eine verständliche, aber ziemlich verquere Art zu denken. So wie es niemals ein Versehen gibt, sondern nur Unachtsamkeit, die nicht auf Zufall, sondern auf Mangel an Sorgfalt und Achtung dem Leben gegenüber beruht, so ist es auch keine Frage von Schuld, sondern von Verantwortlichkeit. Unter einer Schuld kann man zusammenbrechen, trage ich jedoch meinen Anteil an der Verantwortlichkeit für eine Misere, so bleibe ich weiterhin zum Handeln autorisiert, auch wenn dieses Handeln im Rückzug besteht.

Die Zeit der Leere, wenn alle Wege versperrt sind, ist eine Zeit der Langsamkeit und der Stille. So bekommen wir Gelegenheit zur Sorgfalt unseres Abschieds und ausreichend Antrieb durch die Spannung, um Grenzen zu überwinden und unsere Aufmerksamkeit auf Verantwortlichkeit zu konzentrieren, bevor wir in die Tiefe der Finsternis hinabsteigen, um unsere Metamorphose zur wilden Frau zu vollziehen.

Ein bißchen sollten wir jetzt sein wie eine alte Frau, die nicht einfach nur alt, sondern auch weise geworden ist, eine, die alles weiß, und es daher nicht mehr nötig hat, zu lügen, um zu gefallen; die keine gepflegten Umgangsformen mehr braucht und nicht lächelt, wenn sie nicht will. Alles, was es zu fürchten gibt, hat sie ausgestanden.

Wenn es nichts mehr zu fürchten gibt, ist man stark genug, um Grenzen zu riskieren.

6. Kapitel

Grenzen riskieren

Vorsicht ist ein Verhalten, das allgemein positiv bewertet und für Vernunft gehalten wird. Hätten wir unseren Aufenthalt in der lichten Welt der Männer doch eher dafür genutzt, Hellsicht zu lernen! Einerseits meinen wir, wenn wir den Begriff der Vorsicht benutzen, die Kunst der Achtsamkeit, und davon kann man gar nicht genug haben. Andererseits gehört die Vorsicht in die Welt der Ängstlichen, der Kranken, der Leidenden, der Verzagten, der Hoffnungslosen und Entmutigten, die sich sogar vorbeugend ins Krankenhaus legen würden, um nur ja nicht krank zu werden. Noch ein weiterer Aspekt ist in der Vorsicht zu entdecken: der des Wunsches nach Vorausschau und Vorhersage. Wir wüßten so gern, was uns jenseits der Grenze erwartet.

Wer vorsichtig ist, möchte wohl die Erfahrung des freien Falls machen, jedoch das Aufschlagen auf den Boden vermeiden. Wer unvorsichtig genug war, den Erfahrungen des Lebens nicht aus dem Wege zu gehen, wird, wenn er sich dann im freien Fall befindet, unbedingt wissen wollen, was nach dem Aufschlagen auf den Boden kommt. Wie damals, als wir Kinder waren und Mama uns damit tröstete, daß alles wieder gut wird. Das ist lange her, wir wissen inzwischen, daß nichts wieder gut wird. Es geht nicht mehr um aufgeschlagene Knie, sondern um alles oder nichts. So nützt uns diese Art der Vorsicht gar nichts.

In den meisten Fällen ist Vorsicht nichts anderes als eine verkappte Rücksicht, eine bequeme Ausrede, um nichts zu riskieren. Sehr häufig müssen Sachzwänge als Rationalisierung herhalten. Wir sind mit Begriffen wie Sicherheit und Vorsicht sehr schnell bei der Hand, wenn es darum geht, Grenzen nicht zu überschreiten, sogar dann, wenn wir damit Lebensgesetze verletzen. Hans Jonas, der große alte Mann der Religionsphilosophie, sagt dazu: »Die Menschen können sich nicht freimachen von den Sachzwängen, in die sie sich mit dem technologischen Anschlag auf die Natur begeben haben. Der Raubbau an der Natur ist übergegangen in die Lebensgewohnheiten der Menschen«. Recht hat er. Ich kenne niemanden, der ihm nicht zustimmen würde. Jonas' Statement betrifft nicht nur Belange der Wirtschaft und Wissenschaft, sondern das ganz persönliche Leben jedes einzelnen Menschen, welches ja erst die Voraussetzung dafür schafft, daß Wirtschaft und Wissenschaft so handeln, wie sie handeln. Robert Bly erzählt in seinem Buch »Eisenhans«, wie wenig die Selbstfindung von Männern in Frage kommt, weil sie »mittlerweile ... zwei Toyotas und eine Hypothek, vielleicht eine Frau und ein Kind (haben)«.

Frauen haben die umgekehrten Hindernisse, die sie für unüberwindlich erklären, wenn sie ihren Mann mit den zwei Toyotas und der Hypothek nicht allein lassen zu können glauben. »Wohin hätte ich denn gehen sollen, mit zwei kleinen Kindern an der Hand?« sind Worte, die ich häufig von Frauen um die Fünfzig höre, nachdem sie in dreißig Jahren Hausfrauendasein infantilisiert sind oder nach dem Doppelstreß von Ehe und Karriere, hohl und ausgebrannt, nicht mehr ein noch aus wissen. Nur einmal habe ich eine Frau gekannt, die wenigstens die Ehrlichkeit aufbrachte, zuzugeben, daß es ihre Bequemlichkeit und das Geld ihres Mannes waren, weshalb sie sich für ein Verharren in der unhaltbaren Situation entschieden hatte. Hier soll es nicht darum gehen, solche Frauen zu verurteilen. Ich war eine alleinerziehende Mutter, und daher weiß ich, daß diese zu den existentiell verletzlichsten und am schlechtesten behandelten Menschen in unserer Welt gehören.

Unsere Welt läßt in der Tat nicht viel Raum zur Grenzüberschreitung. In unserem Fall handelt es sich um eine Grenze, die zwar ins Ungewisse führt, die aber so unausweichlich überschritten werden muß wie die Grenze vom Nichts ins Leben, vom Leben in den Tod. Eine Grenze, die auch eine Rose überschreiten muß, wenn sie Blüten hervorbringen will, die ein Rabenkind überschreiten muß, wenn es flügge geworden am Nestrand hockt und genau so lange Zeit hat, sich zu entscheiden, ob es ein Rabe werden will, wie der Baum hoch ist, auf dem das Nest sich befindet.

Wir sind Rabenkinder, die es noch ein wenig schwerer haben, denn leider haben wir nicht das Glück, Rabeneltern zu haben. Unsere Eltern haben uns mit Sekundenkleber am Nest festgeklebt; wenn wir also fliegen wollen, so werden wir Federn lassen müssen. Niemand stößt uns hinaus, wir müssen uns losreißen. Der Abschied von den Männern, von der Art unserer Beziehung zu ihnen, ist ein Abschied von einer ganzen Lebensweise, ist auch der Sprung aus dem elterlichen Nest. Indem wir die Tür hinter uns schließen und zu den wilden Weibern gehen – an einen Ort, den kein Mann betreten kann, weil er nicht überleben würde, was dort geschieht –, nehmen wir auch Abschied von der Kindheit, der Sicherheit, den Eltern. Wir Frauen haben den lebensnotwendigen Bruch mit Mutter und Vater so lange nicht vollzogen, solange wir nicht auch mit den Männern gebrochen haben, denn die symbiotische Verbindung zu einem Mann (oder zu mehreren) ist eine bis in den Tod verlängerte Kindheit.

Es geht nicht nur darum, erwachsen zu werden, sondern die Art unserer Beziehung zu Männern hat noch eine andere Funktion, für die es notwendig ist, daß wir entweder das symbiotisch abhängige Kind oder die helfende Ersatz-Mutter sind (meist beides). In den vorigen Kapiteln habe ich diese Funktion mehrfach angedeutet.

Die Leiden der Vergangenheit sind mit unserem Zutun geschehen. Wenn es darum ginge, uns Frauen kindlich abhängig zu halten, um uns zu verharmlosen und sonst nichts, so machte die Sache wenig Sinn. Weshalb sollte sich ein patriarchaler Mann, der von Natur aus nichts Mütterlich-Fürsorgliches an sich hat, die Last einer Kindfrau aufbürden? Geht es dem bequemen Mann nur um die Bequemlichkeit, die eine harmlose Frau ihm liefert? Ist es nur die Ausbeutung weiblicher Energie zum Zwecke des Service am Mann? An dieser Stelle, bevor wir die Grenzüberschreitung riskieren, ist es notwendig, sich noch einmal mit den Männern zu beschäftigen.

An der Grenze, an der wir jetzt stehen, bereit, sie zu überschreiten, erwartet uns eine Frau, die uns dazu zwingt, noch einmal, ein letztesmal zurückzublicken, um zu verstehen, was wir getan haben, um zu wissen, was wir daher in Zukunft zu tun haben. Es ist eine kleine dunkle Frau in einem schwarzen Gewand und mit wirren Haaren. Vielleicht ist ihr Blick ernst oder auch spöttisch, und sie riecht nach faulendem Laub und Ziegen.

Früher einmal war ihr Name Medea oder Moira oder Erinnya oder Norna, vielleicht auch anders. Sie tritt uns zuerst als Richterin entgegen, die uns das Erkennen des Ausmaßes der Konsequenzen unserer Taten selber überläßt. Sie straft nicht, sie hilft in die Erkenntnis. Eine Begegnung mit ihr ist zumindest nicht folgenlos. Doch lassen wir sie zuerst erzählen. Sie sagt:

»Es wundert mich, wieviel ihr über Männer wißt und wie wenig ihr von ihnen versteht. Ihr habt euch im Licht bewegt, diese dreitausend langen Jahre, in seiner Welt; warum habt ihr eure Zeit nicht genutzt? Habt ihr denn niemals bemerkt, daß es der alte Mann ist, in dessen Diensten ihr steht, ob es euch paßt oder nicht? Habt ihr denn niemals einen Gedanken daran verschwendet, worum es hier geht?«

Rechtfertigungen wird sie kaum gelten lassen. Sie ist tatsächlich eine von diesen alten Frauen, die nicht mehr gefallen müssen. Und sie fährt fort:

»Ihr haltet einen alten Mann für ein harmloses Lebewesen. Dabei ist er gefährlicher als alle eure Bomben zusammen, denn er ist ihr Schöpfer. Warum braucht der alte Mann Bomben? Weil er sein Schicksal nicht annehmen will. Was ist sein Schicksal? Es ist sein Schicksal, früh zu sterben. Schaut euch um, seht, wie die Hirsche leben, die Löwen, die Delphine, die Elefanten, die genauso eng mit euch verwandt sind wie die Affen, denn sie sind Säugetiere, genau wie ihr. Von Ihnen könnt ihr lernen, was die Ordnung des Lebens ist. Es ist die Aufgabe aller männlichen Tiere, das Leben zu schützen, Väter zu sein, Könige zu werden. Zuerst sind sie Kinder, wie die Mädchen. Doch dann werden sie fortgeschickt, denn sie sind nicht weiblich, sie sind das Getrennte. Entfernt von den Frauen lernen sie, König zu werden. König ist, wer das Leben erhält und schützt, nicht, wer es ausmerzt. Der

Sinn des Königs liegt nicht in der Herrschaft über Untertanen, sondern im Dienst an den Frauen. Doch das hat seinen Preis. König kann nur einer sein. Es müssen also andere verlieren, untergehen, sterben, auf der Strecke bleiben, wenn einer König wird. Es muß einen Ausgleich geben dafür, daß jede Frau ihr Leben riskiert, wenn sie Leben gibt, indem sie Kinder gebiert.«

Und die dunkle, nach Ziegen riechende Frau hebt ihre Röcke. Die Haut an ihrem Bauch ist gerissen und schlaff wie ein luftleerer Ballon. Sie weiß also, wovon sie spricht. Und sie fährt fort:

»Das Leben hat er zu erhalten und zu schützen, nicht das Gesetz. Aber der alte Mann hat sich der Gesetze bemächtigt. Das Gesetz jedoch befindet sich zwischen meinen Beinen.«

Sagt es und läßt die Röcke wieder fallen. Sie fährt fort:

»Es gibt nichts Nutzloseres auf der Welt als einen alten Mann. – (Ausnahmen läßt sie gelten, doch sie spuckt vorsichtshalber auf den Boden.) – Ist der Mann jung, so hat er genau wie eine junge Frau sich mit den Gesetzen und Gepflogenheiten seiner Welt vertraut zu machen. Er hat das andere Geschlecht zu studieren und seinen Platz im Leben zu suchen. Das ist die erste Phase seines Lebens, die jungfräuliche, ungebundene. In der zweiten Phase hat er seinen Platz einzunehmen. Wenn er Glück hat, wenn er die erste Phase überlebt, wenn er ein Mann werden will, sogar als König. Dies ist die Phase der Väterlichkeit, wie es für Frauen die Phase der Mütterlichkeit ist. In seiner dritten Phase geht er seinem Schicksal entgegen, im Gegensatz zu den Frauen, die in ihrer mütterlichen Phase ihrem Schicksal begegnen. Und diese letzte Phase ist es, die sich ganz und gar von der der Frauen unterscheidet. In der dritten und letzten Phase ist es für beide Geschlechter Zeit, sich auf ihre eigene

Weise der Frage nach Gott zuzuwenden und die Zeit, Wissen weiterzugeben an die, die nachkommen. Die alten Frauen wissen von Geburtshilfe (sie klopft sich auf den Bauch und grinst) und von Heilung und Kindern und Tod (sie klopft sich wieder auf den Bauch). Es ist wichtig, daß die alten Frauen lange leben, sonst bleibt das Wissen nicht erhalten, und es wäre niemand da, der die Mutter des Todes sein könnte. Niemand kann in Frieden sterben, wenn die Mutter des Todes ihn nicht über die Grenze bringt, damit er in die andere Welt sicher hineingeboren werden kann.

Was aber ist mit dem alten Mann? Sein Wissen ist sein Todesurteil, denn sein Wissen besteht darin, zu wissen, wie man König wird, die anderen also ausschaltet. In dem Augenblick, wo er dem jungen Mann eröffnet, daß Stärke, Mut und Schönheit auf den Königsthron führen, wenn dem jungen Mann also die Augen geöffnet werden, wird er die offenen Augen auf den König richten und erkennen, daß dieser alt und schwach ist. Beider Zeit ist damit gekommen.

In den alten Zeiten haben wir alle geholfen, daß dieses Gesetz des Lebens nicht gebrochen wurde. Der alte König mußte sterben. Der neue König mußte kämpfen, um seines neuen Platzes im Leben würdig zu sein, damit die Frauen, die das Gesetz hüteten, ihn vor allen auserwählten.

Doch dann kam die Zeit, als der alte König nicht sterben wollte. Er war alt und schwach, aber er war gewitzt und schlau. Er wußte, was ihn retten konnte: Wenn der Sohn so schwach war, daß er nicht erwachsen werden konnte, so würde er es niemals wagen, den alten König genau anzuschauen, um ihn zu erkennen. Das Mittel, mit dem er seine Zwecke erreichen konnte, die Waffe, die dieses Gesetz des Lebens brechen konnte, hieß: FRAU.

Wie hätte er ohne ihre Macht erreichen können, daß die Söhne vergessen würden, was der Sinn in ihrem Leben war? Wie hätte er ohne die Frau die Macht der zukünftigen Frauen, der Töchter, brechen können? Er mußte sie so weit vom Leben entfernen, daß sie die Mutter seiner Kinder wurde, er mußte sie dazu bringen, daß sie ihm ihre eigenen Kinder schenkte.

Die alte Lilith lachte über ihn. Die Amazonen kämpften gegen ihn. Klytämnestra versuchte, ihre Souveränität zu demonstrieren. Kassandra hielt ihm den Spiegel des Wahnsinns entgegen. Aber da gab es noch die kindliche Eva, die der Gewalt in Kanaan nicht gewachsen war, die Moses' Männer in dieses Land, wo bis dahin Milch und Honig flossen, trugen; es gab Ariadne, die müde, überforderte Priesterin auf Kreta, und vor allem Elektra, die sexuell mißbrauchte Tochter, die der Vater damit in einen mörderischen Konkurrenzkampf mit der Mutter getrieben hatte. Elektra, die dem Vater glaubte, als er ihr zuflüsterte, sie sei die Auserwählte, die Gebenedeite, die der Mühsal, Grenzen überschreiten zu müssen, kraft seiner Macht enthoben sei, wenn sie nur täte, was er wolle, die die Scham in sich, die Scham über ihr Schweigen abtötete, bis sie nichts mehr fühlen konnte. Sie wurde seine Mitwisserin, seine Komplizin.«

Die kleine dunkle Frau schweigt für einen Augenblick voller Schmerz und Zorn. Und sie fährt fort:

»Sie brachen unsere Macht mit Gewalt. Sie banden Evas Hände in täglicher, sinnloser Arbeit und zwangen alle Frauen, soviel Kinder wie möglich zu gebären. Sie erklärten Klytämnestras Souveränität für Anmaßung und ließen sie dafür umbringen. Der Mord an ihr wurde zum gerechten Tod erklärt. Sie sperrten Kassandra ins Irrenhaus, Ariadne wurde fern ihres weiblichen Zentrums in schwarze Nonnengewänder gesteckt. Sie töteten alle alten Frauen, alle Mütter des Lebens und des Todes. Elektra, die Auserwählte, bietet ihnen seither ihre kleinen Töchter zum Mißbrauch, wenn sie selber schon zu alt dafür ist, wenn sie selber nicht mehr betören kann. Und sie schwächt seine Söhne durch Beschämung und schickt sie in den frühzeitigen Tod – im Krieg – am Kreuz – an der Börse, während Eva darüber wacht, daß die Buben dabei auch warm genug angezogen sind und ihnen hinterher die Wunden verbindet. Der alte König kann nur überleben, wenn statt seiner der Sohn geopfert wird. Seit damals ist jede Vater-Generation schwächer gewesen als die vorhergehende, hat jede Vater-Generation eine größere Angst vor dem neuen König als die vorhergehende, und das Leben geht nicht nach vorn, sondern zurück, weil ihr den alten König füttert anstelle eurer eigenen Kinder. Keine Generation findet die Energie, sich von der vorhergehenden zu befreien. Jede bleibt der um eine Generation älteren hörig, unmündiger Geist im erwachsenen Leib.« Der Geruch von faulendem Laub und Ziegen, der die dunkle, zerzauste Frau umgibt, wird jetzt überdeckt von einem Geruch nach rostigem Eisen und trockenem Blut. Der Art ist ihr Richteramt.

Jetzt, wo die Söhne begonnen haben, nach den Vätern zu rufen, vielleicht, um mit ihnen abzurechnen, vielleicht, um sich und die Väter mit dem ihnen eigenen Schicksal zu versöhnen, können wir uns der Ziegenfrau anvertrauen, unsere eigene Rolle bei diesem schrecklichen Spiel zugeben, anschauen, wie wir die uns innewohnende Macht pervertiert und mißbraucht haben, mit der wir unsere Töchter preisgeben und unsere Söhne abgerichtet haben. Und um welchen Preis! Betrachten wir Frauen also unsere beschmutzten Hände und sehen wir vor allem, daß sie leer sind.

Damit wir wissen, was wir verlassen.

Es ist von Bedeutung, an diesem Punkt der Entwicklung auf die richtige Weise mit unseren Gefühlen der Scham, des Ekels umzugehen und Anflüge von Schwäche und Ohnmacht nicht zu akzeptieren. Wenn Scham und Ekel in Selbsthaß münden, so werden wir der Ziegenfrau nicht begegnen. Die Leidende, die Verzagte, die Ängstliche, Entmutigte und die Gefällige muß jetzt sterben. Etwas in uns will nicht. Es ist dieses Etwas, das das Nein ans Leben an eine unsichtbare Instanz delegiert hat. Manche nennen diese Instanz Moral, Höflichkeit, Gesetz. Aber es sind nicht unsere Gesetze. Wenigstens einmal im Leben muß jede Frau eine Entscheidung treffen. Und dafür einstehen.

Die Macht der Frauen ist groß. Frauen sind mächtige Wesen. Einst waren sie sogar eigenmächtig. Was ihnen fehlt, um die Eigenmächtigkeit wieder zu erlangen, ist das Wilde, Anarchische, das Unangepaßte, Un-Nette, Unfreundliche, das Eigensinnige – der ungehinderte Zugang zur Quelle ihrer Energie. Einen Abglanz davon können wir in uns entdecken, wenn wir haßerfüllt, eifersüchtig, kleinlich, neidisch, streitsüchtig, boshaft und intrigant sind; wenn sich diese unterdrückte Energie unbarmherzig ihre Ventile sucht. Nicht selten zeigt sie sich auch in unserer vermeintlichen Mütterlichkeit und Fürsorglichkeit, unter der schon so manches Kind verwelkt ist.

Wir werden aufhören müssen, unsere Hände weiterhin in Unschuld zu waschen.

Wir werden die Dinge so sehen, wie sie sind.

Besser wir suchen die Quelle unserer Energie, um unsere leeren, schmutzigen Hände hineinzutauchen und gründlich zu reinigen. Wir haben uns in die Enge treiben lassen, es ist mit unserer Zustimmung geschehen.

Alle alten Männer dieser Welt, auf Regierungssesseln, in Vorstandsetagen, am Schreibtisch, am Wohnzimmertisch und im Bett konnten auf uns zählen. Wir haben ganze Arbeit geleistet.

Zweiter Teil

In die Enge getrieben

Nützlich dafür wären einige strenge und schlichte Gedanken, nüchtern und unsentimental, und die Überwindung der Einschüchterung unserer Intelligenz. Frauen hatten nicht so viel Erfahrungen mit der Wahrheit. Jetzt ist unser Wertmesser, wieviel Wahrheit wir vertragen können.

Christa Thürmer-Rohr, Vagabundinnen

1. Kapitel

Sieh deine Hände, sie sind leer

Der Mensch braucht Mythen und Geschichten, um die Wahrheit zu finden und zu begreifen, vielleicht auch, um die Wahrheit ertragen zu können. Niemand, der nicht weiblich ist, wird je verstehen können, wie schmerzhaft traurig bis an die Grenze körperlichen Leidens gehend der Mangel an Mythen und Geschichten ist, mit denen Frauen sich identifizieren können, in denen sich ihre Psyche widerspiegelt, ihr Denken und ihr Wesen. Eine männlich bestimmte Welt, in der Frauen nur als Schmuck und Beiwerk oder im Hintergrund oder als Förderin des Wesentlichen oder gar nicht vorkommen und in der sogar Gott als Inbegriff all dessen, was ist, männlich ist, kann für eine Frau ein sehr kalter Ort sein, an dem ihre Phantasie und ihre Träume verkümmern.

Jedes Lebewesen braucht für eine sichere Identität ein Gefühl von Gemeinsamkeit und Selbstverständnis mit seinesgleichen – ein Gefühl, das gleichzeitig eine Verbindung zur Religion herstellt. Religion ist hier gemeint als geistiger Versuch, ein Verhältnis zwischen sich selbst und dem Universum herzustellen, abzuklären, in welcher Beziehung man zum Leben steht, als was man es betrachten möchte, was als Suche nach dem Sinn des Lebens jeden Menschen irgendwann in seinem Leben berührt. Mythen sind der bedeutendste Weg, diese Gemeinsamkeit selbstverständlich herzustellen und von Mensch zu Mensch, von Generation zu Generation weiterzutragen. Wie groß der Einfluß der Mythen, Sagen und Geschichten auf die Identität des einzelnen Menschen ist, haben die Kleriker und Diktatoren schon immer gewußt: Die Bibel wurde im Laufe der Jahrtausende ihrer Existenz immer wieder zensiert und bereinigt, und Kleriker reagierten und reagieren sehr böse, wenn jemand die Geschichten anders deuten will. Ich kannte eine katholische Religionslehrerin, die vor Wut rot anlief, als ich ihr von Lilith erzählte. Sie behauptete, erstens habe es Lilith nie gegeben und zweitens sei sie ein Teufel. (Als Beweis führte sie an, daß die Bibel Lilith nicht erwähne, was nicht ganz stimmt, aber die meisten Händler kennen die eigene Ware nicht sehr gut.) Und in jedem totalitären Regime sind nur die dem Regime förderlichen Mythen erlaubt, alle anderen jedoch bei Gefahr für das Leben verboten.

So sorgt der christliche, der jüdische und der islamische (es ist wohl jedesmal derselbe gemeint) Gott mit seinen männlichen Zügen ebenso dafür, daß die Welt im Ungleichgewicht dahintrudelt, wie der Verlust von starken Frauen in den Mythen Heimatlosigkeit in der Welt und seelische Unbehaustheit für Frauen bedeutet. Gott geschlechtlich zu neutralisieren hilft auch nicht viel. Dann ist er zwar für alle da, aber als was? Ein geschlechtsneutraler Gott macht die Sache für uns Frauen nicht besser und für die Männer noch schlechter, denn so werden auch sie einer Identifizierungsmöglichkeit beraubt.

Wir Frauen brauchen weibliche Bilder, um uns die Welt zu erklären, und dazu gehören sowohl eine Göttin wie mythische Frauenfiguren, von denen wir lernen können. Darüber werde ich an anderer Stelle ausführlicher erzählen. An dieser Stelle möchte ich lediglich erklären, warum es von Bedeutung ist, wenn ich von der Großen Mutter und von der Ziegenfrau gesprochen habe, warum Lilith, Kassandra und Klytämnestra uns zur wilden Frau führen können. Es gibt eine dem Menschen immanente Sehnsucht nach Bedeutung des Lebens, die Frauen und Männer wohl jeweils anders empfinden. Dies hat gar nichts mit Esoterik, jedoch alles mit Identität und Spiritualität zu tun. Esoterik ist eine zutiefst männliche Angelegenheit, ein kopfiger Versuch, sich der unsichtbaren Welt zu bemächtigen, weil das Leben nicht verstanden wird. Das Verlangen danach, daß Gott weiblich ist, hat dagegen mit dem Wunsch nach Identität zu tun. Wir Frauen werden erst dann an die Quelle unserer Energie gelangen, wenn wir den weiblichen Weg gefunden haben, wenn es in unserem Leben wieder Bilder von Frauen und Göttinnen gibt, an denen wir unser Schicksal und unsere Bestimmung erkennen können.

Die einzige Form der Identität, die uns unwidersprochen gestattet wird, ist die Mutterschaft; weshalb uns auch statt der Großen Mutter höchstens die Kleine Mutter Maria mit dem Kinde als Göttin-Ersatz zugestanden wird. Angesichts der vielen Möglichkeiten, unseren Lebensweg mittlerweile zu gestalten, mag bezweifelt werden, daß wir nur dann über eine Identität verfügen, wenn wir Mutter geworden sind. Es ist allerdings nach wie vor der Fall, wir dürfen uns da nicht täuschen lassen. Die vielen Karrierefrauen, die plötzlich mit 40 unbedingt noch ein Kind bekommen wollen, mögen als beredtes Beispiel dafür stehen, wie gut diese unterschwellige Botschaft der patriarchalen Gesellschaft Besitz von unseren Seelen ergriffen hat, so daß wir uns ununterbrochen damit auseinandersetzen, ohne es zu merken. Auch kenne ich keine Frau, die es fertigbringt, ihren Entschluß, keine Kinder zu bekommen, ohne rechtfertigende Erklärungen zu vertreten.

Wenn Mutterschaft auch nur einen Aspekt von Weiblichkeit darstellt, so ist sie doch in der Tat so bedeutend, daß wir damit eine zentrale Rolle im Leben einnehmen. In dem Augenblick, wenn wir ein Kind gebären, halten wir die Macht in unserer Hand, über Wohl und Werden dieses Menschen zu entscheiden. Die Mutter – und niemand sonst. Von unserer Lebens- und Liebesfähigkeit hängt es ab, ob ein Kind glücklich oder unglücklich wird. Diese Rolle ist so zentral, daß das Patriarchat nicht ohne sie auskommen konnte, ja es hätte nie ein Patriarchat gegeben, wenn die Mütter ihm nicht gedient hätten. Kein Vater, kein Arzt, kein Lehrer kann einem Kind seelisch oder körperlich etwas antun, wenn die Mutter stark genug ist, mächtig zu sein, und wenn die Mutter von anderen starken Frauen beschützt wird. Ich habe die Ziegenfrau erzählen lassen, wozu die Mütter sich in den vergangenen dreitausend Jahren mißbrauchen ließen, weil ein komplizierter, sich über Jahrhunderte erstreckender, gewaltsam ins Leben gerufener Prozeß sich auf diese Weise einfach und deutlich darlegen läßt. Ein schriftstellerischer Trick? Phantasie? Wirklichkeit? Ich brauche die Augen nur zu schließen, um sie vor mir zu sehen mit ihrem alten schmutzigen Kleid. Nun sollen die Auswirkungen dieses Prozesses einzeln betrachtet werden und als Wertmesser dafür dienen, wieviel Wahrheit Frauen vertragen können. Es handelt sich um eine Abrechnung mit unseren eigenen Taten und dem Ausmaß der Konsequenzen als Folge davon.

Wenn wir auch im Alltagsleben die Wichtigkeit der Mutter herunterspielen, indem wir sie als Mami und

Mutti verniedlichen, so kehrt die Tiefe ihrer Rolle sofort wieder in unser Bewußtsein, wenn wir laut und deutlich das Wort MUTTER aussprechen. Um das erfahrbar zu machen, war kein Sigmund Freud notwendig. Spätestens jedoch seit seinen niedergeschriebenen Gedanken, Erfahrungen und Schlußfolgerungen ist uns klar, daß die Mutter entscheidend daran beteiligt ist, was aus dem Kind einmal wird.

Die Gegenreaktion, der Protest, Mütter – und damit die Frauen – seien wieder einmal an allem schuld, während die Männer wieder einmal für ihre Untaten blütenrein und unbehelligt davonkommen, war nicht nur verständlich und berechtigt, sie war außerdem noch der blanke Unsinn. Selbstverständlich haben Männer die Verantwortung für ihre Taten zu übernehmen. Wir aber auch. Aber bei diesem Protest ging es noch um etwas anderes. In Fachkreisen nennt man das einen Abwehrmechanismus, und der hat eine sinnvolle Ursache und eine sinnlose Folge. Einen Abwehrmechanismus kann man wahrscheinlich erst dann wirklich verstehen, wenn man ihn als eine Überlebensstrategie betrachtet. Es gibt Dinge im Leben, die würden wir nicht überleben, wenn wir keine Abwehr dagegen entwickeln, daß uns Gleiches oder ähnlich Schreckliches noch einmal geschieht. Als Kinder werden wir mit elterlicher Lieblosigkeit konfrontiert, die uns in den Wahnsinn treiben oder uns gar sterben lassen würde, wenn wir sie so wahrnehmen würden, wie sie sich uns zeigt. Wir schicken diese Erlebnisse, vor allem aber unsere entsetzlich schmerzhaften Gefühle darüber, in die Kammer des Vergessens und wappnen uns gegen künftige Angriffe, während wir gleichzeitig unsere Eltern als liebende Eltern erleben, obwohl sie es nicht sind. Der Abwehrmechanismus ist eine Sache, die all unsere Hochachtung verdient, denn er dient dazu, daß dieser Mensch nicht wahnsinnig wird und nicht stirbt. Auch so manchem Psychotherapeuten täte wenigstens ein Quentchen dieser Hochachtung vor diesem Mechanismus gut, wenn ihm sein Klient gegenübersitzt und ihm das Elend seines Lebens präsentiert.

Elend ist etwas ganz anderes als Armut. Es ist ein seelischer Zustand, erwachsen aus Entwürdigung und Geschlagensein. Gegen Entwürdigung und Geschlagensein eine Abwehr aufzubauen, kann nicht ganz falsch sein. Später, wenn wir Erwachsene sind und stark genug, um die Wahrheit zu ertragen, läuft dieses Überlebensprogramm jedoch weiter, als wären wir immer noch drei Jahre alt. Es liegt auf der Hand, daß eine derartige Realitätsverzerrung den Menschen unglücklich macht und darüber hinaus das Leid an die nachfolgenden Generationen weitergibt. So kehrt sich, was einstmals sinnvoll war, später gegen uns selbst.

Die Leugnung der zentralen Bedeutung der Mütter für das Schicksal der Menschen kann sich nicht nur darin zeigen, daß Frauen die Verantwortung für ihre Taten zurückweisen. Sie kann auch im übertriebenen Gegenteil bestehen. Eine meiner Klientinnen, eine Frau von Mitte Fünfzig, die zwei erwachsene Töchter hat, konnte sich, nachdem ihr klargeworden war, was sie ihren Kindern angetan hatte, kaum mehr fassen vor lauter Schuldgefühlen. Dies ist anfänglich eine verständliche Reaktion. Es gibt keine patriarchale Mutter, die nicht Schuldgefühle gegenüber ihren Kindern hat. Manche erleben sie bewußt, die meisten halbbewußt und einige auch unbewußt. Alle Mütter wissen, daß sie dem Vater zuliebe die Interessen und Bedürfnisse ihrer Kinder hintangestellt haben. Alle Mütter haben ihre Aufgabe, die Interessen ihrer Kinder kompromißlos zu vertreten, mehr als einmal zugunsten von Ehemann, der Schule, der Nachbarn, der Familie und der eigenen Bequemlichkeit und Feigheit nicht erfüllt. So manche Großzügigkeit und demonstrierte Bewunderung gegenüber den erwachsenen Kindern rührt von solchen Schuldgefühlen her. Ebenso wie die generelle Unfähigkeit alter Eltern, mit ihren erwachsenen Kindern zu sprechen statt zu reden.

Im Falle meiner Klientin nahmen die Schuldgefühle einen demonstrativen Charakter an. Rigoros wies sie jeden Versuch, diese Schuldgefühle aufzulösen, zurück. Es hat lang gedauert, bis klar wurde, daß sie ihre Schuldgefühle benutzte, um für ihre Unfähigkeit, ihre Töchter zu lieben, nicht verantwortlich zu sein. Hinter ihren Schuldgefühlen verbargen sich Geringschätzung von Frauen und eiskalte Gnadenlosigkeit. Sie begann, an ihren Enkeln vermeintlich wiedergutzumachen, was sie an ihren Töchtern »verbügelt« hatte, und merkte nicht, daß sie damit ihr Werk als liebesunfähige Mutter fortsetzte. Indem sie der Tochter vorführte, wie man Kinder zu behandeln habe, war die Tochter wie in alten Kindertagen nicht gut genug; den Ansprüchen der Mutter nicht gewachsen; wieder einmal ins Unrecht gesetzt und chancenlos, Gnade vor den mütterlichen Augen zu finden. Beide Töchter sind inzwischen als Erwachsene Mitglieder einer eigenartigen buddhistischen Sekte. Auf meine Frage, ob sie ihre Töchter liebe, sagte sie: »Ja, nur müssen sie aus der Sekte austreten.« Auf meine weitere Frage, ob sie es akzeptieren würde, wenn ihre Kinder ihr sagten, daß sie sie liebten, antwortete sie: »Ich würde die Liebe meiner Kinder nur annehmen, wenn sie die Sekte aufgeben.«

Warum bekommen Frauen eigentlich Kinder? Dies ist eine wichtige Frage, deren Untersuchung uns zu wesentlichen Erkenntnissen führen wird. Ich gehe davon aus, daß kaum eine Frau weiß, warum sie eigentlich Kinder bekommen hat, auch die Frauen nicht, die geplante und erwünschte Kinder zur Welt gebracht haben. Als meine Kinder geboren wurden, war ich noch sehr jung und handelte, wie vor mir meine Mutter, wie meine Schwester und alle Frauen meiner Umgebung: Sobald man biologisch erwachsen ist, kommt folgerichtig ein Mann daher, man heiratet und kriegt Babys (und nicht etwa Kinder oder gar Menschen), dann ist man eine Familie, was immer das auch bedeuten mag. Ich hatte nicht nur keine Ahnung, was es heißt, Kinder zu haben (wogegen ich von Katzenhaltung sehr viel verstand, wovon meine Kinder dann letzten Endes doch profitierten), ich hatte vor allem keine Ahnung, was es heißt, Mutter zu sein, noch war mir bewußt, daß es etwas ist, daß man *wird*, daß es dazu einer seelischen und geistigen Fähigkeit bedarf, die gelernt werden muß.

Kinder zu haben ist die größte Aufgabe, vor der eine Frau stehen kann, für die eine Frau mehr Voraussetzungen mitbringen muß als Kenntnisse. In den vorigen Kapiteln sprach ich davon, daß es die zweite, die mütterliche Phase ist, in der Frauen ihrem Schicksal begegnen. In dieser Phase entscheidet es sich, ob eine Frau biologisch Mutter wird und damit über das Schicksal anderer Menschen verantwortlich entscheidet. Um Mütterlichkeit geht es auch dann in dieser Phase, wenn sie sich dafür entscheidet, keine eigenen Kinder zu bekommen und statt dessen die Mutter aller Steuerzahler, aller abgepackten Brote, aller angepflanzten Salatköpfe, aller Klienten oder aller Leser wird. In der Phase der Mütterlichkeit erhält die Frau Macht. Hat sie nicht gelernt, damit umzugehen, wird sie daran zerbrechen oder unter ihr erstarren. Nur wenn sie es schafft, zu einer guten Mutter des Lebens zu erwachsen, wird sie im Alter eine echte Großmutter, eine Große Mutter sein können, die nicht nur alt ist (was an sich ja noch keine Leistung ist, die es zu würdigen gilt), sondern liebend und wissend, etwas, was ich hier in dem Begriff »weise« zusammenfassen möchte.

Der Begriff »Mütterlichkeit« hat in unserem allgemeinen Verständnis nicht annähernd so ein hohes Ansehen wie das Wort »Mutter« oder gar der Plural »die Mütter«. Wenn Goethe Mephisto vom Gang zu den Müttern sprechen läßt, bekommen wir eine Ahnung davon, daß das Wort Mütter mit Macht und Mächtigkeit zu tun hat. Leicht verbinden wir mit Mütterlichkeit genau die Art von Wesenszug, die uns entweder das Gruseln lehrt oder aber uns zum (wenn auch bitteren) Lachen bringt.

Ich habe in meinem Leben genau zwei wirklich mütterliche biologische Mütter kennengelernt. Die eine war schon alt, die andere ist noch jung. Die alte war eine Griechin. Sie trug einen großen Namen, was in Griechenland nicht ungewöhnlich ist. Sie hieß Kalliope und war eine einfache Frau, das weibliche Oberhaupt der Familie Lio Fargos auf der Kykladeninsel Naxos. Ich erfuhr von ihr durch eine Gruppe von sogenannten schwererziehbaren Jugendlichen, die in einem Heim in Hamburg lebten und es fertiggebracht hatten, mit einem alten, klapprigen Kleinbus in Begleitung von zwei Erziehern nach Griechenland zu fahren, um Ferien zu machen.

Einer der Erzieher beschrieb die Begegnung der harten Jungs mit ihr: »Ihre spontane Ausstrahlung von menschlicher Wärme und Güte beschämt alles um sie herum. Es gerät derjenige ein Stück an ihre Nähe heran, der versucht, sich einen völlig natürlichen und glücklichen Menschen vorzustellen. Sie scherzt, weint, lacht, klatscht in die Hände, freut sich wie ein Kind und rennt bei glühender Mittagshitze, die Kochtopfdämpfe nicht mehr aushaltend, ans Meer, wirft den schweren Leib samt Kleidung hinein, spritzt Neugierige naß, taucht weit hinein ins Meer und kommt, wunderbare Muscheln und Steine aus ihren nassen Schürzentaschen ziehend und sofort wieder verschenkend, zurück. Vom ersten Moment an ging jeder der Jungs sprachlos geworden dieser natürlich gewachsenen Autorität bedingungslos entgegen. Und Mutter Kalliope hatte die Jungs auf eine unausgesprochene und auch bei auftretenden Konflikten niemals an Bedingungen geknüpfte Art und Weise gern. Als sie nach Wochen erfuhr, daß unsere Jungs nicht zu Hause, sondern ohne Eltern in einem Heim leben müssen, weinte sie herzzerreißend und war einen Nachmittag lang nicht mehr zu beruhigen. Diese Angelegenheit machte ihr zu schaffen und erschien ihr völlig unverständlich. Wenn also eine Not so groß werden kann, daß Eltern ihre Kinder nicht mehr bei sich behalten können, so kann solch ein Land nicht in Ordnung sein – meinte sie. Und auch, daß sie nicht gedacht hätte, daß so etwas in Europa überhaupt möglich wäre. So eine Schande sondergleichen. Für ein derart reiches Land wie Deutschland. Und ob der Bundeskanzler davon überhaupt etwas wisse, war eine ihrer letzten Fragen an uns.«

Die andere ist eine junge Frau von dreißig, die drei Kinder hat und deren Mütterlichkeit sich schon in ihrer Motivation, Kinder zu haben, zeigte. Sie wollte wirklich Kinder; sie wollte Menschen werden lassen und sah darin den Sinn ihres Lebens. Jetzt, das Älteste ist schon aus dem Gröbsten heraus, ist sie noch immer gern eine Fulltime-Mutter, die das richtige Maß von Halten und Loslassen kennt. Dabei ist sie keineswegs eine dieser entsagungsvollen, unscheinbaren Gestalten, die wir wohl meist mit Mütterlichkeit assoziieren, sondern eine selbstbewußte, schöne Frau von einer großen Ausstrahlung, ein Wesen, das in sich ruht.

Die meisten Menschen verdanken ihr Leben jedoch den unterschiedlichsten, meist sehr sonderbaren Gründen. Es gibt Menschen, die als zukünftige Spielkameraden einer infantil gebliebenen Mutter geboren wurden, andere sind ein Statussymbol gewesen, noch andere sollten das begeisterte Publikum sein, das einer geltungssüchtigen Frau unkritisch und lebenslang applaudieren sollte, wieder andere sind der Kitt einer mißlungenen Ehe. Mancher mußte als Garant für die Ewigkeit im Diesseits herhalten, wie der legendäre österreichische Sportreporter Edi Finger, der das Werk seines gleichnamigen Vaters fortzusetzen hatte und von dem der Alte auch noch verlangte, daß der Enkel als dritter Edi Finger ebenfalls Sportreporter werden sollte, damit spätere Generationen lesen sollten, daß Edi Finger hundert Jahre lang Sportreporter gewesen sei. Mütter stehen dem nicht nur in nichts nach, sie erfüllen solchen Vätern auch noch ihre menschenverachtenden Wünsche und richten ihre Kinder darauf ab.

Wir gebären keine Kinder, sondern Hoffnungsträger, Sündenböcke, Versager, Sieger, kleine Kavaliere, niedliche Prinzessinnen und Ersatzpartner, vielfach auch Investitionsprojekte. Gibt es etwas Grausameres? Liebloseres? So gesehen wird jedes Kind von vornherein als persönliche Enttäuschung der Eltern das Licht der Welt erblicken.

Was bringt Frauen dazu, Kinder zu gebären, wenn sie dieser Aufgabe gar nicht gewachsen sind? Niemand würde sich anmaßen, sich an den Steuerknüppel eines Düsenjets zu setzen ohne die entsprechende Eignung und Ausbildung. Von der Ziegenfrau wissen wir, welche Bedeutung es im Patriarchat hat, daß unfähige Mütter

Kinder gebären und sie anschließend seelisch morden. Für ihre patriarchatsstabilisierende Arbeit werden sie noch nicht einmal besonders geehrt und gewürdigt. Nun geht es mir keineswegs darum, die Mütter für ihre Verdienste am Patriarchat zu ehren. Muttertagsgedichte über Mutters Hände sind eine geschmacklose Form von Zynismus, denn Mutters Hände sind schmutzig und leer. Wohl muß sich eine Gesellschaft daran messen lassen, wie sie mit den Müttern und Kindern umgeht (und danach müßte sich die unsere die Bezeichnung »unmenschlich« gefallen lassen). Aber nichts ist mir verdächtiger als Mutterehrungen. Je totalitärer eine Gesellschaft, um so größer die Ehrung der Mütter. Meist ist daran jedoch die Absicht geknüpft, die Mütter zu noch liebloseren Taten zu veranlassen als sonst im Patriarchat allgemein üblich. Der Nationalsozialismus ist ein gutes Beispiel dafür. Es war ein altkatholischer Priester, der seinerzeit eines Sonntags predigte, die Mütter sollten ihre Söhne opfern und in Hitlers gerechten Krieg schicken, wie einst Maria auch ihren Sohn Jesus freudig geopfert habe. Hätte ich dieses Dokument als Beispiel für unverhohlene Absicht nicht mit eigenen Augen gesehen, ich hätte es nicht geglaubt, wie ungeniert Männer solche Forderungen stellen können, ohne daß die Frauen aufstehen, um sie umzubringen.

Frauen begründen ihren Kinderwunsch häufig damit, daß es doch das Natürlichste der Welt sei und sie ein Kind als ihre Erfüllung als Frau betrachten. Das sind zwei ganz unterschiedliche Paar Schuhe. Es ist in der Tat natürlich, ein Kind zu bekommen. Aber es ist unnatürlich, unfähig zu sein, ein Kind aufwachsen zu lassen und es statt dessen zu erziehen und für die eigenen Interessen zu benutzen, mag dies nun bewußt oder unbewußt geschehen. Interessant ist auch, daß es gerade diese

Frauen sind, die auf die Frage, was denn eigentlich eine Frau sei, keine Antwort wissen.

Wir haben alle den Wunsch, daß sich etwas in uns erfüllt. Das ist eine sehr weibliche Art, den Sinn des Lebens zu finden. Aber erstens glaube ich nicht, daß die Natur vorgesehen hat, daß jede Frau Kinder bekommt (hier muß ich noch einmal auf unsere Freunde, die anderen höherentwickelten Säugetiere verweisen, bei denen auch beileibe nicht alle Mutter werden noch wollen; da gibt es ganz andere, sehr weibliche Aufgaben). Und zweitens bin ich davon überzeugt, daß wir zuerst Frauen werden müssen, damit wir gute Mütter sein können, womit wir wieder bei der Identität angelangt sind. Ich halte Medea, die aus einem mutterrechtlichen Land stammende Königin des Altertums, die ihre Kinder umbrachte, als ihr klar wurde, wofür sie sich selbst und die Kinder im patriarchalen Königreich ihres Mannes Jason opfern sollte, für eine natürlichere Mutter als eine, die wegschaut, wenn ihre kleine Tochter sexuell vom Vater oder Stiefvater mißbraucht wird, was – wie wir heute annehmen müssen – in unserer Gesellschaft so häufig vorkommt, daß es den Begriff Ausnahme nicht mehr verdient. Auch eine Mutter, die dem psychischen Inzest an ihrem Kind zustimmt, ihn duldet oder gar selber vollzieht, ist keine natürliche Mutter. Psychischer Inzest ist hier verstanden als der seelische Mißbrauch von Kindern durch erwachsene Bezugspersonen zur Befriedigung von Wünschen und Bedürfnissen, die ein Kind überfordern, es ängstigen und verunsichern und ihm Positionen zuweisen, die höchstens andere Erwachsene einnehmen dürften. Was bringt eine Frau dazu, ihre Kinder seelisch zu morden? Wie sehr muß ein Mensch in die Enge getrieben und seiner selbst beraubt worden sein, daß er das fertigbringt?

Seiner selbst beraubt worden zu sein, heißt für eine Frau, ihrer Weiblichkeit beraubt worden zu sein. Wir können wohl erst dann zu echten Müttern unserer eigenen Kinder oder fremder Kinder werden, wenn wir uns mit diesem Gedanken und mit der Frage der Macht auseinandersetzen.

2. Kapitel

Die verlorene Weiblichkeit

Es sind vollkommen andere, unterschiedliche Aspekte der Weiblichkeit, derer die westliche, okzidentale, christliche Frau beraubt wird, als ihre östliche, orientalische, islamische Schwester, weshalb die eine nicht verschleiert werden muß und die andere ja. Die okzidentale Frau hat keinerlei Anlaß zur üblichen Geringschätzung und zum allgemeinen Mitleid, das sie der orientalischen Frau mit all ihren Lebenseinschränkungen entgegenbringt. Wohl sind wir hier im Westen in unserer Bewegungsfreiheit nicht eingeschränkt, wohl haben wir ungehinderten Zugang zu Bildung und Beruf. Aber wir zahlen unseren Preis dafür. Welchen? Die okzidentale Frau ist ein kastriertes, neutralisiertes Wesen, das zu ganz bestimmten Zeiten seines Werdeganges entweiblicht wird, bis es in seiner Ausstrahlung und seinem Lebensausdruck dermaßen ungefährlich ist, daß Männer und andere Frauen es ertragen. Schlimmstenfalls wandelt sich dann das eine oder andere dieser neutralisierten und funktionalisierten Wesen in einen harten, bösartigen Drachen mit Scharfrichter-Mentalität. Es ist dann auch wieder unerträglich, läßt sich jedoch durchaus patriarchal gewinnbringend als gut funktionierende Entweiblicherin einsetzen.

Ich möchte hier einige Beispiele von unweiblichen Frauen aufzählen: Dazu gehört die sich aufopfernde Frau, die unscheinbare, nette, die alles für die anderen und nichts für sich tut. Auch die sachliche Geschäftsfrau oder Politikerin ist unweiblich. Ebenso die Stöckelschuhe tragende Tussi im Minirock und ihre mit Birkenstock-Sandalen und beutelartigen Pullovern ausgestattete grüne Schwester oder das gestylte Model und die Designer-Frau mit Designer-Uhr, Designer-Kleid, Designer-Möbeln und Designer-Hirn. Desgleichen ist die Nonne eine unweibliche Frau genau wie die stets gepflegte große oder kleine First Lady an seiner Seite, die berühmte Gemahlsgattin. Diese Typisierungen ließen sich endlos dahin erweitern, daß sich nahezu jede Frau darin erkennen könnte, wobei Überschneidungen der Typen jederzeit möglich sind. Alle sind sie – oder besser sind wir auf einen Teilaspekt reduzierte Objekte, die einander dazu gemacht haben und einen Großteil unserer Lebensenergie darauf verwenden, niemals ein ganzes weibliches Ich, eine Frau zu werden. Alles Verpackung – und kaum jemand merkt, daß die Schachteln leer sind.

Unweibliche, entweiblichte Frauen sind immer sehr beschäftigt. Nicht etwa mit sich selber, sondern gegen sich selber. Ihr Leben besteht darin, sich selber auszuweichen, sich abzulehnen, sich selber zu entkommen, sich selber zu hassen und alle Spiegel zu zerstören, also anderen Frauen auszuweichen und sie abzulehnen. Wir alle kennen den Aberglauben, daß, wer einen Spiegel zerschlägt, sieben Jahre Unglück erleben muß. Frauen, die ihre Spiegel, nämlich andere Frauen, zerstören und blindmachen, droht Ähnliches, denn ohne diese Spiegel ist unsere persönliche Entwicklung verhindert: das größte Unglück, das einen Menschen treffen kann.

Die Entweiblichung einer Frau wird in mehreren Phasen vollzogen, in einer Art Siebenjahresrhythmus. Die erste ist das Säuglingsalter, die zweite ereignet sich mit der Einschulung, die dritte mit etwa 14 in der Pubertät – und was bis dahin noch nicht vernichtet wurde, wird bis etwa zum 21. Lebensjahr vollendet.

Wird ein weibliches Kind geboren, so gibt es bereits von Anbeginn an einen tabuisierten, quasi toten Bereich ihres Körpers: ihre kleine Vulva. Alle Mütter von Söhnen wissen herzige Geschichten über das Spatzi von Klein-Bubi zu berichten, wie damals, als er dem Kinderarzt in die Kitteltasche gepinkelt hatte und so weiter. Über Klein-Mädi gibt es solche Geschichten nicht. An der herausragenden Erscheinung des Spatzis kann es nicht liegen, denn die Vulva eines weiblichen Säuglings ist eine prächtige und herausragende Knospe der später Dreißigblättrigen, nach dem großen und dominierenden Kopf der markanteste Körperteil des Säuglings und sehr wohl zur gleichen Personifizierung geeignet wie der Penis des männlichen Säuglings. Sie wird von Anfang an als ein Nichts behandelt, ein namenloses Nicht-einmal-ein-Ding. Später ist es dann alles Mögliche: etwas, auf das die Männer wild sind und das sie gern benutzen wollen oder wovor sie sich fürchten oder ekeln; ein Schmutz- und Geruchsfaktor, der schleimt und ausrinnt, weshalb die Besitzerin lebenslang in diesem Bereich auf dem Säuglingsstatus verweilen muß (eine Werbung für Slip-Einlagen spricht davon, daß Frauen damit immer sauber und trocken bleiben, wüßte man nicht, wovon die Rede ist, könnten es auch leicht Wegwerfwindeln sein). Das Nichts ist ein Geburtskanal, ein Schimpfwort, das Arbeitsgebiet von Gynäkologen – was auch immer. Eines ist dieses Nicht-einmal-Ding nicht: ein Körperteil, den die Besitzerin hütet wie ihren Augapfel, dankbar achtet wie ihre rechte Hand und liebt wie ihr Gesicht. Es gibt keinerlei objektive Gründe für den ablehnenden Ekel, mit dem Frauen ihre Vulva in den Schmutzbereich verweisen. Schleim, Feuchtigkeit, Geruch, die Nähe zum Urin an sich können der Grund nicht sein. Kein Mann schüttelt sich offen oder insgeheim in Selbstekel, weil sein Penis regelmäßig erkleckliche Mengen einer schleimig-schlatzigen Substanz ausstößt, die große Ähnlichkeit mit Tapetenkleister hat.

Babys erzählen nicht, wie sie sich fühlen. Später erinnert sich das ehemalige Baby nicht mehr an das erste Lebensjahr. Das verführt auf eine sonderbare Weise die Betreuer dazu zu glauben, es sei folgenlos, wie ein Baby behandelt wird. Ein Baby kann nicht sprechen. Dieser Vogel singt nicht, so scheint es. Auch eine zur Mutterliebe bereite Frau kann im Umgang mit einem weiblichen Baby nicht über ihren Schatten springen. Ihr Schatten, das was nicht im Lichte sicht- und wahrnehmbar ist, ist ihr eigenes namenloses Nicht-einmal-ein-Ding zwischen ihren Beinen. Mutter kann dieses primäre Zeichen der Weiblichkeit an ihrer Tochter nicht feiern und bejubeln, denn sie liebt sich selber auch nicht als Frau. Der Selbsthaß der Mutter verhindert, daß die Tochter eine Frau werden darf.

Bei manchen Mädchen reicht der erste Schritt in die Entweiblichung bereits aus, um sie später funktionieren zu lassen. Das sind die kleinen Mädchen, die gern mit den Barbie-Puppen spielen oder auf andere Weise signalisieren, daß sie verstanden haben und versprechen, nie mehr Schwierigkeiten in ihrem Leben zu machen. Dann gibt es aber eine ganze Reihe von Frauen, von denen erzählt wird, sie seien wilde Kinder gewesen, an ihnen wäre ein Bub verlorengegangen. Fragt man diese Frauen später, so sagen sie, nicht etwa der Besitz des Spatzis wäre interessant gewesen, sondern die Freiheit, auf

Bäume zu klettern, zu raufen, am Wasser zu spielen, sich schmutzig machen zu dürfen, die Welt zu entdecken auf die Gefahr hin, daß das Leben sich als folgenreich erweist. Für Mädchen dieser Vitalität kommt der nächste Schritt der Entweiblichung mit der Einschulung. Für wilde Mädchen auf Bäumen hat die Schule keinen Bedarf.

Es ist ein feines Netz, geknüpft aus Entmutigung, Demütigung und sozialem Druck, in dem die wilden Mädchen in der Schulzeit gefangen werden, und es sind weibliche Hände, die es über sie werfen. Auf welche Weise das geschieht, werde ich an späterer Stelle erzählen. Hier möchte ich lediglich darauf hinweisen, daß das weibliche Selbstbewußtsein bereits lange, bevor es sich des Lebens bemächtigen kann, kastriert worden ist durch Überwachung und Kontrolle anstelle von Schutz zur Entwicklung.

Die Zeit der Macht begänne für Mädchen mit dem Einsetzen der Menstruation. Es gibt viele Geschichten über die eigenartigen und wilden Kräfte, die dem pubertierenden Mädchen zur Verfügung stehen. Selbst Filme wie »Carrie« oder »Der Exorzist« erzählen davon (allerdings auch, wie groß die Angst einer patriarchalen Gesellschaft vor Mädchen an der Grenze zur Frau ist). Das pubertierende Mädchen jedoch, das diese Zeit statt voller Wildheit tragischerweise unverstanden wie ein Fremdkörper und voller Verwirrung erlebt, stößt auf eine Mauer des Schweigens und der Scham. Der Teufel wird ihm ausgetrieben, bevor er überhaupt in ihm erwachen konnte. Es ist auf eine herzzerreißende Art deprimierend, wenn Frauen von diesem Abschnitt in ihrem Leben erzählen. Da ist nicht eine, die kundig hinüberbegleitet worden ist, nicht eine, deren Kräfte kultiviert worden sind.

Statt dessen werden die Mädchen zivilisiert, etwas, was für weibliche Menschen gleichbedeutend mit Entweiblichung ist. Man »klärt« sie trocken und sachlich-medizinisch auf, überreicht Binden oder Tampons, warnt vor frühen Schwangerschaften – und das ist alles. Niemals werden sie von offenen Armen freudig in Empfang genommen, voller Erleichterung, daß sie den Übergang gut überstanden haben. Sie werden in der Welt der Frauen nicht willkommen geheißen, sie werden mit allen Mitteln nett gemacht und enden als blöde kichernde Teenies, eine Spezies, die nur schwer zu ertragen, aber leicht in den Griff zu kriegen ist.

Als Erwachsene führen sie das Werk der Entweiblichung an den eigenen Töchtern weiter, was sollten sie denn sonst tun. Der Verlust der Weiblichkeit, der weiblichen Identität ist nicht nur Voraussetzung, um zur Erfüllungsgehilfin für den alten Mann, den König, der nicht abdanken will, zu werden. Sie dient auch dazu, daß der Mann sich selber die Hände nicht mehr durch aktive Unterdrückung der Frauen schmutzig machen muß. Entweiblichung ist die Voraussetzung, daß Frauen sich voneinander isolieren. Isolation, die Vereinzelung der Frauen, ist die Säule, die das Dach des Patriarchats trägt. Das ist, als würden Kälber es fertigbringen, sich selber gegenseitig zu schlachten und bratfertig zu portionieren.

Unsere orientalischen Schwestern gehen – wie gesagt – einen anderen Weg. Weil sie nicht einzeln isoliert werden, ist es interessant, zu untersuchen welche Aspekte der Weiblichkeit ihnen nicht genommen wurden und was wir von ihnen lernen können. Im Gegensatz zu uns werden sie nicht seelisch kastriert, sondern verhüllt und eingesperrt. Sie bleiben in der Gruppe der Frauen und führen zumindest im männerlosen Bereich ein unverletztes Leben. Der »Harem« war ursprünglich nicht ein Ort, in dem Frauen eingesperrt, sondern Männer ausgesperrt sind. Das macht einen großen Unterschied.

Wer je in der Türkei in einem Frauenbad oder bei Nomaden und Beduinen im Frauenzelt zu Gast war, der hat eine Ahnung, was uns westlichen Frauen genommen worden ist. In ihrem Buch »Harem – die Freiheit hinter dem Schleier« schildert Vittoria Alliata eine solche Szene. Sie erzählt, wie sie in Oman im südöstlichsten Zipfel der arabischen Halbinsel im Hause einer Beduinin lebte und schildert das lebendige Chaos im Inneren des Frauenzeltes, Pyramiden von Tellern, Schüsseln, Näpfen, Teekannen, Obstschalen, Kissen, Tüchern und Teppichen im sakralen Halbdunkel, vervielfacht durch hundert Spiegel in vergoldeten Rahmen, die zwischen den Kamelgurten, den Achatketten und Musketen auch noch ihren Platz fanden. Sie erzählt, wie die Frauen im Kreise hockten und eine dampfende Tonschale von Hand zu Hand gehen ließen, in der sich duftende Kräuter befanden. Die Frauen räucherten ihre Kleider und Tücher mit diesen Düften ein, eine Frau spielte auf der Laute. Alle sprachen miteinander, erzählten einander Geschichten, und es handelte sich dabei um die Frauen einer Familie, Mutter, Töchter, Tanten, Kusinen, die in diesem Zelt unter sich waren – nicht etwa um die zahlreichen Ehefrauen des Mannes, wie wir uns das immer vorstellen. Es war eine Atmosphäre von Entspannung, Gelassenheit und animalischem Wohlbefinden, wie man sie nur erleben kann, wenn alle östlichen Schleier und alle westlichen Charaktermasken gefallen sind und die Frauen sich in ihrer Mitte befinden.

Westliche Frauen, die dem Manne dienen, haben in der Regel nicht einmal eine Abstellkammer, die nur ihnen gehört und in die sie sich zurückziehen können. Ja, westliche Frauen wüßten wahrscheinlich gar nicht, was sie mit sich selber anfangen sollten, wenn ihnen ein Refugium zur Verfügung stünde, denn sie wären darin ganz allein. Es gibt eine Satire von Loriot, in der er voll ins Schwarze der trostlosen Situation vieler Frauen trifft: Die Gemahlsgattin macht das Jodel-Diplom, damit sie etwas »Eigenes« hat. Ist eine dem Manne dienende Frau das einsamste Geschöpf der Welt, so ist die Frau ohne Frauen in der Tat das verlorenste. Es ist sehr schwer zu erfahren, was weiblich ist, wenn alle Körper, die man berührt, in den Armen hält und fühlt, männlich sind, eine glatte Brust haben, harte Muskeln und eine Haut von befremdlicher Konsistenz.

Auch für die orientalischen Frauen hat sich in den letzten dreitausend Jahren vieles zu ihrem Nachteil verändert. Ihre Situation soll nicht idealisiert werden. Wir bekommen den Hauch einer Ahnung davon, wie sie einst in ihren Harems lebten, wenn wir das Leben der Tuaregs betrachten, bei denen die Frauen den ihrer Stärke und Macht angemessenen Platz in der Familie und Gesellschaft einnehmen. Sie sind selbstverständlich unverschleiert, die wirtschaftlichen Belange liegen im Bereich ihrer Verantwortlichkeit, aller Besitz gehört ihnen (nur die Kamele gehören den Männern). Und keiner Tuareg-Frau fiele es im Traum ein, sich einen Ehemann zuteilen zu lassen oder einen Mann in ihrem Zelt zu dulden, der nicht gut zu ihr ist. Es war eine alte Tuareg-Frau, die selbstbewußt erklärte, daß ein häßlicher und dummer Mann kein Recht darauf habe, von den Frauen akzeptiert zu werden. Natürlich hat sich bei den Tuareg der Mann zu bemühen, den Frauen zu gefallen und nicht umgekehrt. Der Harem war einst ein belebter Frauentreffpunkt, fern von einem Gefängnis, ein Ort, an dem sich die Theologin mit der Philosophin, die Schriftstellerin mit der Magierin, die Verkäuferin mit der Kamelhändlerin traf, an dem die Mütter mit ihren Kindern lebten und die Kleinen von all diesen Variationen der Mütter des Lebens lernten.

Daß orientalische Frauen, ob islamisch oder nicht, heute eingesperrt und verschleiert leben müssen, haben sie den Byzantinern zu verdanken, die vor 1.400 Jahren die Beduinenscheichs dazu brachten, damit die Scheichinnen besser von den Frauen aus dem Volke unterschieden werden konnten. Es war also eine Kontrollmaßnahme, damit die Byzantiner sich nicht an den falschen Frauen vergriffen, was politische oder kriegerische Folgen gehabt hätte. (Harem heißt nicht nur auf arabisch »der heilige Ort«, sondern auch »der verbotene Ort«. Das Wort »Harem« bedeutet gleichzeitig Frau, also die Verbotene.)

An dieser von außen in die orientalische Gesellschaft getragenen Ursache mag es liegen, daß sich zumindest im inneren Bereich die Weiblichkeit der Frauen weiterhin ungebrochen entfalten konnte. Daran hat nicht einmal der Islam etwas ändern können, der nicht nur das Ledigsein, die Askese und jede andere Form sexueller Enthaltsamkeit mißbilligt, sondern im Gegenteil mehrfache und wiederholte Ehen empfiehlt, nur um einem jeden – Männern und Frauen – die legitime Befriedigung des sexuellen Verlangens zu garantieren. Vittoria Alliata sagt: »Ich glaube, es ist gerade diese gesunde Einstellung des Korans – bei der die Sexualität als normales biologisches Bedürfnis und nicht als Sünde begriffen wird, die den islamischen Frauen Komplexe, Schuldgefühle und Frigidität erspart.« Erspart wird den orientalischen Frauen auch das Bedürfnis nach einem Mann als dringend benötigte Krücke für ihr eigenes, geschwächtes Ich. Die orientalische Frau mag den Mann als soziales Beutestück betrachten, niemals aber wird sie ihn als Ersatz für die eigene Identität benötigen.

Wir wollen hier nicht aufrechnen, wer die bessere, die weiblichere Frau sei, die orientalische oder die abendländische. Wir wollen an der Betrachtung, wie die orientalische Frau lebt, herausfinden, ob an ihrer Art, ihrem Wesen etwas ist, das uns weiterhelfen kann, unsere verlorene Weiblichkeit wiederzufinden. Die orientalische Frau hat den Preis der Isolation von der Außenwelt zahlen müssen, aber sie wird nie von ihresgleichen getrennt. Daher ist ihr die Beziehung zu anderen Frauen so selbstverständlich wie die Tatsache, daß sie atmet. Ihre Kinder erleben nicht nur einen reduzierten Aspekt von Weiblichkeit, sondern beinahe alle, denn sie werden von vielen Frauen gemeinsam aufgezogen. Und sie hat stets Gelegenheit, Männer als das Fremde, das anders ist als sie, zu erkennen; die Grenzen verwischen sich nicht. Sie hat eine Identität.

Kehren wir in unsere Welt zurück. Wir westlichen Frauen kämpfen um unser Selbstbewußtsein. Es ist allen Frauen klar, daß ihnen etwas fehlt, beinahe eine jede weiß nicht, was denn wirklich weiblich ist. Aber jede weiß, daß sie auf irgendeine Weise unzulänglich ist; irgendetwas an ihr ist nie gut genug. Die Entweiblichung des Mädchens vollzieht sich nicht körperlich, aber sie wird über den Körper erfahren. Man kritisiere die Arbeit einer Top-Managerin, und sie wird auf irgendeine Weise kontern. Sagt man ihr aber, daß sie einen fetten Hintern habe, wird man sie wahrscheinlich kurz darauf heulend auf dem Damenklo antreffen.

Wir sind nicht nur auf Teilaspekte der Weiblichkeit reduzierte Torsi, verstümmelte Seelen, die Mutter und ihre fragwürdige weibliche Existenz nun nicht mehr in

Frage stellen (was uns vor lauter Schuldgefühlen sowieso nie einfiele, nur seltsam, daß alle Frauen wie eine Rakete hochgehen, wenn jemand behauptet, sie wären genau wie ihre Mutter), sondern wir sind damit Feindinnen unseres eigenen Körpers geworden, als wäre er nicht wir. Wir betrachten ihn nicht einmal als einen Teil unseres Ichs, ganz zu schweigen davon, daß wir ihn als Ausdruck unserer Seele anzusehen vermögen. Wir erklären ihn distanziert zum Objekt, das unserer eigenen Beurteilung niemals standhält. Ich habe sieben Aspekte von Weiblichkeit entdeckt, die zusammen eine Frau ergeben. Sieben ist eine schöne Zahl, die für Frauen schon immer eine besondere Bedeutung hatte. Keine von uns vereint alle sieben Aspekte in sich, sehr viele sogar nur einen einzigen. Einem bestimmten Aspekt jedoch erlaubt praktisch keine Frau Raum in ihrem Inneren ein. Jeder dieser Aspekte hat einen dunklen Schatten, eine finstere Seite, die sich auf eine unangenehme Weise dann zeigt, wenn wir dem jeweiligen Aspekt nicht erlauben, ausgedrückt und gelebt zu werden, und wenn wir leugnen, daß es diese dunkle Seite gibt und welche Macht ihr zugrunde liegt.

Es sind dies: die Liebende, die Priesterin, die Künstlerin, die Mutter, die Kriegerin, die Königin und – die Furie, die wilde Frau.

Selbstverständlich gibt es noch viele andere Aspekte, unter denen man Weiblichkeit betrachten könnte. Mit den hier erwähnten habe ich jedoch in den vergangenen Jahren gute Erfahrungen gemacht.

Über die Liebende in uns muß nicht viel gesagt werden. Die Liebende ist die Liebende. Sie stellt keine Bedingungen und vereinigt Eros und Agape in sich. Sie wäre allerdings – ohne daß eine Frau auch die anderen Aspekte auslebt – eine zu liebliche, vielleicht sogar langweilige Erscheinung, die andauernd mild leuchtenden Auges umherginge und zarte Gedichte schriebe.

Die Priesterin in uns stellt die Verbindung zum Göttlichen und zum Universum her und dar.

Die Künstlerin drückt diese Verbindung auf Erden für andere erfahrbar aus, und das beileibe nicht, indem sie malt oder bildhauert, sondern indem sie Schönheit und Kreativität in den Alltag bringt und das Leben als Tanz begreift.

Die Mutter ist die, die Leben gibt und gedeihen läßt.

Die Kriegerin weiß zu kämpfen, zu verteidigen und zu schützen, und sie weiß vor allem, stets die richtigen Waffen zu wählen und anzuwenden.

Die Königin regiert das Reich des Ich mit Hilfe aller anderen fünf Aspekte, wie überhaupt jeder Aspekt jedem anderen Aspekt erst Leben durch Ergänzung verleiht.

Alle zusammen wären jedoch immer noch nicht Weiblichkeit, gäbe es die Furie nicht, das wilde Weib. Die Furie ist gefährlich und unschuldig zugleich. Sie ist inhuman wie die Natur. Sie ist Vulva und Klauen. Ihre Gebärmutter ist Symbol für das Dunkle, aus dem wir kommen und in das wir am Ende unseres Lebens wieder gehen, die Hüterin der dunklen Höhle, die sich im Zentrum ihres Leibes befindet. Sie ist es, die dafür sorgt, daß allen anderen Aspekten der Weiblichkeit Lebendigkeit verliehen wird. Sie raubt die kleinen Mädchen, und wenn diese eines Tages zurückkehren, sind sie gefährliche Frauen geworden.

Vor allem die Furie in uns wird umgebracht, erwürgt, erschlagen, erstochen und in den Wahnsinn getrieben, damit die kleinen Mädchen niedlich bleiben und unterentwickelte Frauen werden. Und weil wir unsere Beschneidung über den Körper erfahren, projizieren wir unser Gefühl, daß uns etwas fehlt, eben auch auf diesen Körper und seine einzelnen Bereiche. Unser Selbst wird ein von uns zu beurteilendes Objekt, das ständig verbessert werden muß und dessen vermeintliche Unzulänglichkeit wir kaschieren, was die Gnadenlosigkeit unseres Blicks jedoch keineswegs mildert.

Mütter sorgen dafür, daß Töchter nicht sie selbst werden dürfen. Diese sorgen als Frauen dann dafür, daß Frauen später auch nicht sie selbst werden oder sein dürfen. Die Dicke, die heiter in hautengen Leggings dahinwatschelt, erntet unseren Spott oder unsere Mißbilligung, weil sie es wagt, sie selbst zu sein. Was läßt sich denn in den spöttischen und ärgerlichen Blicken lesen, die sie begleiten? Das: Wenn so eine sich traut, sie selbst zu sein, dann erinnert sie mich daran, daß ich nicht ich selbst bin. Ich bin also in meiner Verpackung als leere Schachtel entlarvt, wenn ich es akzeptiere, daß die andere, die Dicke, die Häßliche sich in ihrer ganzen unversteckten Erscheinung als Summe ihres Lebens zeigt. Fällt eigentlich niemandem auf, daß unsere »Schönheitsfehler«, die dicken Bäuche, die Fettpölsterchen, die Falten, die krummen Beine, der hängende Busen etc. nur deshalb so häßlich sind, weil wir sie selber hassen und dieser Haß und unsere Ablehnung dieser Körperteile tatsächlich für andere sichtbar ist?

3. Kapitel

Der Selbsthaß der entmachteten Frau

Viele Frauen haben kein Empfinden dafür, was ihnen angetan wurde und angetan wird, und kennen kaum angemessene Formen der Grenzziehung und des Schutzes gegen seelische und körperliche Verletzungen. Aber mindestens ebenso viele Frauen haben auch kein Gespür dafür, was sie anderen (Frauen und Männern) antun. Sie bewegen sich in der Welt, als gäbe es sie gar nicht wirklich, als hätten sie kein Selbst und daher auch nichts, wofür sie verantwortlich sind. Und in der Tat werden weibliche Wesen ja schon früh in ihrem Leben zur Selbstlosigkeit erzogen. Man kann ihnen folgenlos antun, was man will, wie auch das, was sie in der Folge anderen antun, folgenlos bleiben soll. Sie erwarten die liebevoll-schonende Behandlung, die man einem zerbrechlichen kleinen Kind entgegenbringt, und gleichzeitig die respektvolle Achtung, mit der man einer gefährlichen Frau begegnet. Wird ihnen Unrecht getan, so schreien sie auf, weisen zurecht, beklagen diesen Umstand der Mißachtung und Unterdrückung; sind es jedoch sie, die Unrecht tun, so verlangen sie Nachsicht und Verständnis. Wenn es sie wieder einmal aus der Kurve getragen hat, dann berufen sie sich auf ihren Status als Opfer und können daher nichts dafür, daß sie tun, was sie nicht lassen wollen. Und in besonders gefinkelten Fällen verstehen sie nicht, wovon die Rede ist. Die vorübergehende kognitive Störung betrifft das Wort *aufhören*. Womit? Nebbich. Künstlich erzeugte, demonstrativ dramatisierte Mißverständnisse, um vermeintlich auf Leid aufmerksam zu machen, in Wahrheit jedoch, um auch weiterhin nicht verantwortlich zu sein.

Wie wir sehen, genügt es nicht, gebrochen zu werden, es ist auch notwendig, nicht zu bemerken, daß man gebrochen wurde, und genausowenig wahrzunehmen, daß man andere brach und weiterhin bricht. Das Warum ist bekannt, hier interessiert das Wie. Weil Frauen eine Schlüsselposition in diesem Spiel innehaben, also sie sind nicht die Täter und nicht die Opfer, sondern die auf Geheiß des Täters Ausführenden, das unersetzliche Bindeglied zwischen ihm und den Opfern, kommen wir nicht umhin, sie mit dieser Schlüsselposition und mit der ihr zugrundeliegenden Macht zu konfrontieren. Die Hand an der Wiege regiert die Welt, sagt ein altes Sprichwort. Die Handinhaberinnen halten diese Position für eine Position der Ohnmacht; Täter und Opfer bzw. Vertreter vor allem maskuliner Interessen halten diese Position für eine Position der Macht. Beides stimmt selbstverständlich.

Frauen – Mütter und andere – sind ohnmächtige Menschen. Das ist nicht neu, das wurde immer wieder belegt (und je nach Interessenlage mit Inbrunst geglaubt oder nicht geglaubt, als handele es sich dabei um eine theologische Streitfrage). Sie sind jedoch nicht nur ohnmächtig, sondern auch entmachtet. Den Unterschied fasse ich so auf, daß ein ohnmächtiger Mensch keine Kraft und Energie hat, also schwach ist, während ein entmachteter Mensch durch offene oder subtile Gewalt daran gehindert wird, seine Kraft und Energie anzuwenden. Ein entmachteter Mensch wird über seinen Machtverlust nicht sonderlich erfreut sein. In ihr, in der entmachteten Frau werden sich feindselige Gefühle entwickeln: Zorn, Wut, Haß. Diese Gefühle sind aus naheliegenden Gründen bei den Verursachern unerwünscht. Wohin also damit? Gefühle lassen sich zwar unterdrükken, aber der einzige Weg, Gefühle zum Verschwinden zu bringen, ist der, daß sie aufgelöst, daß sie empfunden und ausgedrückt werden. Frauen dürfen Haß problemlos empfinden und ausdrücken, wenn es gelingt, das Objekt dieses Gefühls auszuwechseln. Statt des Verursachers müssen nur ihr Selbst oder andere Frauen als Objekt herhalten, und schon steht dem Ausdruck negativer Gefühle nichts mehr im Wege. So bleibt die Frau entmachtet, die Verhältnisse unverändert und unerkannt, und die Frau wird kein Interesse mehr daran zeigen, die Verhältnisse, die sie quälen, zu verändern. Im Gegenteil, sie wird jeden Wunsch anderer Frauen, die Machtverhältnisse zu verändern, zum Anlaß nehmen, ihren Haß, den als Selbsthaß unerkannten Haß, den sie nur als diffuse Bedrohung erlebt, zu entladen. Der Selbsthaß der Frau wird erzeugt, indem einerseits das Gefühl des Hasses zu einem Tabu für Frauen erklärt wird und andererseits die Frau durch Isolierung und Entweiblichung so sehr von ihrem Selbst entfremdet wird, daß sie sich selbst und ihresgleichen eben genau wie ein fremdes Objekt erlebt, sich davon bedroht fühlt und daher beurteilt, ja zwanghaft beurteilen muß.

So ist die überforderte Überforderin entstanden, die Frau, die sich über ihre gesellschaftliche Benachteiligung beschwert, wenn sie wie eine geistig und körperlich Behinderte behandelt wird. Die die Lösung in der Quotenregelung sucht, als wäre sie eine Behinderte: die Frau, die Männern vorwirft, daß deren Geschlecht und nicht deren Eignung vorrangig den Zugang zu Privilegien erschließt, und die statt dessen verlangt, daß ihr Geschlecht und nicht ihre Eignung den Zugang zu Privilegien erschließt: die Frau, die fordert, daß andere sie erlösen, aber jedes Zutun ihrerseits verweigert, weil sie nicht kann. Noch nicht. Bald. Ganz sicher, aber im Augenblick noch nicht. Immer muß erst noch dies oder das passieren, bewiesen, gegeben werden. Aber dann, eines Tages, ganz sicher.

Mutter, die du bist im Himmel. Unser täglich Brot gib uns heute. Wenn wir Gottes Abbild sind, wenn wir heutigen Frauen also das Abbild der Großen Mutter sind, was würde sie auf das Gebet des Menschen antworten? Vielleicht »Nicht heute, ich habe Kopfweh.« Oder etwa: »Ihr solltet besser Diät halten. Ich bin auch schon viel zu dick. Schrecklich, dieser Bauch.« Oder die Große Mutter hätte nichts anzuziehen. Oder ihre Haare sitzen nicht. Auch fände sie mit Sicherheit, daß wir erst einmal etwas leisten sollten, bevor wir den Mund aufmachen, oder wir sind ihr zu jung oder zu alt (Findet sie sich zu alt, sind wir ihr zu jung; scheint sie sich selbst zu jung, sind wir ihr zu alt) oder sonst eine ihrer albernen Bedingungen, die nur davon ablenken sollen, daß sie nichts kann und nichts ist. Die vor allem verbergen sollen, daß sie nicht im Traum daran denkt, etwas zu werden oder zu sein, noch jemals etwas dazu zu tun. Ihr kritischer, ihr vorwurfsvoller, ihr wunder Blick ist ihr Schild, an dem das Leben abprallt, der uns das Gefühl geben soll, im Gegensatz zu ihr einerseits klein und schmutzig zu sein, der uns andererseits dazu zwingen soll, ihr großmütig, großzügig, nachsichtig und liebevoll zu begegnen. Und bewundernd noch dazu, jedoch nicht zu sehr, weil wir auch Rücksicht darauf nehmen müssen, daß sie kein Selbstwertgefühl hat – und unsere Bewunderung würde sie immer daran erinnern.

Es ist ein schwieriger Weg, den ich da gehe mit meinen Gedanken, Empfindungen und Einsichten. Schwierig deshalb, weil ich ähnlich wie in meiner täglichen Arbeit als seelische Grenzhelferin über ein Minenfeld von Abwehrmechanismen wandele, das mich jeden Augenblick Arme und Beine, Augenlicht und Geisteskraft kosten kann; eine Metapher, die keine ist, denn der Standpunkt der Außenstehenden war noch nie der meine. Wir leben in einer verrückten Welt, in der Kausalität beliebig und höchst irrational hergestellt wird; auch dies liest sich lustiger, als es ist, und ist doch wahrer, als es sich liest. Es war der Schotte Ronald D. Laing – ein traditioneller Psychiater, bevor er zum Heiler der Seele wurde, und der so sehr Schaden nahm, daß er schon mit 62 Jahren sterben mußte –, der sinngemäß sagte: Früher glaubten die Menschen, daß Engel die Sterne bewegten. Inzwischen wurde herausgefunden, daß die Sterne nicht von Engeln bewegt werden. Dies führte dazu, daß heute viele Menschen nicht mehr daran glauben, daß es Engel gibt. In diesem Sinne muß hier darauf hingewiesen werden, daß meine Argumente und Gedanken, die Abrechnung mit den Frauen, kein Beweis für die Inferiorität des weiblichen Geschlechts sind. Schon gar nicht sind sie ein Beweis für die Überlegenheit des männlichen Geschlechts (für den Fall, daß jemand die Überlegenheit der Sterne gegenüber den Engeln beweisen will oder etwa den Beweis antreten möchte, daß die Engel von den Sternen bewegt werden). Daß also diese Art Himmelsmutter als Analogie unserer weiblichen Befindlichkeit keine geeignete, den Anforderungen des Universums gewachsene Göttin sein kann, heißt daher noch lange nicht, daß wir diese Belange daher besser einem

Himmelsvater überlassen. Es bedeutet vielmehr eine Aufforderung, aus der Falle des Selbsthasses auszusteigen, weil es gerade dieser Selbsthaß ist, der zwischen uns und uns steht, zwischen dem Ich und dem Selbst. Der Selbsthaß ist es, der aus einer entmachteten Frau eine ohnmächtige Frau macht. Mag der Mann für das Warum verantwortlich sein. Bei dem Wie muß er keinen Finger rühren, und es passiert doch.

Je nachdem, welche Aspekte der Weiblichkeit in uns umgebracht wurden, werden wir unseren Selbsthaß auf ganz bestimmte Körperbereiche konzentrieren. Wenn die Liebende in uns nicht leben darf, so werden wir etwas an unserer Haut auszusetzen finden, denn mit ihr fühlen wir die liebende Begegnung mit dem anderen. Gibt es die Liebende nicht, gibt es allenfalls die Verliebte, die ihren Zustand genießt wie der Junkie seinen Rausch und die an ihrem Zustand und der Sucht danach zugrunde gehen kann wie er nach dem seinen. Sie kann außerhalb der Verliebtheit keine Liebe, möglicherweise gar nichts fühlen. Wer die Priesterin in sich vernichtet hat, wird keine Ekstase kennen und auch die Wahrheit im Wahnsinn niemals berühren. Diese Frau wird ihr Gesicht niemals lieben, ob sie es nun plastisch korrigieren läßt oder nur so allgemein daran leidet, daß es ist, wie es ist. Beine und Bauch wird diejenige Frau an sich selbst als mißlungen betrachten, die die Künstlerin in sich nicht leben lassen kann. Eine förmliche und steife Frau, sie wird nicht tanzen können (und hier ist nicht vom Foxtrott in der Tanzschule die Rede).

Ist es die Mutter, die wir seelisch nicht werden dürfen, so werden wir unsere Brüste hassen, ob sie uns nun zu groß oder zu klein, hängend oder was auch immer erscheinen. Ohne den Mutter-Aspekt werden wir immer Schwierigkeiten mit unserer Figur haben, zu dick, zu dünn. Ob Übergewicht objektiv vorhanden oder eingebildet ist, es wird die, die nicht leben lassen kann, nicht daran hindern, gegen Fettpolster zu kämpfen. Die Abwesenheit der Kriegerin schließlich zeigt sich in unserem Verhältnis zu unseren Händen, ob wir sie nun schlicht häßlich finden oder durch Beißen der Fingernägel oder der Nagelhaut zu vernichten oder zu entschärfen versuchen.

Gibt es die Königin in uns nicht, so wird unser Körperschwerpunkt irgendwo im Körper zu finden sein, verteilt zwischen den Schulterblättern und den Knien, jedoch nicht dort, wo er hingehört, in Gesäß und Hüfte, wo er ruhig schwingend das Gleichgewicht der Frau in Schönheit und Bewegung verwandeln sollte. Ist die Königin tot, so klagen wir vor allem über einen zu fetten, zu kleinen, zu dies und zu das Hintern, während wir steif wie ein Besenstiel durchs Leben schleichen.

Daß die Furie nicht lebt, daran sind (auch) Friseure und Gynäkologen satt, fett und reich geworden, denn Haare und Vulva sind der Bereich, in dem die wilde Frau repräsentiert wird. Jede Frau weiß, daß ein falsches Wort über Haare oder Vulva einem Urteil über Leben und Tod gleichkommen kann. Kein Scherz, über welchen Körperteil auch immer, keine Kritik an ihrer Erscheinung trifft so tief wie die über ihr Haar und das namenlose Nicht-einmal-ein-Ding.

Wie entkommen wir dem Selbsthaß? Wie steigt man aus einer Falle aus? Wie geht man durch eine Tür? Wie läßt man einen Stein los? Wer solche Fragen stellt, befindet sich noch da, wovon zu Beginn des Kapitels die Rede war. Wer soll ihr helfen? Wie viele Hände müssen ihr gereicht werden, bis sie eine ergreift?

4. Kapitel

Ja, was soll ich denn machen: Das Bequeme an der Ohnmacht

Frauen sind mächtige Menschen ohne Machtbefugnis, das bedeutet, auch wenn sie praktisch als Hand an der Wiege (und auch in anderen Funktionen und an anderen Orten) über gewaltige Macht verfügen, so geschieht dies, wenn es überhaupt von ihr erkannt wird, inoffiziell bis an die Grenze zur Illegalität. Niemals verfügen Frauen über Insignien der Macht. Insignien der Macht sind im Patriarchat ganz auf den Mann zugeschnitten. So mag eine Frau wohl eine glänzende Richterin sein, sie wird in ihrem Talar immer ein wenig verkleidet ausschauen, kein Wunder, es ist ein Männermacht-Kostüm. Der evangelischen Pastorin oder der Ministerin geht es nicht anders, wobei die Ministerin es noch am schwersten hat, denn ihr steht als Kostüm nur männliches Besonders-wichtiger-Gockel-unterwegs-zu-besonders-wichtigen-Terminen-Gehabe zur Verfügung. Das ist schon an Männern besonders komisch, wieviel mehr an Frauen, die auf Männerwegen wandeln. Über Charleys Tante lachen wir gern. Charlottes Onkel ist tägliche, nackte Realität. Darüber schreibt keiner einen Schwank. Es ist auch gar nicht lustig.

Einige wenige Frauen sind auf Männerart mächtig, aber alle Frauen sind im Besitz von urweiblicher Macht, nur darf es keiner merken. Es existieren keine offiziellen Anzeichen, keine Ausweise dieser weiblichen Macht, daher ist die Frau niemals imstande, im Namen der Weiblichkeit, der Frauen, ihrer Kinder, der Menschheit oder gar der Tiere und Pflanzen, also des Lebens, in Erscheinung zu treten und zu handeln. Sie handelt entweder im Namen des Patriarchats oder gar nicht. Um es noch einmal deutlich zu machen: Es gibt in unserer Gesellschaft entweder männliche Macht-Insignien oder keine. Und vergessen wir nicht, daß ein Großteil der feministischen Energien darauf verschwendet wird, männliche Macht-Insignien auf beide Geschlechter verteilen zu wollen. Wir leben in einer Welt ohne Polarität der Geschlechter. Es gibt keinen weiblichen Gegenpol zum männlichen Pol (und diesen gab es, so wie es war, auch nur dank der emotionalen und materiellen Ausbeutung von Frauen).

Wenn die Frau im Namen des Patriarchats handelt, dann entweder offiziell, das heißt in Männerschuhen. Dann sieht sie aus und steht da wie eine dieser austauschbaren Minister-Gockelinnen, oder sie ist im Kostüm von Über-Mutti als Geheimagentin im Namen Seiner Majestät unterwegs, verkörpert, vertreten oder doch wenigstens symbolisiert durch Vati. Als Geheimagentin muß sie natürlich damit rechnen, daß ihre Auftraggeber ihre Funktion jederzeit leugnen und sie fallenlassen, wenn sie enttarnt wird. Daher wird sie Vorsorge treffen, denn sie verfügt über keine Papiere, die beweisen, daß sie im Auftrag des alten Königs handelt. Niemals wird sie auf den Schutz des Alten rechnen können. Auch Dankbarkeit dafür, daß sie die Schmutzarbeit macht, kann sie nicht erwarten. Wofür sollte man dem Kapo dankbar sein? Was ist ein enttarnter Agent noch wert? Jeden Versuch einer Emanze, Über-Mutti vom positiven, frauenfreundlichen Gedankengut des Feminismus zu überzeugen, muß sie panisch zurückweisen, denn das könnte Vati auf den Gedanken bringen, sie sei eine Doppelagentin. Gefahr ist zwar Über-Muttis Geschäft, aber sie arbeitet ohne Rückendeckung, sie muß also vorsorgen.

Vor allem wird sie dafür sorgen, daß niemand wirklich weiß, in wessen Namen sie handelt, nicht einmal sie selbst, obwohl sie andererseits demonstrativ deutlich macht, in wessen Auftrag sie *nicht* arbeitet, nämlich in dem der Frauen. Wie könnte sie auch im Namen von etwas arbeiten, das es gar nicht gibt: freie, wilde Weiblichkeit. Weiblichkeit ist das, was Vati sagt, was sie ist, wenn er sein Glas erhebt und die guten Zeiten beschwört, als die Frauen noch echte Frauen waren. Ein Teil ihrer unheilvollen Arbeit gilt der Erfüllung ihres patriarchatsstabilisierenden Auftrages, ein anderer Teil soll ihre Enttarnung und ihren Verstoß durch Vati verhindern. Daher geht ihre unterschwellige Botschaft: »Du sollst nicht merken, was ich dir im Auftrag des Vaters antue und wie schwach ich bin« an die Kinder, wie Alice Miller ganz richtig erkannt hat. Eine andere, ebenso unausgesprochene Botschaft geht an Vati und andere Männer: »Ich entmündige dich durch meine Fürsorge und erniedrige dich, indem ich dich zwinge, mein Leiden zu ertragen, ohne etwas daran ändern zu können und nichts richtig zu machen.« Wenn uns auch an dieser Stelle nicht interessieren soll, wie es um Männer und ihren Teil der Verantwortung steht (weil wir es wissen: sehr schlecht) – so kann ich mich bei diesem Gedanken einer gewissen Genugtuung nicht erwehren. Männer wissen auch nichts über Konsequenzen. Der alte König wollte ewig König sein. Er endet in den Armen von Über-Mutti als ewiges Baby. Bevor uns die Rührung mit des Alten Schicksal zerfließen läßt, vergessen wir doch bitte nicht, daß dieses Baby alles andere als harmlos ist, es sieht nicht niedlich aus und ist es auch nicht.

Wer für die patriarchale Frau offizielle und erkennbar weibliche Machtbefugnis inklusive der dazugehörigen Insignien fordert, muß eine ernsthafte Bedrohung für sie darstellen. Warum? Die Frau ohne Macht, die ohnmächtige Frau ist an sichtbarer, offizieller Machtbefugnis der Weiblichkeit und ihrer Machtausübung nicht interessiert, denn dann könnte man sie ja für ihr bisheriges und zukünftiges Tun zur Rechenschaft ziehen. Dies trifft im übrigen auch auf eine ganze Reihe von Feministinnen zu, die den Weg zu einem autonomen und authentischen Frauenleben nur bis zum Vorwurf gegen das Patriarchat schaffen und dort stehenbleiben. Daher kann sich die traditionelle, patriarchal verzauberte Frau ihre Angst und ihren Haß bezüglich der Emanze sparen. Die Fügsame und die Rebellin sind wie gesagt Schwestern im Geiste der Ohnmacht. Würde man die Frau das Maß ihrer Dinge sein lassen, müßte sie sich messen lassen. Daß sie nicht verantwortlich gemacht werden kann, ist die Stärke weiblicher Schwäche. Deshalb ist die Ohnmacht so bequem. Die Leugnung von Macht und die Weigerung, Macht, echte, wirkliche, weibliche Macht zu übernehmen, führt zur Pathologie von weiblicher Macht.

Diese Leugnung von Macht und die Weigerung, für das, was man tut, verantwortlich zu sein, führt dazu, daß die Anpassung an die Wirklichkeit nicht gelingen kann und die meisten Frauen in einem mißglückten Dasein feststecken, welches diese Frauen sich weigern zu verlassen, auch dann, wenn angemessene Möglichkeiten dafür existieren. An einem Beispiel möchte ich erläutern, was ich damit meine, wenn ich behaupte, daß die

Leugnung von weiblicher Macht zur Pathologie von Macht führt und die Anpassung an die Wirklichkeit daher danebengeht:

Ich bin unfähig zu töten. Wenn ich Hühner hätte, so hätte ich wahrscheinlich auch einen Hühnerfriedhof für verstorbene Legehennen. Was mich allerdings nicht daran hindert, im nächsten Supermarkt Hühnerfleisch für meine Katzen zu kaufen. Mir ist vollkommen klar, daß sich in beiden Verhaltensweisen eine irrationale, ja sogar irreale Reaktion auf ein Leben im Patriarchat zeigt. Meine Hemmung, ein Tier zu töten und unter Aufbietung hoher Kosten und von viel Mühe das Leben meiner Tiere zu erhalten, ist die ohnmächtige Gegenreaktion auf die Gewalt und den kalten Haß, mit denen der weiße Mann alle meine tierischen Freunde, von den Wild- bis zu den Haustieren würdelos umbringt. Mit dem, was ein wirklicher Jäger oder Metzger täte, hat das alles gar nichts zu tun. Sie sind alle Lustmörder, da gibt es nichts zu beschönigen; niemand kann in einem Schlachthof arbeiten, der nicht zutiefst seelisch krank ist. Das trifft auch auf einen zu, der Wild mit dem Gewehr abknallt. Wer das nicht glaubt, dem sei ein Besuch in einem Schlachthof oder die Teilnahme an einer Jagd im Kreise bierbäuchiger Vatis empfohlen.

Selbstverständlich ist mir klar, daß meine Tötungshemmung kein Gegengewicht zu diesen Lustmördern sein kann. Sie bewirkt nichts in dieser Welt, im Gegenteil, sie fördert den Blutrausch der anderen. Daß an meiner Haltung auch etwas Pathologisches ist, ist mir erst seit einigen Jahren klar, seit ich mich damit auseinandergesetzt habe, wie pathologisch unser Umgang mit dem Tode überhaupt ist. Indem ich mich außerstande sehe, den Tod, auch den Tod meiner Hennen und Ziegen, in die Hand zu nehmen, verweigere ich die Annahme von Macht und Verantwortung, damit ich niemals schuldig werde. Ich kann nicht sehen, daß mich genau dies schuldig an meinen tierischen Freunden werden läßt, die durch meine Passivität dem Morden der Männer ausgesetzt sind. Es ist nicht genug, sich zwischen die Mörder und die Tiere zu stellen. Es ist auch nicht genug, die Mörder zu entlarven, anzuklagen und zu bestrafen. Es ist erst dann getan, wenn ich noch einen Schritt weitergehe, und dafür sorge, daß dies nicht mehr geschehen kann, weil ich das, was in meinen, den weiblichen Bereich gehört, wieder in die Hand nehme.

Weibliche Macht ist in diesem Falle nicht das Bewahren von Leben, sondern das Ermöglichen eines würdigen Todes aller, die dem Erhalt von Leben, nämlich dem von mir und den Meinen, dienen: ein Tod, der am Ende eines würdigen, schöpfungsgerechten Lebens stehen muß, ein Tod, dem ich soviel Respekt entgegenbringe, daß ich nichts vergeude und alles verwerte, daß ich kein Lebewesen willkürlich oder sinnlos sterben lasse. Ein Tod, für den ich dereinst mit meinem Fleisch bezahle, wenn es für mich an der Zeit ist zu sterben und mein toter Körper in den Kreislauf von pflanzlichem und tierischem Leben als Dank übergeht und denen zur Nahrung dient, von denen ich mich einst ernährt habe.

Meine Tötungshemmung bedeutet, darauf zu bestehen, in der Ohnmacht zu verbleiben, damit ich die Gute bleiben kann, während ich im Supermarkt das Fleisch kaufe, daß die Bösen in ihren Todesfabriken hergestellt haben. So kann ich eine blütenreine Gute, ein Opfer erster Klasse bleiben und die Bösen mit Vorwurf und Haß verfolgen. Ich zwinge sie allerdings auch, dort zu verharren, denn die Position des Bösen zu verlassen ist für die Bösen sehr schwer, wenn die Guten so besonders gut sind. Erst, wenn ich lerne, dafür zu sorgen, daß ich nur das esse, was ich selber getötet habe, habe ich etwas dazu beigetragen, die Machtverhältnisse in der Welt des bösen alten Königs zu verschieben. Verzicht auf Fleisch, auf Aggression ist keine Lösung. Wir leben auf einem Planeten, in einer Dimension, die sich vom Tode anderer ernährt.

Pflanzen haben auch ein Bewußtsein, eine Seele. Man hört sie nur nicht schreien, und sie bluten nicht, wenn sie leiden. Wir sollten nur dann vegetarisch leben, wenn Gemüse uns besser schmeckt. Nicht Schweinefleisch ist ungesund, sondern das Sklavenfleisch der zu lebender Ware erniedrigten Tiere oder des heimtückisch erschossenen Wildes, das wir mit der Gier unserer geizigen Seele verschlingen.

Aus Angst davor, für ihre Taten verantwortlich gemacht zu werden, bestehen Frauen darauf, in der Enge, in die sie getrieben wurden, zu verharren, steigen sie nicht aus, gehen sie nicht durch die Tür, lassen sie den Stein nicht los und werden sie jede Hand, die ihnen gereicht wird, beißen.

Ich wurde in meinem Leben mehrfach gebissen, und das beileibe nicht nur in Ausübung meines Berufes, sondern auch ganz privat, alltäglich, beinahe beiläufig. Ich gebe zu, ich habe auch schon zugebissen. Doch ist das seit einigen Jahren vorbei, ausgestanden. Nun bin ich bereits so lange Zeit auf dem Weg des Lernens, daß inzwischen genug da ist, um es andere zu lehren.

Ohnmächtige Frauen halten ihr Verhalten manchmal selber nicht unbedingt für richtig, aber immer für unabänderlich. Den Satz »Ja, was soll ich denn machen« habe ich schon oft und ausschließlich aus Frauenmündern gehört. Dieser Satz wird benutzt, um Veränderung zu vermeiden, um Konflikte zu leugnen, um nicht verantwortlich zu sein, um sich nicht zu bewegen, um andere leiden zu lassen, um andere durch Hilflosigkeit zu erpressen.

Hierzu ein weiteres Beispiel:

Eine Frau bekommt ein Baby und entschließt sich, das Kind nicht zu stillen, damit ihr Busen schön bleibt. Dazu hatte ihr ihre alte Mutter geraten, damit der Mann nicht davonläuft, wie sie sagte; die alte Mutter hatte es seinerzeit auch schon so gehalten. Die Frau wird von anderer Seite darauf aufmerksam gemacht, daß das Kind in seinen ersten Lebensjahren häufig erkranken könne, wenn es nicht mit Muttermilch genährt werde, von den seelischen Schäden ganz zu schweigen, aber sie beachtet diese Warnungen nicht. Das Kind ist ab seinem zweiten Lebensjahr ständig krank, und immer handelt es sich um Infektionskrankheiten. Das Kind wird von verschiedenen Kinderärzten mit zahlreichen und unterschiedlichen Breitband-Antibiotika behandelt. Es entwickelt Folgekrankheiten wie Allergien und Darmerkrankungen. Zwischen den Infektionen liegen immer nur wenige, maximal sieben Tage.

Die Mutter lamentiert verzweifelt ob dieses nichtfunktionierenden Kindes, das ihr das Leben schwermacht. Ich weise sie darauf hin, daß sie jetzt immerhin durch geeignete und natürliche Maßnahmen das Immunsystem ihres Kindes stärken könne. Sie erwidert, davon verstehe sie nichts. Ich schlage ihr vor, sie könne sich in entsprechend sortierten Buchhandlungen mit Informationen versorgen. Daraufhin erklärt sie, sie habe weder zum Bücherkaufen noch zum Lesen genügend Zeit, da sie mit dem Kind ständig von einem Arzt zum anderen gehen müsse. Daher bat sie mich, ich solle mir doch Bücher über die natürliche Stärkung des menschlichen Immunsystems kaufen und sie lesen, damit ich ihr jederzeit, falls sie es benötige, Auskunft erteilen könne.

Sie rechnete fest damit, daß ich ausreichend Mitleid mit ihrem Kind und seiner schwachen Mutter entwickeln würde, um die Dreistigkeit des versuchten Energiediebstahls nicht zu bemerken. Das war nicht der Fall, denn mittlerweile bin ich nicht mehr erpreßbar.

Diese Frau hatte nun einen schönen Busen, aber der Mann, für den sie ihn schön erhalten hatte, erwies sich als charakterloser Schurke, weil er ihr Busengeschenk nicht zu würdigen wußte, und ließ sie mit dem Kind sitzen. Daher hatte sie eine unfähige Mutter, die ihr unbrauchbare Ratschläge gab. Sie hatte nun außerdem ein nichtfunktionierendes Kind, das fiel Ärzten in die Hände, die es mit Medikamenten halb umbrachten. Was für eine schlechte Welt, welch arme Frau, und sie sagte: »Ja, was soll ich denn machen?«

Dieser Satz macht Frauen unkritisierbar, und das ist sehr bequem. Er erlaubt Frauen aufzuhören, ohne je richtig begonnen zu haben. Er fordert auf, nicht einzugreifen, sich abzufinden mit Unausweichlichem und Unverstandenem. Dieser Satz erklärt Mutlosigkeit und Feigheit, Leidenschaftslosigkeit und Lahmheit für wünschenswerte und in den Augen von Frauen typisch weibliche Eigenschaften.

Das wirklich Gemeine an der um Schonung bettelnden Hilflosigkeit der in einer ohnmächtigen Situation feststeckenden Frau ist der Despotismus, mit dem sie daran festhält, daß nur ihre Wirklichkeit wirklich ist. Das Festhalten an der Ohnmacht bedeutet: Niemals werde ich akzeptieren, daß das, was ich tue oder denke, falsch sein könnte oder gar Ursache meines Leidens ist. Niemals darf es eine andere Wirklichkeit geben als meine. So kann die Frau im Leide baden und andere mit der Ablehnung der von diesen unermüdlich angebotenen Lösungsmöglichkeiten beschäftigt halten. So nährt sich die Frau ohne Macht von der Energie der sie Umgebenden, die sich in einer Mischung aus Schonung und Anpassung aus Angst erschöpfen, ausbrennen und auslaugen. Auf diese Weise wird weibliche Macht von Frauen selber mißbraucht, wird aus der Furie eine Medusa, die alle, denen sie ihr Haupt entgegenhält, depersonalisiert und petrifiziert, das heißt, in Dinge und Funktionen verwandelt und zu Stein erstarren läßt.

Wohl weiß ich, wissen wir, wie groß die Angst war, durch die ein Mensch zuvor hindurchgegangen sein muß, bevor er anderen Angst einjagt, damit sie versteinern, um selber nicht mehr geängstigt zu werden. Auch ist mir klar, mit welcher Gefühllosigkeit eine Frau konfrontiert worden sein muß, bis sie selber nichts mehr fühlt, nicht das eigene Leid und nicht das der anderen. Aber ab welchem Zeitpunkt ist ein Mensch noch hilfloses Opfer, und ab welchem Zeitpunkt kann, ja muß er verantwortlich sein für das, was er denkt, ist und tut. Ist eine Mutter, die ihr sechs Monate altes Kind in einem Park zwei Stunden lang aus Hitzestau, weil zu warm angezogen, und vor Hunger schreien läßt, während sie ungerührt daneben sitzt, noch das Opfer ihrer lieblosen Eltern, ihres liebesunfähigen Mannes, der unmenschlichen Gesellschaft – oder ist sie schon die grausame Peinigerin eines hilflosen Kindes? Dies ist beileibe keine juristische Frage und weit mehr als eine moralische.

Fragen wir weiter.

Wenn eine Frau nach dreißig Ehejahren, in denen sie Hausfrau und Mutter war, von ihrem Ehemann wegen einer anderen Frau verlassen wird, weil sie sich weigert, mit ihm ins Bett zu gehen, was ihn dazu veranlaßt, den Ehevertrag zu kündigen, da er seinen ungehinderten Zugang zum Körper seiner Frau als Bestandteil des Ehevertrages betrachtet (er hat dreißig Jahre lang eingezahlt, sagt er!) – wenn eine solche Frau sich ungerecht behandelt fühlt, ist sie nun Opfer, weil sie ihm dreißig Jahre lang als Magd gedient hat ohne wirkliche rechtliche und wirtschaftliche Absicherung, oder ist sie auch schuld an ihrer (jedoch nicht an seiner) Misere, weil sie vor dreißig Jahren hätte wissen können, daß sie mit der Heirat einen obszönen und in meinen Augen sittenwidrigen Vertrag unterzeichnet hat, der sie tatsächlich verpflichtet, gegen finanziellen Unterhalt ihrem Mann gefügig zu sein? Sie hätte wissen müssen, daß die Wahrscheinlichkeit, daß jemand, der ihr einen solch unseriösen Vertrag wie eine Heirat anbietet, auch unseriös genug ist, sie nach dreißig Jahren schnöde zu verlassen. Es wäre wünschenswert, in einer Welt zu leben, in der solche obszönen Verträge, Lebensunterhalt gegen Putzen und Sex, gar nicht existieren. Aber wenn es nun schon einmal so ist, kann man nicht so tun, als wüßte man nicht, was das Kleingedruckte bedeutet.

Natürlich taucht die Pseudofrage auch an dieser Stelle auf: Ja, was hätte ich denn machen sollen? Selbstverständlich fehlt auch der Hinweis nicht: Ich habe es ja nicht besser gewußt. Zweifellos fällt der Satz: Ich habe es ja nicht wissentlich getan. Das fehlte auch noch, daß sie es besser gewußt und dennoch unterschrieben hätte, um sich dann jetzt zu beklagen. Die Frage ist doch, warum sie es nicht besser gewußt hat – und vor allem: ob sie wohl auch dann unterschrieben hätte, wenn jemand sie rechtzeitig über die möglichen Risiken und Nebenwirkungen einer Heirat aufgeklärt hätte. Ich bin sicher, sie hätte.

Das Schweizerische Zivilgesetzbuch kennt einen bemerkenswerten Paragraphen, der lautet so: »Niemand kann sich seiner Freiheit entäußern oder sich in ihrem Gebrauch in einem das Recht oder die Sittlichkeit verletzenden Grade beschränken.« Das bedeutet, daß in der Schweiz niemand das Recht hat, sich seiner Verantwortung zu entledigen. Beneidenswerte Schweiz. Dieser Satz sollte in der persönlichen Verfassung eines jeden Menschen niedergeschrieben sein. Die Basis meiner Verantwortung sind meine Fähigkeiten und meine Freiheit des Willens. Wer gehen kann und sich dennoch auf andere stützt, trägt weniger Verantwortung, als er kann. So jemandem kann man seine Liebe nur beweisen, indem man die Schulter verweigert.

Die Frau ohne Macht ist nicht ohnmächtig, sondern eine ihrer offiziellen Befugnisse beraubte Frau. Wohl ist sie ein beschädigtes Wesen, weil alle und alles, was vom Gift des Patriarchats berührt wird, Schaden nehmen muß. Da bin ich mit meiner Tötungshemmung keine Ausnahme.

Man kann aus einer Frau mittels Entweiblichung, Isolation und Entmündigung eine unterwürfige Sklavin, eine funktionierende, angepaßte menschliche Maschine machen, eine bedenkenlose, taubblinde Kollaborateurin, aber eines klappt nicht: Die ihr immanente weibliche Mächtigkeit läßt sich nicht umbringen. Wird die Frau domestiziert, verharmlost, nett gemacht, so wird diese Mächtigkeit pervertiert nach Wegen suchen, um sich auszudrücken. Dann tritt die in ihrer Fügsamkeit lästige, langweilige und Schuldgefühle produzierende Dulderin in Erscheinung, die mit einem zart-wunden Blick soviel Aggressionen hervorrufen kann, daß ihr Gegenüber schäumenden Mundes einen Herzkasperl erleidet. Oder die in ihrer Rebellion anstrengende, ermüdende, auslaugende Verweigerin kommt zum Vorschein, die zu einem lebens- und freiheitstötenden Vergeltungsverhalten zwingt, damit das Spiel der Rebellion weitergehen kann.

Es kann auch die alles in Kälte erstarren lassende, alles auf Distanz haltende Medusa sein, in deren Nähe Lachen und Freude sterben müssen, oder die durch Verführung, Tricks und Hysterie manipulierende Fallenstellerin, die ihr Gegenüber beschäftigt hält, bis es eines Tages stirbt, ohne jemals zu dem gekommen zu sein, weshalb es geboren wurde.

Vielfach wird Macht von Frauen negativ beurteilt, einzig dem Patriarchat zugeordnet und mit Gewalt und Herrschaft verwechselt. Patriarchale Macht ist Herrschaft über andere, und wie der Name schon sagt, kann weibliche Macht nicht Herrschaft sein. Die Unklarheit des Begriffes Macht verführt zu Mißverständnissen, aus denen heraus manche Feministinnen von einer machtfreien Gesellschaft träumen. Macht ist jedoch nicht einfach Macht, also ein objektiver Begriff, genauso wenig wie Geld einer ist. Schon gar nicht ist Macht mit Herrschaft gleichzusetzen. Immer, wenn jemand über Macht oder Geld redet, redet er in Wahrheit über etwas ganz anderes. So stellt sich natürlich die Frage, worüber hier geredet wird, was an dieser Stelle mit weiblicher Macht gemeint sein mag. Ich möchte weibliche Macht als Fähigkeit zur Autonomie, zur Authentizität und Eigenmächtigkeit verstanden wissen, eine Kraft, die nicht über andere herrschen muß, sondern ganz im Sinne der Anarchie entscheidet, welche Handlung einen Sinn macht und welche nicht; eine Kraft, die ermächtigt, sich schützend vor Schwächere zu stellen, und deren Auswirkung allen zugute kommt, weil sie nicht auf Kosten von anderen erstarkt. Hierzu sollten Männer auch imstande sein, was ich ihnen trotz erheblicher Zweifel auch nicht absprechen möchte, jedoch interessiert mich vor allem die weibliche Variante dieses definierten Machtbegriffes. Weibliche Macht bedarf eines weiblichen Ausdrucks, dieser wiederum setzt eine weibliche Identität voraus.

Dieser zweite Teil des Buches dient der Abrechnung mit uns selbst. Wenn wir nicht abrechnen, wenn wir nicht in den Spiegel blicken und uns nicht reinigen, bevor wir zu den wilden Weibern gehen, so werden wir dort nie hingelangen. Mehr noch: Der Anspruch, unter Umgehung einer Abrechnung der wilden Frau begegnen zu wollen, kann sich in unsere Zerstörung umkehren. Der Besuch bei der wilden Frau ist kein Picknick. Eine Frau, die sich weigert, ihre Gefährlichkeit anzuerkennen, und nicht lernen will, damit umzugehen, wird gemeingefährlich. Das ist unnatürlich, das heißt, es entspricht nicht der Natur der Frau, gemeingefährlich zu sein. Diese zuvor notwendige Abrechnung mit uns ist das Aufschlagen auf den Boden, nachdem wir vor dreitausend Jahren den freien Fall gewählt haben. Sie dient dazu zu erkennen, daß wir nicht mehr fallen werden, es ist bereits passiert. Jetzt können wir endlich aufstehen.

Im ersten Teil, dem Abschied von den Männern, habe ich darauf hingewiesen, daß sich jede Frau wenigstens einmal in ihrem Leben entscheiden und dafür einstehen muß, nachdem ihr die Augen geöffnet worden sind. Damit sie weiß, wofür sie sich entscheidet, was weibliche Identität ist, wollen wir im folgenden die zwei generellen Formen weiblicher Überlebensstrategien betrachten, die das Patriarchat hervorgebracht hat. Es sind zwei Strategien, zwei Formen der Wahrnehmung von Wirklichkeit, die so unterschiedlich sind wie Tag und Nacht, wie Himmel und Erde. Es ist die Welt von Elektra und Medea. Beiden Frauen ist es vollkommen unmöglich, ohne Dolmetscher miteinander zu kommunizieren. Nicht nur ihre Sprache, auch ihre Gestik und Mimik, ihre Sitten und Gebräuche, ihre Gedanken und Gefühle scheinen vollkommen entgegengesetzt zu sein. Wir werden auch betrachten, *wie* im Patriarchat Frauen des Elektra- und des Medea-Typs hervorgebracht werden und wir werden nach Auswegen aus dem künstlichen Gegensatz suchen.

5. Kapitel

Elektra und Medea: Die zwei weiblichen Überlebensstrategien im Patriarchat

Wenn Männer sehnsuchtsvoll die verlorene Weiblichkeit der Frauen beschwören, so kann man in ihren Augen dann zumeist einen Blick entdecken, den Huren von einer gewissen Sorte Freier gut kennen. Was diesen Männern vorschwebt, ist wahrscheinlich eine von ihnen bevorzugte Sorte Verpackung und darin bestimmte, ihnen behagende Arten von Funktionen. Die Begegnung mit einer wirklichen Frau, mit tatsächlicher Weiblichkeit; schon gar, wenn diese Frau von ihrem Aufenthalt bei den wilden Weibern zurückgekehrt, gefährlich geworden ist, könnten sie gar nicht vertragen. Eine solche Begegnung würde sich wahrscheinlich eher desaströs auf ihr strohiges Bewußtsein auswirken. Vergessen wir jedoch nicht: Männer sind, was die Definition von Weiblichkeit angeht, inkompetent. Und wenn es noch so schwerfällt, das ist unsere eigene, ureigene Angelegenheit.

Wie Frauen Weiblichkeit definieren, ist, wie wir wissen, nach dreitausend Jahren Gehirnwäsche nicht ganz einfach. Frauen müssen damit rechnen, daß der Aufenthalt in einer patriarchalen Gesellschaft die Erfahrung einer freien und klaren weiblichen Identität beeinträchtigt. Womit eine Frau sich identifiziert, was sie für weiblich erachtet, hängt ganz davon ab, was ihr in dieser patriarchalen Gesellschaft widerfahren ist. Die Realität des weiblichen Körpers allein reicht leider nicht aus, um Wirklichkeit auf weibliche Weise zu erfahren. Eine gemordete Seele in einem weiblichen Körper erscheint als weibliche Variante eines Seelenmordes und verhindert die Erfahrung eines urweiblichen Lebens. Was wir für weibliche Identität halten, ist weit davon entfernt, läßt sich wohl eher als weibliche Überlebensstrategie bezeichnen. Deren habe ich zwei gravierende entdeckt, die ich nach ihren jeweiligen mythischen Vorbildern Medea und Elektra nennen möchte. Frauen des Medea-Typs sind Mutter-Töchter. Frauen des Elektra-Typs sind Vater-Töchter. Beiden ist eine eingeschränkte Sicht auf das Leben zu eigen. Medea-Frauen haben überhaupt keine Ahnung, wie und was Männer sind. Elektra-Frauen wissen nichts darüber, wie und was Frauen sind. Bevor ich diese beiden Überlebensstrategien im einzelnen beschreibe, möchte ich in Erinnerung bringen, wer Medea und Elektra waren. Beide Frauenfiguren sind um so bedeutender in ihrer Erscheinung, als sich in ihren Schicksalen der Untergang des Mutterrechts und die Art und Weise, wie das Patriarchat sich etablieren konnte, ablesen läßt. Vor allem aber zeigen sie, welche seelischen Verkrüppelungen sich beinahe zwangsläufig entwikkeln, wenn Frauen in ihrem Lebensausdruck in die Enge getrieben worden sind.

Medeas Geschichte

Medea lebte in einer Zeit, die der unseren in gewisser Weise ähnelt, einer Zeit der Umwälzung gesellschaftlicher Werte, der Ungewißheit über herrschende Machtverhältnisse sowie der Kriege und Unruhen durch fremde Eroberer. Wann sie genau lebte, ist uns nicht bekannt; ihre Geschichte ist in den Bereich der Sagen zurückgesunken, ihre Gestalt bereits mythisch. Wenn gesagt wird, Medea sei keine historische Figur, so bedeutet das nicht, daß sie nicht gelebt hat, sondern, daß sie in der Zeit lebte, bevor man dazu übergegangen war, Ereignisse und Geschichten aufzuschreiben. Sie lebte in Kolchis, einem Reich am Schwarzen Meer, das eine Heimat der Amazonen gewesen sein soll. Nicht nur aus diesem Grunde ist es naheliegend, daß in Kolchis eine matriarchale Gesellschaft lebte, in der die Macht in den Händen der Frauen lag. Dafür spricht auch, daß Medea zum Zeitpunkt unserer Geschichte Priesterin im Tempel der Hekate war. Diese Tatsache weist darauf hin, daß mächtige Göttinnen in Kolchis noch eine führende Rolle spielten, Hekate war noch immer die Göttin der Unterwelt und noch nicht zum bösen Geist, zur fürchterlichen Hexe herabgesunken. In Kolchis wurde das Goldene Vlies bewahrt. Auch dies ein Zeichen matriarchaler Macht. Höchstwahrscheinlich war Medea noch ein sehr junges Mädchen und steckte mitten in der Pubertät, denn ihre Priesterschaft bei Hekate deutet darauf hin, daß sie sich in einer Zeit der Initiation befand, denn Initiationen von Jungfrauen fielen in Hekates Zuständigkeitsbereich.

Alle diese Einzelheiten sind von Bedeutung für unsere Geschichte, in der nun ein Mann namens Jason auftaucht. Wie die Sage erzählt, ist er ein Argonaut, was besagt, daß er zu einer Sippe patriarchal organisierter Eroberer gehörte, die einige Jahrzehnte zuvor das griechische Thessalien überfallen und sich dort angesiedelt hatten. Jason ist die dritte Generation dieser Eroberer und macht sich als Verlierer von gewalttätigen und blutigen Erbschaftsstreitigkeiten auf den Weg, um woanders zu rauben und zu morden. Er hört sich wohl ein wenig um, wo es etwas zu holen gibt, und erfährt von Kolchis. Begleitet von einer Gruppe ebenso hochkarätig gewalttätiger Männer, alle später einschlägig als Helden aus den griechischen Sagen bekannt (wie beispielsweise Herakles), gelangt Jason mit seinem Schiff nach Kolchis und versucht, das Königreich mit Drohungen unter Druck zu setzen, um sich in den Besitz des kostbaren Goldenen Vlieses zu bringen. Anfänglich wird er freundlich als Gast aufgenommen, und dabei muß er Medea, der jüngsten Prinzessin von Kolchis, begegnet sein. Er mußte sich wahrscheinlich nicht sonderlich anstrengen, um die Kleine, die im Umgang mit Männern ungeübt und unerfahren war, tief zu beeindrucken. Wer weiß, was er ihr alles erzählt hat. Fest steht, daß Jason offenbar keine Chance hatte, an das Goldene Vlies heranzukommen, und nun versuchte, Medea für seine Ziele einzuspannen. In den Überlieferungen finden sich Hinweise, daß Medea nicht ganz freiwillig zustimmte, zumindest jedoch sagt sie nicht *nein*.

Sie begeht Verrat, zeigt Jason nächtens den Zugang zum Goldenen Vlies. Damit ist ihr Schicksal besiegelt. Ob Jason sie als Beute mitnimmt oder ob sie aus Angst vor Strafe für ihren Verrat mit ihm geht (oder aus beiden Gründen), ist unbekannt und vielleicht auch nicht weiter wichtig. Bevor die Argonauten fliehen, ermorden sie noch Medeas Bruder, der den Verrat Medeas und den Raub des Vlieses entdeckt hatte. Vielleicht dämmert es Medea langsam, worauf sie sich da eingelassen hat, aber es ist zu spät. Medea geht mit den Argonauten auf ihr Schiff und gelangt zunächst auf die Insel der Phäaken, wo den Argonauten Unterschlupf gewährt wird.

Auf dieser Insel geschieht die zweite bedeutsame Sache, die eine der Ursachen für das spätere Verhängnis sein wird. Die Kolcher verfolgen die Argonauten und fordern die Rückgabe Medeas. Damit steckt Jason in einer Zwickmühle, denn er ist Gast in einem fremden Land und will seine Gastgeber nicht gegen sich aufbringen, die sich mit den Kolchern gut stehen. Nach patriarchalischer Sitte entjungfert er Medea, womit sie als ihm vermählt angesehen wird und auch in den Augen seiner Gastgeber Jasons rechtmäßiger Besitz geworden ist. Die Sache ist damit geklärt, das Problem unter Männern gelöst. Diese Art der patriarchalen Familiengründung – Entführung der blutjungen und dem Manne nicht zustehenden Braut mit anschließender Entjungferung, weshalb der Heirat doch zugestimmt werden muß, weil Väter alten patriarchalen Schlages und alter Schule nur »intakte«, nicht entwertete Jungfrauen zurücknahmen – kam im ländlichen Griechenland noch bis vor zehn Jahren häufiger vor.

Bedeutsam an diesem Ereignis ist, daß ihm Jason und Medea höchstwahrscheinlich eine vollkommen unterschiedliche Bedeutung beimessen. Es ist anzunehmen, daß Medea diesen Akt als Ausdruck der Liebe Jasons zu ihr betrachtet und sich anschließend bemüht haben wird, sich dessen würdig zu erweisen. Damit war sie bereits auf dem Fliegenleim seelischer Manipulierbarkeit gefangen. Jason kann von da an von ihr verlangen, was er will, sie würde versuchen, es zu erfüllen. Jede Zurückweisung ihrer Liebesbeweise würde von nun an ihr Bemühen nur noch verstärken. So wird Medea die erste Frau, die vergißt, daß Männer und Frauen nicht kompatibel sind, daß eine gegengeschlechtliche Zweisamkeit von der Natur auf Dauer nicht vorgesehen ist.

Die erste Frau, die etwas versucht, das ungefähr so erfolgversprechend ist wie der Versuch, einen Pudding an die Wand nageln zu wollen. Sie sollte jedoch nicht die letzte sein.

In unserer Geschichte ist die Angelegenheit für die Männer keine Frage von Raub und anderen Verbrechen mehr, sondern wird damit auf eine politische Ebene gebracht. Wie sich das alles für Medea dargestellt hat, wissen wir nicht. Jedoch müssen wir davon ausgehen, daß sie sich seit dem Verlassen ihrer Heimat in einer Welt bewegt, deren Sitten und Gebräuche ihr so fremd sind wie den Ureinwohnern Amerikas die der spanischen Konquistadores. Sie weiß nichts davon, daß Frauen der Besitz von Männern sein können, noch wird ihr klargewesen sein, was Jasons Versprechungen wirklich bedeuten. Genausowenig hätte sie mit patriarchalischen Grundsätzen wie der Monogamie und der Bevorzugung männlicher Kinder etwas anzufangen gewußt.

In Thessalien stehen die Dinge schlecht. Jason ist gar kein Königssohn, wie er ihr erzählt hat, zumindest sitzt ein anderer auf dem Thron, und so geht sie mit ihm, als er am Hofe des Königs von Korinth unterkommt. Hier gebiert ihm Medea Zwillinge, später noch ein Kind, alles Buben. Zwillinge galten zu Zeiten der matriarchalen Gesellschaften in Griechenland als schlechtes Omen, entsprechend geht die Geschichte weiter.

Im Laufe der Jahre sieht Jason eine Möglichkeit, doch noch einen Königsthron zu ergattern, wenn er Glauke, die junge Tochter des korinthischen Königs, heiratet. Also verstößt er Medea, die ihm im Wege steht, und selbstverständlich behält er *seine* Söhne. Damit verhält er sich durchaus systemkonform. Für einen karrierebewußten patriarchalen Mann weiter keine Affäre. Aus Medeas Sicht sieht alles jedoch ganz anders aus. Bis dahin scheint sie sich bereitwillig an die fremden Bräuche und Gepflogenheiten angepaßt zu haben und ist wohl eine liebe, nette Gattin, der niemand ihre wilde, matriarchale Herkunft anmerkt. Nun aber, als sie erfährt, daß die Monogamie nur für Frauen gilt und Männer sich keineswegs daran halten müssen, fällt alle brave Angepaßtheit von ihr ab. Sie besinnt sich auf das, was sie bei Hekate, der Göttin der Finsternis, gelernt hat, und wehrt sich mit dem Selbstverständnis einer mutterrechtlich denkenden und handelnden Frau und der Vehemenz verletzter Wildheit einer Furie.

Sie tötet Glauke. Und sie tötet *ihre* Kinder, die sie Jason, dem Fremden, der nach matriarchaler Auffassung nicht mit ihnen verwandt ist, nicht überlassen kann. Die Tatsache, daß nach gynäkozentrischem Denken die Kinder immer nur der Mutter und niemals dem Vater gehören, brachte spätere Generationen zu der Annahme, im Mutterrecht habe man den Zusammenhang zwischen Geschlechtsverkehr, Zeugung und Kindern nicht gekannt. Statt dessen bedeutete es jedoch, daß der Begriff »eigen Fleisch und Blut« mit der Schwangerschaft und dem Wunder des Hervorgehens aus dem mütterlichen Körper in Verbindung gebracht wurde und nicht mit so vergleichsweise unwirklichen Dingen wie Abstammung und Gene.

Medea sieht in der Tötung ihres eigen Fleisch und Blut vielleicht die einzige Möglichkeit, einer übermächtigen patriarchalen Welt, die der Frau keinerlei Wert und Macht zugesteht, auf ohnmächtige Weise ihre eigenen Maßstäbe als Machtdemonstration entgegenzusetzen. Für die patriarchalen Griechen, die ansonsten im Umgang mit Mord und blutiger Vergeltung nicht gerade zimperlich waren, muß Medeas Machtdemonstration ein gewaltiger Schock gewesen sein, denn sie bleibt erstaunlicherweise unbehelligt und kehrt nach Kolchis zurück, nachdem sich Jason umgebracht hat.

Hier endet Medeas Geschichte. Es ist die Geschichte einer Mutter-Tochter, das heißt einer Frau, die sich in einer männlich dominierten Welt nach weiblichen Maßstäben richtet, ohne imstande zu sein, die männlichen Maßstäbe zu durchschauen. Bis sie sich – der Selbstauflösung nahe – so weit in die Enge getrieben sieht, daß ihr nichts anderes übrig bleibt, als zum Gegenschlag auszuholen, der dann nicht minder destruktiv ist wie das, was ihr Männer zuvor angetan haben. Medea ist eine Frau, die eine Menge an Geringschätzung und Erniedrigung einsteckt, ohne es überhaupt zu bemerken. In dem Augenblick, als ihr die Augen geöffnet werden, bleibt ihr Blick auf das Unrecht des Mannes geheftet, zu dem jetzt noch der Vorwurf der Täuschung kommt. Und obwohl sie jetzt endlich ent-täuscht ist, bleibt sie unfähig, das eigene Zutun zum Geschehen zu erkennen.

Eine Geschichte ganz anderer Art erzählt uns das Schicksal von Elektra, der mykenischen Prinzessin, die zu einer wenig späteren Zeit als die kolchische Prinzessin lebte. Sie ist im Gegensatz zu Medea eine Frau, die die Spielregeln der Männerwelt nicht nur bestens zu kennen scheint, sondern sie auch für den einzigen Maßstab, die einzig akzeptable Weise zu leben hält. Es ist auch die Geschichte einer ungeliebten, zurückgewiesenen und mißbrauchten jungen Frau und der entsetzlichen Auswirkungen, die diese für sie und ihre Umgebung haben.

Elektras Geschichte

Die Geschichte der mykenischen Prinzessin Elektra ist verwickelt und verstrickt in komplizierte und vielfältige Ereignisse, die viel dazu beigetragen haben, daß wir heute in einer Welt von Gewalt und Lieblosigkeit leben. Es sind eben auch diese verworrenen Ereignisse, die den Überblick über das Geschehen nicht ganz leicht machen. Obwohl einerseits in einer weitaus ohnmächtigeren Position als Medea ist Elektra am Ende aktiver an den Ereignissen beteiligt, obwohl sie die meiste Zeit dabei im Hintergrund bleibt, so daß sich ihre Gestalt nicht so ohne weiteres vor uns entfaltet.

Die Dinge ereignen sich vor dem Hintergrund des Trojanischen Krieges. Griechenland ist bereits zum größten Teil von den Eroberern aus dem Donaugebiet unterworfen und besteht aus vielen kleinen Königreichen. Die großen Mutterreiche sind bereits untergegangen. Jene, welche noch existieren, liegen am Rande der damaligen Welt, und es ist eine Frage der Zeit, wann auch sie untergehen und in den Nebeln von Legende und Mythen verschwinden.

Etliche Könige jener Zeit sind Eroberer der ersten und zweiten Generation, das heißt, daß sie in ehemals matriarchale Reiche hineingeheiratet haben, wobei von ihnen meistenteils mit ein wenig Mord und Totschlag nachgeholfen wird, um als Bräutigam in die engere Wahl zu kommen. Diese Tatsache ist für das Verständnis unserer Geschichte von großer Bedeutung. Es mag wohl sein, daß viele von ihnen in den Augen der sich in ihrem Besitz befindlichen Gattinnen keineswegs standesgemäß sind. Und es ist anzunehmen, daß viele der Königinnen Frauen vom Typ Medea sind. Wir müssen der Tatsache wohl ins Auge sehen, daß ohne die Hilfe der Frauen vom Typ Medea sich kein patriarchales System trotz Gewalttätigkeit so leicht hätte etablieren können.

Elektras Mutter ist Klytämnestra. Elektras Vater Agamemnon ist einer dieser Männer, die durch Heirat unverhofft zu einem Königreich gekommen sind, nachdem er den ersten Mann Klytämnestras und ihr wenige Monate altes Baby ermordet hat. Agamemnon stammt aus einer gewohnheitsmäßig gewalttätigen und heimtückischen Familie, den berühmten Atriden. Sein Bruder hat – wahrscheinlich auf eine ähnliche Weise – die legendäre schöne Helena geehelicht; nur mit dem Unterschied, daß diese die unfreiwillige Ehe gleich wieder beendet, indem sie mit dem nicht minder schönen Paris nach Troja flieht. Elektra, älteste Tochter einer Haßehe, hat noch zwei jüngere Geschwister, Iphigenie und Orest, die ebenfalls eine große Rolle in der Geschichte spielen. Beinahe könnte man es tragisch nennen, daß das Schicksal der Elektra vor allem davon bestimmt ist, daß um sie herum immer alle anderen in alle möglichen Situationen verwickelt sind; stets spielen andere die Hauptrolle, stehen im Mittelpunkt und geben den Ton an. Elektra bleibt in allen Schilderungen eine blasse, beinahe konturenlose, ja fast unpersönliche Erscheinung. Alles, was man über sie bis zu diesem Zeitpunkt der Geschichte erfahren kann, ist, daß sie ihren Vater Agamemnon geradezu anbetet. Sie ist Papas liebes Mädchen.

Es ist anzunehmen, daß Königinnen wie Helena oder ihre Schwester diese gefährlichen und skrupellosen fremden Männer trotz einschlägiger Erfahrungen mit ihnen in ihrer Bösartigkeit und Andersartigkeit unterschätzen, beziehungsweise ganz wie Medea glauben, daß trotz alledem weibliche Maßstäbe Geltungsrecht haben. Daher flieht Helena, und daher schickt Klytämnestra arglos ihre zweite Tochter Iphigenie an den Strand von Aulis, ganz wie es ihr Mann von ihr gefordert hat. Dort am Strand von Aulis hat Agamemnon alle Könige der griechischen Reiche versammelt, um nach Troja aufzubrechen. Er will die schöne Helena zurückholen, und vor allem will er wohl die Gelegenheit nutzen, um ein wenig zu rauben und zu plündern, denn Troja ist eine reiche Handelsstadt.

Und dort am Strand von Aulis ermordet Agamemnon dann Iphigenie. Wen hat er da ermordet? Klytämnestra sagt, er habe ihr eigen Fleisch und Blut heimtückisch geschlachtet. Für sie gelten Gene nicht. Er ist der Ansicht, Iphigenie sei sein Besitz gewesen und überdies nur ein junges Weib. Man könne jederzeit ein neues Kind machen. Die Sage berichtet, daß er seinen Göttern ein Menschenopfer darbringt, um von ihnen guten Wind zu erbitten. Vielleicht ist das der Grund für die Tat, vielleicht spielen auch andere machtpolitische Gründe eine Rolle, was anzunehmen ist. Nach dem Mord segeln alle nach Troja und führen dort bekanntlich zehn Jahre lang Krieg.

Zurück bleibt Klytämnestra, die auf Rache für das vergossene Blut ihrer Tochter sinnt, und Elektra, die auf ihren Vater wartet, als wäre sie seine Geliebte und nicht seine Tochter. Es sieht so aus, als habe Elektra in diesen langen Jahren jede Form eines Eigenlebens verweigert. Klytämnestra wird in ihrem Schmerz um die jüngere Tochter die ältere ganz vergessen haben. Jedoch ist anzunehmen, daß Elektras Vaterbindung nicht dadurch entsteht, sondern in frühkindlichen Erfahrungen ihre Ursache gehabt haben muß. Sie ist wohl ein von Geburt an von der Mutter zurückgewiesenes Kind gewesen. Die Mutter hat sie von dem Mann empfangen, der zuvor ihr erstes Kind ermordet hat, und die Erinnerung an diese Greuel müssen zur Zeit von Schwangerschaft und Geburt der Elektra noch sehr frisch gewesen sein. Auch ist anzunehmen, daß der Akt der Empfängnis von Agamemnon mit Gewalt erzwungen worden war.

Der Mangel an Liebe von der Mutter ist nur die eine

Hälfte der Ursache für Elektras unkritische Männer-Anbetung. Nach heutigen Erfahrungen und heutigem Wissen auf diesem Gebiet ist es ziemlich wahrscheinlich, daß sie eine vom Vater mißbrauchte Tochter gewesen sein muß. Wenn sie nicht sexuell von ihm mißbraucht wurde, so muß zumindest eine psychische Form von Inzest vorgelegen haben, die darin bestand, daß der Vater bewußt oder unbewußt verführerische Versprechen abgab, in ihr die wahre Frau und Geliebte zu sehen, wenn sie nur bereit sei, zu ihm zu stehen, seine Bedürfnisse zu erfüllen und sich gegen die Mutter zu stellen. Versprechen, die psychisch inzestuöse Väter natürlich niemals einhalten können.

In den Jahren, die vergehen, nimmt die Mutter sich einen neuen Mann. Elektra wartet weiter auf den Vater. Und eines Tages ist er tatsächlich wieder da. Troja ist zerstört, die Männer sind mit reichlicher Beute und Sklaven zurückgekehrt. Für Klytämnestra ist nun der Zeitpunkt gekommen, Rache für die Abschlachtung ihrer Tochter zu nehmen. Sie bringt Agamemnon um.

Hier könnte die Geschichte geendet haben, wenn es die Geschichte einer Frau des Medea-Typs gewesen wäre. Aber es ist die Geschichte von Elektra, einer Vater-Tochter. Und so beginnt sie eigentlich erst an dieser Stelle.

Nun ist Elektras Stunde gekommen. Sie läßt Orest, ihren kleinen Bruder, fern von Mykene zum Töten abrichten. Und noch einmal vergehen einige Jahre, in denen Elektra auch weiterhin so tut, als nehme sie am ganz normalen Alltag teil. Als ihr kleiner Bruder endlich erwachsen ist, kehrt er als gelernter Killer zurück und ermordet auf Anweisung von Elektra die gemeinsame Mutter.

Es ist dann Orest, der sich vor einem Gericht der Götter für das bis dahin schwerwiegendste Verbrechen verantworten muß: den Muttermord. In den alten Zeiten hätten ihm schlimmste Qualen über den Tod hinaus gedroht.

Doch es geschieht das Ungeheuerliche: Er wird freigesprochen!

Die Erinnyen, die nun zu nebensächlichen Rachegeistern degradierten ehemaligen alten Erdgöttinnen, rasen und toben. Doch sie können nichts mehr an dem Spruch ändern. Den Ausschlag für den Freispruch gibt eine andere Vater-Tochter: die Göttin Athene. Dies ist der dramatische Augenblick, als der Mensch in Europa aus der Ordnung der Welt herausfällt. Von nun an gilt der Mord am Vater als das strafwürdigste Verbrechen. Der Mord an der Mutter braucht nicht mehr gesühnt zu werden. Von nun an kann der weiße Mann ungestört und ungestraft Lebensgesetze verletzen; die Menschheit geht ihrem zerstörerischen Schicksal entgegen.

Elektra bleibt eine Tochter, das heißt, sie trägt keine Verantwortung für ihre Taten, die sie von Männern ausführen ließ. Sie bleibt auch weiterhin eine blasse, saftlose Erscheinung. Klar und deutlich zeigt sie, wie die patriarchal verzauberte Frau alle Fäden in der Hand hält und selber für nichts Verantwortung trägt. So wird sie nahezu formelhaft die Frau des besten Freundes ihres Bruders (jeder Psychoanalytiker erkennt darin mühelos die weibliche Alibi-Rolle in einer latent homosexuellen Beziehung zwischen zwei Männern), in Wahrheit aber bleibt sie lebenslang die heimliche Witwe ihres Vaters, den sie als den geliebtesten Menschen, den sie jemals hatte, bezeichnet, so wie sie sich selber seit des Vaters Tod als tot beschreibt.

Medea, die Frau, die nichts von den Männern weiß, und Elektra, die nichts von den Frauen wissen will, gehen auch in unserer Zeit einen ganz unterschiedlichen Leidensweg. Beide könnte man für typisch weiblich halten. Aber beide sind Blumen des Bösen, das heißt Typen, die nur aus einem Patriarchat hervorgehen können. Daß es sich dabei um weibliche Überlebensstrategien und nicht um die weibliche Natur handeln kann, fiel mir auf, als ich immer wieder – und je mehr ich mich mit dem Thema befaßte, um so häufiger – damit konfrontiert wurde, daß meine Erfahrungen im unvereinbaren Gegensatz zu den Erfahrungen anderer Frauen zu stehen schienen. Ich begann mich zu fragen, welches meine Wirklichkeit war, welche anderen weiblichen Realitäten außer der meinen existierten und worauf die Entstehung so unterschiedlicher Ausdrucks- und Wahrnehmungsformen wohl zurückzuführen sei. In Medea und Elektra entdeckte ich zwei mythische Figuren, die mir viel darüber erzählten, welch gegensätzlichen Weg Frauen nehmen können, wenn sie keinen Zugang zu ihrer Wildheit bekommen. Wenn sie nicht in sich selbst erwachen dürfen und keine kundige Begleitung der Furien über die Grenze vom Mädchen zur Frau haben, wenn ihnen der Boden unter den Füßen weggezogen wurde, so daß sie niemals wirklich gedeihen konnten.

Ich entdeckte, daß ich ein Medea-Typ war und die Frauen, die mich nicht verstanden, Elektra-Typen waren.

Warum war ich eine Medea? Ich stand immer auf der Frauenseite, daher konnte ich mühelos definieren, was Weiblichkeit ist. In meiner Welt haben Frauen die Kinder allein durchgebracht, haben immer sie den Karren aus dem Dreck gezogen, waren Männer immer nur vorübergehend vorhanden. Zwar hatte ich eine schwache Mutter, die mich emotional mißbrauchte, aber sie wollte immer nur Töchter, und ich war eine. Auf diese

Weise gab es wahrscheinlich eine Art Urvertrauen – wenn schon nicht ins Leben, so doch immerhin in Weiblichkeit. Erst sehr viel später begriff ich, daß ich meiner Mutter alles andere als willkommen war, daß ich nicht geliebt wurde, sondern sie zu lieben hatte. Die Tatsache, daß ich weiblich war, bedeutete nicht, daß sie mich liebte, sondern nur, daß sie mich nicht haßte. (Wofür ich meinem Schicksal zu danken habe, denn diese Frau konnte mit einer Kraft und Heimtücke hassen, wie es nur eine Elektra kann.) Das war ein segenreiches Mißverständnis, das mir soweit ein weibliches Selbstbewußtsein ermöglichte, daß ich bei den Frauen Ausschau nach Vorbildern hielt und nicht bei den Männern.

Was ich nicht definieren konnte, waren Männer. Sie waren Schattenwesen, das, was Frauen *nicht* waren, und das war nicht viel. Ich lernte, mich in ihrer Welt zu bewegen, studierte ihre Sitten und Gebräuche, paßte mich an, kannte mich immer besser mit ihnen aus und lernte schmerzvoll, aber gründlich, sie nicht zu unterschätzen. Ich wurde so etwas wie eine Andrologin und nahm die Machtverhältnisse im Patriarchat zwar sehr ernst, doch auch als ich die Männer durchschaut hatte, blieben sie doch irgendwie immer kleine Buben, denen man die Nase putzen mußte. Bei auftretenden Konflikten war es für mich vollkommen klar: Mutterrecht vor Vaterrecht. Zwar »fütterte« auch ich unermüdlich Männer, aber sobald einer versuchte, mich ernsthaft dazu zu bringen, vor allem seine Interessen zu vertreten und sie über die meiner Kinder und Katzen zu stellen, stand sein Koffer vor der Tür.

Die Frauen, deren Erfahrungen sich mit den meinen nicht deckten, so sehr nicht, daß nicht einmal ein Erfahrungsaustausch möglich schien, hatten niemals Schwierigkeiten, Männlichkeit zu definieren. Die Unmöglichkeit des Austausches zwischen mir und diesen Frauen und mein abgrundtiefer Zweifel daran, daß Frauen einander feindlich gesonnen sind (was mir allgemein als Erklärung dafür präsentiert wurde), bewegten mich dazu, daß ich der Sache nachging, um die Verständigung endlich herstellen zu können. Ich stellte fest, daß diese Frauen die umgekehrte Schwierigkeit haben, eine Vorstellung von Weiblichkeit zu entwickeln. In ihrer Welt sind es die Männer, die den Karren aus dem Dreck zu ziehen haben, die dafür sorgen, daß alle überleben, und bei ihnen sind es die Männer, in denen sich das Leben verkörpert und verwirklicht. Für diese Frauen ist es klar, was Männer sind, und Frauen sind allenfalls das, was Männer nicht sind, ihrer Ansicht nach im allgemeinen nicht viel.

Ihre Geringschätzung sich selbst und anderen Frauen gegenüber und ihre maßlose Überschätzung der Männer rührten nach meiner Auffassung von einem großen Neid auf männliche Macht und männliche Privilegien. Sie versuchen auf diese kollaborierende Weise, selber Macht zu erlangen, die ihnen ja kraft ihres Geschlechtes zustünde, was sie jedoch meist von sich weisen. Die Absage an weibliche Macht in der Lebenshaltung der Elektra-Frauen rührt von einer schmerzhaften seelischen Verletzung, die in einer abgrundtiefen Verachtung gegenüber einer seelisch schwachen und geistig anspruchslosen Mutter begründet ist. Wenn eine Elektra einmal beginnt, Männer als Gegner zu sehen, so entspringt ihr Zorn der Enttäuschung, wenn die Wirklichkeit der Männer und das Bild, das diese Frauen sich von ihnen machten, zu weit auseinanderklafften und wenn sie nicht oder nicht mehr die Auserwählten sind, die den Saum *seines* Mantels küssen dürfen.

Wenn eine heutige Medea den Herren die Koffer

packt, statt ihre Kinder zu ermorden, so ist eine heutige Elektra ein Wesen, dessen apostolische Verehrung der Männer in abgrundtiefe Verachtung umschlagen kann, sobald es in der Wirklichkeit angekommen ist und erkennt, wie sehr es nur Mittel zum Zweck war. Elektra benutzt die Männer, ohne es selber zu wissen. Das ist ihre Strategie des Überlebens. Wenn sie merkt, daß statt dessen *sie* benutzt wurde, dann steht ihre Gemütsverfassung der einer enttäuschten Medea in nichts an Finsternis nach.

Die Tragik der Elektra-Frauen besteht darin, daß sie glauben, es wäre einer Frau möglich, in der Männerwelt so zu Hause zu sein wie ein Mann. Sie erleben sich als eine Art Auch-Mann oder gar besserer Mann als Männer selbst. Sie bieten für ihren Aufenthalt in der Männerwelt Unentbehrlichkeit oder Verführung in der Hoffnung auf Geborgenheit. Die Frauen merken kaum, daß der angebotene Preis zwar gern angenommen wird, die Männerwelt aber die Welt der Väter und Söhne bleibt, in der es für Frauen keinen wirklichen Platz und daher auch keine Geborgenheit geben kann, nicht einmal dann, wenn sie als Funktion willkommen sind. Genauer gesagt ist die Männerwelt eine Welt, in der die Söhne sich zu bestimmten Zeiten ihres Lebens auf die Suche nach ihrem Vater zu begeben haben – um ihn umzubringen. So will es das Gesetz des Lebens: Der alte König muß nach dem Kampf mit dem jungen Helden weichen. Der Mythologe Joseph Campbell sagte, wenn der Sohn den Vater gefunden habe, werde er sich selbst gefunden haben. Was aber kann Elektra finden, wenn sie den Vater sucht?

Die Verbindung von Tochter und Vater ist immer eine unheilige Allianz. Der Vater darf sich des Weiblichen nicht bemächtigen, solange es noch schwach und verletzlich ist, solange es sich noch nicht entfalten konnte und ihm, dem erwachsenen Männlichen, noch nicht gewachsen ist. Sexueller Mißbrauch von Kindern ist nicht deshalb so grausam, weil er eine verlorene Kindheit bedeutet. Kindheit, wie wir sie definieren, ist so grotesk wie Disneyland. Sexueller Mißbrauch und emotionaler Inzest sind für das Leben eines Kindes von so verheerender Bedeutung wie Schnee und Frost für einen blühenden Obstgarten im Juni. Es geht dabei um mehr als eine verlorene Kindheit, und es betrifft nicht nur den sexuellen Mißbrauch, man kann es nicht oft genug betonen. Es betrifft alle Arten von Papas liebem Mädchen.

Wenn Elektra in uns lebt, dann waren wir eine von der Mutter ungeliebte, unbeachtete, unbeschützte und vom Vater daher leicht verführbare und mißbrauchbare Tochter. Sexueller Mißbrauch und emotionaler Inzest sind nicht nur eine Frage der körperlichen und seelischen Gewalt durch Männer, sondern immer zuerst eine Frage der schwachen, naiven oder lieblosen Mütter. Solche Mütter sind für die seelische Entwicklung der Töchter in jedem Falle verheerend, denn damit erst ist der Boden für den emotionalen und sexuellen Inzest durch die Väter bereitet.

Eine Welt ohne Väter ist entsetzlich für Männer. Für Frauen ist es möglicherweise bedauerlich, aber keine Katastrophe. Eine Katastrophe ist es, wenn ein Mädchen einen schlechten, lieblosen Vater hat oder auf andere Weise patriarchalen Machtinhabern ausgeliefert ist. Ein guter Vater ist für eine Tochter erfreulich. Ist gar keiner da, wird sie den Umgang mit Männern eventuell zeitverzögert lernen müssen, aber es wird ihre Identitätsbildung nicht sonderlich behindern. Im Gegenteil, die Anwesenheit eines patriarchalen Vaters (nicht die Anwesenheit von Männern) führt in den meisten Fällen dazu, daß die Mütter schwach, naiv oder lieblos werden und daher eine Katastrophe für die Töchter bedeuten. Von dem Augenblick an, wo ein patriarchaler Lebensgefährte im Leben der Mutter existent ist, steigt sie auf damit verbundene Anforderungen ein, die in der hauptsächlichen Konzentration auf den Mann bestehen. Das Hintanstellen hinter den Mann ist für eine Tochter schwerer zu verkraften als für einen Sohn. Wenn die Männerwelt eine Welt für Väter und Söhne ist, dann gibt es in der Frauenwelt zwei: eine Welt für Mutter und Kind und darüber hinaus eine Welt für Mütter und Töchter. Die Mutter ist für den Sohn wie für die Tochter das erste Liebesobjekt ihres Lebens, aber nur die Tochter muß es aufgeben, ein unermeßlich großer, beispielloser Verlust für sie, für den das Leben ihr keinen Ersatz bietet wie den Männern.

Gleichzeitig mit dem Verlust muß sie die Mutter als Rollenvorbild anerkennen, soll die Mutter die Grundlage ihrer Identität bilden. Was ihr als Mutter jedoch entgegentritt, sind entweder andere Elektras oder Frauen vom Medea-Typus, die ihre Kinder opfern, sei es dem Manne oder der ausweglosen Situation. Die Welt der Mütter und Töchter bleibt uns Frauen verschlossen. In diesem Hause wohnt schon lange niemand mehr. Es gibt keine Geschichten darüber, es gibt keine Abenteuer zu bestehen. Initiationen für Frauen? Wer will denn schon sein wie seine Mutter!

Ohne die Medea in uns kommt kein Mann an das Goldene Vlies heran. Allein kann er es nicht erlangen, denn es steht ihm nicht zu. Er kennt das Zauberwort nicht, es sei denn, eine Frau verrät es ihm. Ohne die Elektra in uns könnte er es nicht behalten. Denn die Macht, die das Goldene Vlies verleiht, ist zu groß für ihn. Worin besteht die Macht, die das Goldene Vlies verleiht? Das Goldene Vlies, der heilige Gral, was auch immer es sein mag, ist eine Insignie, ein Symbol für Leben und Macht. Wer es besitzt, den ermächtigt es, das Gesetz zu sein. Ohne die Medea und ohne die Elektra in uns gäbe es kein Patriarchat, könnte das Gesetz von Gewalt und Krieg, von Mißbrauch und Mißachtung als menschliche Eigenschaft gar nicht existieren, das Männer wie Frauen geistig, seelisch und körperlich deformiert.

Diese Aussagen sind dazu geeignet, Widerspruch von verschiedenen Seiten hervorzurufen. Viele Männer werden sofort der Behauptung zustimmen, daß es Frauen sind, die das Patriarchat ermöglichen, froh darüber, die Schuld nicht mehr allein tragen zu müssen. Frauen, die dem direkten Druck, unmittelbarer Gewalt und unverhohlener Diskriminierung durch Männer ausgesetzt sind, wird es schwerfallen, ihren eigenen Anteil an der Misere anschauen zu können. Sie sind auf ihre Überlebensstrategie angewiesen und brauchen alle Energie, um sich zu behaupten, um nicht unterzugehen. Umgekehrt wiederum verhält es sich bei der Aussage, daß nur eine Welt, die vom männlichen Prinzip dominiert wird, soviel Gewalt, Grausamkeit und seelische Deformierung hervorbringen kann, während eine vom weiblichen Prinzip getragene Welt sich im Einklang mit dem Kosmos und seinen Lebensgesetzen befindet. Dem stimmen Männer ungern zu und Frauen auch nicht, zumindest dann nicht, wenn sie eine Medea im naiven Zustand oder eine Elektra in eiserner Verfassung sind. Frauen, die in der Wirklichkeit angekommen sind, und dazu zähle ich diejenigen, die den Abschied von den Männern vollzogen und von Anpassungsleistungen und Schuldzuweisungen an sie Abstand genommen haben, die anschließend durch die anstrengende Abrechnung mit sich selbst gegangen sind und sie durchgestanden haben, diese Frauen können gefühls- und verstandesmäßig leicht zustimmen.

Bei diesen Gedanken angekommen, stellt sich allerdings die Frage, wie wir es anstellen, auf Überlebensstrategien zu verzichten, ohne daß wir ermordet, vergewaltigt, überwältigt werden. Wie erlangen wir unsere Macht zurück, mit deren Hilfe wir vielleicht im Leben endlich oder wieder ankommen?

Es gibt keine Sicherheit vor Gewalt, aber es gibt die Möglichkeit, sichere Orte zu schaffen. Es gibt die Möglichkeit, nicht mehr davonzulaufen oder sich zu verstekken, sondern sich umzuwenden und mit dem, was Angst macht, zu kämpfen. Es gibt die Möglichkeit, sich entsprechend auszurüsten und Schutz in der Gemeinsamkeit mit anderen Frauen zu finden. Das gehört alles in den lebenswichtigen Bereich der Selbstbehauptung. Aber weitaus mehr als diese Dinge des Widerstands bringt uns eine Sache weiter: Erneuerung. Erneuerung finden wir Frauen, so sonderbar dies zuerst scheinen mag, in der Vergangenheit. Zumindest finden wir sie nicht, wenn wir nicht durch die Jahrtausende in die Vergangenheit reisen, in eine Welt, die nur auf den ersten Blick versunken zu sein scheint.

Wir müssen eine Verbindung suchen und herstellen zwischen unserer gegenwärtigen Erfahrung, unserem Leben in der Gegenwart und dem Überlieferten, soweit es sich noch finden läßt. Vergangenheit, das Überlieferte hat für Frauen eine ganz andere Bedeutung als für Männer, weil wir Frauen keine Vergangenheit haben – und das ist kein Zufall, obwohl wir einmal eine hatten. Weil ihr Verlust kein Zufall ist, hat sie ja so eine große Bedeutung. In unserer versunkenen, verschwiegenen und verleugneten Vergangenheit finden sich die Hinweise, wie wir zur Quelle weiblicher Energie zurückfinden können. Die Quelle weiblicher Energie ist ein Mysterium. Das nicht nur deshalb, weil die Wege dorthin verlorengegangen sind.

Ein Mysterium, ein Geheimnis ist nur solange eines, wie es nicht offenbart, gelüftet, durchschaut ist. Wird es aber gar nicht weitergegeben oder nur die Form, jedoch nicht Sinn und Inhalt überliefert, so gerät es in Vergessenheit und endet als ländliches Brauchtum wie der Maibaum, das Osterei und die Rauhnächte oder wird zu Kinderkram wie Märchen und Kinderreime. Ein Mysterium enträtselt sich nur demjenigen, der bereit ist, es zu erfahren und dann zu bewahren. Erfahren heißt hindurchgehen, sich darauf einlassen, ganz und gar. Was man wirklich erfahren hat, läßt sich nicht per Telefax weitergeben. Diese Art des Umgangs mit Geheimnissen hieße, sie zu verraten, und das wäre sinnlos. Die Erfahrung eines Geheimnisses geschieht niemals folgenlos. Es ist anschließend niemals mehr möglich, in den alten Zustand der Unschuld und Unwissenheit zurückzukehren.

Daher werden in diesem Buch keine Mysterien offenbart, sondern nur der Weg dorthin gezeigt. Das Mysterium ist gerade das, was in uns wild und ursprünglich ist, das Chaos, die Finsternis, die Frau. Es ist nicht berechenbar und fern aller Sicherheit und Moral, so daß es sich aus diesem Grunde in jeder Frau anders zeigen wird.

Kein Geheimnis dagegen ist es, daß wir in einer zerstückelten und sich selbst weiter zerstörenden Welt leben. Das Wilde in uns ist zugleich das, was uns heilen und aus der Zerstückelung herausführen kann, und das doch so tief verwundet ist, daß es geheilt werden muß. Wenn wir die organische Ordnung wiederherstellen wollen – und hier ist nicht die Rede von »unweltfreundlichen« Produkten (was immer das heißen mag) und auch nicht von Schonung der Rohstoffe, damit alles so weitergeht wie bisher, nur effizienter – hier ist die organische Ordnung gemeint, das Gesetz der Furie. Wenn wir das wollen, dann müssen wir das Wunder der weiblichen Erneuerung vollbringen.

Dritter Teil

Worin unsere Macht einst bestand

Einige Frauen aber retteten und bewahrten die Weisheit des Matriarchats, auch wenn sie dabei ihr Leben riskierten. Vieles ist verloren. Vieles wird nie zurückzugewinnen sein. Wir besitzen nur die zersplitterten Bruchstücke des Lernens.

Aber wie zerrissen und zerbrochen es auch ist, es ist immer noch besser als die Vorstellung, die der Eroberer mitbrachte.

Andrée Collard,
Die Mörder der Göttin leben noch

1. Kapitel

Wer die Vergangenheit kontrolliert, bestimmt die Zukunft

Es dauert eine ganze Weile, bis sich nach einer beendeten Abrechnung Gefühle von Erleichterung, Klarheit und Freiheit einstellen wollen. Anfangs überwiegen Empfindungen der Schwere, der Beschämung und Schuld, die vom Begreifen der Zusammenhänge zunächst nicht gemildert werden können. Vor allem aber ziehen überstandene Abrechnungen eine Zeit der Erschöpfung und Müdigkeit nach sich, die leicht dazu verführen, das Ganze wieder vergessen und abschütteln zu wollen. Vielleicht fühlen wir eine Sehnsucht nach Leichtsinn und Vertrauensseligkeit. Das ist jedoch nicht nur nicht möglich, sondern auch nicht bekömmlich. Voraussetzung für die Erfüllung solcher Wünsche wäre: vergessen, was ist. Jetzt ist nicht die Zeit für Unbefangenheit und Spontaneität. Gäben wir dem nach, so landeten wir in der Schwermut, aus der man sich schwer befreien kann. Statt dessen sollten wir der Erschöpfung nachgeben. Das Entsetzen braucht in der Folge die Stille, wenn wir nicht darin erstarren und uns nicht darin verlieren wollen.

Wer bis hierhin gekommen ist, hat viel verloren. Es braucht seine Zeit, bis das verkraftet werden kann. Zeit, die wir auch aus anderen Gründen gewinnen müssen, denn mit dem abrechnenden Blick in den Spiegel und der Hinwendung zu neuen Wegen allein ist es nicht getan. Es gibt Wahrheiten, die sich nicht von allein erschließen. Es gibt Wirklichkeiten, die uns erst nach eingehender Prüfung aufnehmen und denen es nicht genügt, daß wir bereit sind, uns auf sie einzulassen. Wer an diesem Tor steht, muß warten können, bis er eingelassen wird. Es ist die Suche nach der wilden Frau, die uns bis hierher geführt hat; die Sehnsucht nach Identität, die Hoffnung, in die Ordnung der Welt zurückzufinden. Das Wilde jedoch gehorcht unseren patriarchalen Gesetzen der Machbarkeit und Verwertbarkeit nicht. Das Wilde zeigt sich immer erst dann, wenn so etwas Unberechenbares wie Vertrauen entsteht. Dessen müssen wir uns würdig erweisen; solche Dinge müssen wachsen dürfen, man muß gedeihen lassen können. Eine der wesentlichsten Voraussetzungen, um nun weitergehen zu können, ist die Akzeptierung, daß es mehr als eine Wahrheit und zahlreiche Wirklichkeiten gibt. Vielleicht gibt es so viele Wirklichkeiten, wie es Lebewesen auf der Welt gibt. Auf jeden Fall gibt es immer mehr als nur eine.

Wer in einer Welt der Polaritäten von Richtig und Falsch, Wahr und Unwahr, Gut und Böse lebt, der läuft immer Gefahr, in der Falle der eigenen Rigidität festzusitzen. Wer exklusiv ist und vieles andere ausschließen muß, wird eines Tages feststellen, daß er mit dem Ausschluß des anderen sich auch eingesperrt hat. Viele Menschen in diesem Jahrhundert waren deshalb Linke, weil bei den Rechten unübersehbar die Dummen und die Bösen saßen. Gefangen in der Wahrnehmungsfalle, schlossen sie daraus, daß die Klugen und die Guten daher folgerichtig bei den Linken zu finden sein müßten. Ein verhängnisvoller Irrtum, denn wie wir heute wissen, sind Dummheit und das Böse keine Frage des politischen Standorts. Eine weitaus sinnvollere Lebenssicht stellt die Akzeptierung der Vielfalt von Erfahrung dar.

Wir dürfen nichts als gegeben hinnehmen, nicht einmal unsere eigene Sicht der Dinge. Der Glaube, daß andere oder etwa alle auch so denken und empfinden wie ich selber, wäre höchst irrational und hieße, die Erfahrung anderer Menschen zu mißachten. Ebenso führt der Glaube, daß etwas »schon immer« so und nicht anders gewesen sei, geradewegs in die Irrationalität. Was uns heute wie natürlich und selbstverständlich vorkommt, kann gestern noch ganz anders gewesen sein. »Schon immer« ist ein ebenso ausgesprochen ungenauer Begriff wie »seit Menschengedenken« oder ähnliches. In Wahrheit reichen solche Begriffe höchstens hundert Jahre zurück, weil menschliche Erinnerung immer nur drei Generationen umfaßt, sobald das Überlieferte nicht bewußt festgehalten wird. Es existieren drei Formen, Wissen und Ereignisse bewußt und gezielt weiterzugeben: mündliche Überlieferung, Rituale und Symbole und Schrift. Ein gutes Beispiel gezielter mündlicher Überlieferung findet sich bei den Nomaden und Beduinen im Nahen Osten. Sie erzählen ihren Kindern von Geburt an Abend für Abend die Geschichte und Genealogie des Stammes, während die Kleinen in den Schlaf geschaukelt werden. Matriarchale Kulturen bevorzugten Symbole, patriarchale aus guten Gründen die Schrift.

»Schon immer« kann dazu mißbraucht werden, daß herrschende Machtverhältnisse zu Gesetzen des Lebens erklärt werden. Den Unterschied zwischen Machtverhältnissen und den Gesetzen des Lebens macht das Wörtchen »herrschend« aus. Nur das, was sich nicht von allein, als natürliche Ordnung an der Macht halten kann, bedarf des Drucks von Herrschaft und der Beweise von Legitimität. Eines der Mittel, nicht natürliche Macht zu legitimieren und als natürliche Ordnung hinzustellen, ist die Vergangenheit, ist Geschichte, Historie. Wir haben gelernt, der menschlichen Erinnerung nachzuhelfen, indem wir Geschichte aufschreiben. Indem wir von allen drei existierenden Möglichkeiten, Überlieferungen festzuhalten, die Schrift – geschriebene Worte – gewählt haben, haben wir der auf diese Weise festgehaltenen Geschichte eine entscheidende Wendung gegeben. Die Erfindung der Schrift erwies sich als Segen und Fluch zugleich, denn die Macht des geschriebenen Wortes läßt sich mißbrauchen wie jede Macht und stellt ein Instrument dar, mit dem sich Wahrheit herstellen läßt wie eine Ware.

Einer der Slogans des Großen Bruders in George Orwells Roman »1984« hieß: »Wer die Vergangenheit kontrolliert, bestimmt die Zukunft.« Das ist so beklemmend wie wahr.

Damit sitzen wir in einer doppelten Falle, denn das, was wir heute für wirklich, wahr und natürlich annehmen, färbt, wie wir das Überlieferte deuten und für uns sinnvoll und verständlich machen. Es gibt so etwas wie ein Vorurteil der Gegenwart gegenüber der Vergangenheit. Es gilt aber auch – und das ist weitaus wesentlicher – umgekehrt. Daß unsere jetzige Wirklichkeit akzeptabel für uns ist, wird weitgehend durch die Vergangenheit beeinflußt, die uns erzählt, wie wir wurden, was wir sind. Daher ist es von Bedeutung, was ausgewählt wird, um es den Nachkommen zu überliefern, und was weggelassen werden muß. Und immer sind in den Überlieferungen die Interessen der Überliefernden verpackt. Wenn die Frauen in meiner Familie alle immer mit 20

Jahren das erste Kind bekommen haben, so hat das große Auswirkungen auf alle Frauen meiner Familie, die jetzt und zukünftig 20 Jahre alt sind. Noch dann, wenn die darin versteckten Interessen einer patriarchalen Gesellschaft, in diesem Falle, den Frauen möglichst früh den Kopf mit Windeln vollzustopfen, um sie zahm zu halten, längst nicht mehr relevant sind, die Auswirkungen sind es. Es ist sogar dann von Bedeutung, wenn mit der Vergangenheit gebrochen wird. Meine Tochter ist nicht einfach eine Frau ohne Kind, wenn sie mit 20 kein Kind bekommen hat, sondern sie ist die erste, die diese Tradition nicht einhält. Sie trägt auch dann die Vergangenheit der anderen Frauen mit, ob sie will oder nicht. So wird die Möglichkeit, mit Hilfe von Selektion private und gesellschaftliche Historie zu manipulieren, zu einem wichtigen Instrument für Herrschaft. Überlieferungen sind identitätsbildend und maulstopfend zugleich. Sie besagen: Jetzt ist es so, weil es auch früher so war. Sinn und Zweck werden nebensächlich.

Für erstere These ist der englische Archäologe Sir Arthur Evans ein gutes Beispiel. Als er Ende des vergangenen Jahrhunderts an der Nordküste der Insel Kreta bei Ausgrabungen auf die Überreste einer bedeutenden Kultur stieß, hatte er wahrscheinlich beste Absichten, diese Kultur so verstehen zu wollen, wie sie war. Mit Sicherheit war er ein geistig durchaus ordentlicher Mensch, der zu einer gewissen Unvoreingenommenheit im Verstehen dieser Kultur bereit war. Ob es wirklich so war, weiß ich zwar nicht, ich will es aber annehmen. Er war allerdings nicht fähig, andere Wirklichkeiten als die, in der er lebte, als Erfahrungshintergrund heranzuziehen, und so wurde er ein Opfer seiner beschränkten Deutungsfähigkeit. Dies wäre nun nicht weiter erwähnenswert, wenn es nicht zur Folge gehabt hätte, daß

Evans Mißdeutungen bis auf den heutigen Tag Einfluß auf unser Denken haben, der weit über den Bereich Archäologie und Geschichte hinausgeht. Vor allem aber haben seine geistigen Beschränkungen nicht nur weitere geistige Beschränkungen anderer hervorgerufen, sondern andere Möglichkeiten des Denkens be- wenn nicht verhindert.

Selbstverständlich war die Anlage, die er ausgegraben hatte und die Knossos genannt wurde, in seinen Augen ein *Königspalast*. Was er kannte, waren Paläste und Tempel, Burgen und Villen. Was er außerdem wußte, war, daß in der ihm bekannten Historie alle wesentlichen Funktionen von Männern übernommen worden waren. Das war Teil der natürlichen Ordnung, die jeder überall nachlesen konnte. Es stand in der Bibel, es stand auch in anderen schriftlichen Überlieferungen aus Mesopotamien und Griechenland. Die greifbaren Aufzeichnungen der alten Welt galten zu Evans Zeiten wie auch heute noch zum größten Teil als so feststehend wie physikalische Gesetze, was die Sichtweise dieser Berichte anging, und als phantasievolle Fiktion archaischer Völker, was den Wahrheitsgehalt der Sagen und Legenden anging.

Die Welt, in der er lebte, das ausgehende 19. Jahrhundert, betrachtete sich als Höhepunkt der abendländischen Kultur, die in Griechenland ihre Wurzeln hatte. Sie brachte Frauen hervor, die in Fischbeinkorsetts eingeschnürt von Zeit zu Zeit in Ohnmacht fielen und körperlich unbeweglich und geistig unbelastbar waren. Die Frauen seiner Zeit waren nicht dazu geeignet, auch nur den geringsten Zweifel daran aufkommen zu lassen, daß Männer laut Pythagoras das gute Prinzip, die Ordnung und das Licht repräsentierten. Hätte damals jemand den guten alten Sir Arthur damit konfrontiert, daß es

Kulturen gab, die matriarchal organisiert waren, in denen es keine HERRschaft gab und männlich und weiblich ganz anders definiert wurden, so hätte er es – obwohl ihm Bachofens Erkenntnisse über das Matriarchat als natürliche Gesellschaftsform des Menschen hätten zugänglich sein können – schlichtweg einfach nicht geglaubt, so wenig wie er grüne Marsmännchen als Erbauer der Akropolis akzeptiert hätte.

So wurde Knossos also seinen Vorstellungen der Welt angepaßt als Palast interpretiert. Ein Palast konnte natürlich nur einem König gehören. Er fand folgerichtig einen Thronsaal, er fand das Refugium der Königin. Er erklärte einen Platz zum Theaterplatz, denn die alten Griechen hatten auch Theaterplätze, wozu also sollte dieser Platz bei den alten Vor-Griechen sonst gedient haben – und so weiter. Vieles blieb offen und konnte nicht plausibel erklärt werden. Vieles ließ sich nicht anpassen. Das wurde als unverständlich und unwichtig beiseite geschoben. Auch dies kein Mangel an archäologischer Sorgfalt, sondern eine ihm nicht bewußte Unfähigkeit, Wirklichkeiten über seine beschränkte Sicht hinaus wahrzunehmen und betrachten zu können.

Seitdem wurden wohl viele Versuche unternommen, Sir Arthurs Fehlinterpretationen zu korrigieren; so mancher hat versucht, das ungewöhnliche Knossos besser zu interpretieren, manche verstiegen sich zu Deutungen, die noch abstruser waren. Aber Blödsinn ist zählebig, und so bleibt Knossos ein Palast, auch wenn inzwischen alle, auch die Fachleute, wissen, daß es nicht so ist. Wiewohl sie sich scheuen zuzugeben, was es ist: das Heiligtum einer von Priesterinnen regierten matriarchalen Gesellschaft. In der Folge haben wir die minoischen Epochen auf Kreta als Vor-Palastzeit, alte Palastzeit und neue Palastzeit bezeichnet. Wir finden noch andere Paläste als Sitz von anderen Königen auf Kreta, die in der gleichen Weise interpretiert werden. Wir finden mehr Unpassendes und Unverständliches, mehr Rätsel und Widersprüche als passende Erklärungen, wenn wir diese Kultur mit patriarchalen Augen betrachten und deuten, aber wir finden trotzdem nichts dabei.

Dagegen finden wir einen ausgesprochenen Widerwillen der Archäologen und Historiker, die minoische Kultur als eine matriarchale Kultur zu erkennen, zu erleben und zu untersuchen. Wann immer der eine oder andere Archäologe sich dem Zusammenhang zwischen Matriarchat und der minoischen Kultur nicht mehr entziehen kann, macht er sich seltsamerweise sofort auf die Suche, um Beweise für Menschenopfer und Sklavenhaltung zu finden. Das ist höchst eigenartig. Allerdings nur auf den ersten Blick. Betrachten wir diesen sonderbaren Umstand genauer, so finden wir hier die Erklärung, warum die Kontrolle der Vergangenheit die Machtgarantie für die Zukunft ist. Denn als wäre keine Zeit vergangen, begegnen wir damit auch gleich den Männern, die vor 3.000 Jahren von der Donau bis nach Griechenland kamen, die das blühende Kreta zerstörten und dann behaupteten, die Minoer hielten sich ein Ungeheuer namens Minotaurus, das junge Mädchen und junge Burschen fräße, die alle neun Jahre von den von den Minoern geknechteten und unterdrückten Völkern nach Kreta als Menschenopfer ausgeliefert zu werden hätten. Davon habe die Welt befreit gehört.

Diese Propagandalügen scheinen noch zählebiger als Sir Arthur's Welt der Könige.

Die Wirklichkeit stand offenbar ganz und gar im Gegensatz zu den Berichten der Eroberer von der Donau. Das alte Kreta war eine ausgesprochen friedliche Welt.

Es gab keine Zäune und keine Wehranlagen. Es wurden aus dieser Zeit nirgendwo Waffen gefunden. Dagegen haben Musik und Tanz eine große Rolle im Leben der Minoer gespielt, wie sie auch ein Volk von großer Kunstfertigkeit waren. Ihre Häuser verfügten über Kanalisation. Es finden sich keinerlei Anhaltspunkte für Sklaverei und Tieropfer, von Menschenopfern ganz zu schweigen. Ihre Kleider waren von anmutiger Eleganz. Waren aus dem minoischen Kreta finden sich in der gesamten damaligen Welt, von Ägypten bis hinauf nach Norwegen, und überall waren die Minoer als liebenswürdige und heitere Menschen bekannt und beliebt.

Wenn nun eine solche Welt in ursächlichen Zusammenhang mit einer Gesellschaftsordnung gebracht wird, in der die Macht in den Händen von Frauen liegt, so dürfen wir sicher sein, daß dies größere Folgen für unsere Welt hat als die Korrektur einiger Museumsbroschüren in Heraklion und Athen sowie eine Anzahl an akademischen Diskussionen in archäologischen Fachblättern in London, Berlin und New York.

Derart handfeste Beweise in Stein und Bild machen aus einer These, aus der Logik von Gedanken eine greifbare Wirklichkeit, die direkten Zugang zum inneren Bereich unserer Seele findet bis hinunter zu den Tiefen, in denen wir Frauen unser Selbstwertgefühl, unser Selbstverständnis und unsere Energie bilden. Wenn es einen Ort gibt, zu dem wir reisen können, an dem die Spuren einer weiblich bestimmten Welt zu erkennen sind, so können wir nie mehr den Vater im Himmel, den Haushaltsvorstand auf Erden, den Führer im Staate, den Papst in Mutter Kirche als natürliche Ordnung anerkennen, etwa wie Bäume oder Wasser oder die Sonne Teil der unbezweifelbaren natürlichen Ordnung sind.

Genau in dem Augenblick ist die Macht der einen, einzig geltenden Wirklichkeit gebrochen. Wir verfügen ab diesem Augenblick über mindestens zwei Wirklichkeiten und haben von nun an die Wahl.

Wie es möglich ist, herauszufinden, worum es sich in Knossos handelt und auf welche Weise man in unserer Kultur an vielen Orten zum matriarchalen Spurenleser wird, soll Thema des nächsten Kapitels sein. An dieser Stelle gibt es noch ein wenig über die Auswirkungen der Manipulation von Überlieferungen und Geschichte auf unser Denken und Fühlen, auf unseren Wirklichkeitsbegriff zu erzählen.

Am Beispiel der Ausrottung der Indianer, der Ureinwohner des amerikanischen Kontinents, durch die Weißen ist mittlerweile auch dem kleinen Moritz einsichtig, daß die Verteilung von Gut und Böse nicht so eindeutig war, wie man es uns erzählt hatte. Die Gemeinheiten und bösartigen Unwahrheiten, die die weißen Eroberer noch bis in unsere Zeit über die Ureinwohner verbreiteten, schufen Vorstellungen, die mit der Wirklichkeit nicht übereinstimmten. Heute wissen wir es besser. Sie dienten der Rechtfertigung von Grausamkeiten, die denen der Nazis in nichts nachstanden. Die Kolonialisierung »der Wilden« mit Hilfe von Mord und Totschlag hat auch eine Entsprechung in der Kolonialisierung der wilden Frau.

Auch über Frauen wurden immer wieder Greuelmärchen verbreitet. Sicherlich aus keinem anderen Grund als der Rechtfertigung dessen, was man ihnen antat. Auch den Frauen wurden die Grausamkeiten zugeschrieben, die man an ihnen beging. Unsere Macht muß einmal sehr groß gewesen sein, denn mit dieser Manipulation der Geschichte ließ man es nicht bewenden. Es mußte vor allem die starke, die wilde, die freie Frau aus der Vergangenheit herauskatapultiert werden, damit sie aus dem Bewußtsein der Menschen verschwand. Daß der arme Sir Arthur eine matriarchale Kultur nicht einmal dann erkennen konnte, als er sie direkt vor seiner Nase hatte, ja nicht einmal dann, als sie sich in einer solchen unübersehbar dargestellten Fülle präsentierte, wie es sogar die Ausgrabungen auf Malta, der zweiten mediterranen Stätte einer matriarchalen Gesellschaft, unseren Augen nicht preisgeben, liegt daran, daß über Jahrtausende versucht wurde, jede Erinnerung an gynäkozentrische Gesellschaften aus dem Gedächtnis der Menschen zu löschen.

In Mesopotamien waren es die Sumerer, in Nordafrika im Land der Berber und Beduinen die Araber, in Griechenland bei den Pelasgern und Philistern, der griechischen Urbevölkerung, waren es die Achäer und Dorer, in Kanaan (in »Philistine«, wie die Palästinenser noch heute das Land nennen) die Hebräer, bei den Etruskern und den Kelten die Römer, welche zu unterschiedlichen Zeiten die gynäkozentrischen Gesellschaften gewaltsam zerstörten und im Anschluß jede Erinnerung an die Gesellschaftsform löschen wollten. Was diese an Überlieferung nicht auslöschen konnten, erledigten später das Christentum und der Islam. Den endgültigen Garaus bereitete dann das abendländische Industriezeitalter mit seinem Versuch, Wissenschaft in den Stand der Religion zu erheben.

Am Ende standen wir vor dem Nichts. Matriarchale Gesellschaften hatte es nie gegeben. Die Furie wurde zur verrückten Hysterikerin, die weise Frau wurde zur bösen Märchenhexe. Die Amazone zum kastrierenden Flintenweib. Ältere Frauen stellten eine Bedrohung für junge dar, junge Frauen waren bedrohlich für die älteren, wie überdies alle das Weib fürchten müssen, was schon den kleinen Kindern eingeimpft wird. Das sind nun alles Geschichten, die den Kleinen sogar von Medusa persönlich erzählt werden, die inzwischen in netten Hauskleidern steckt, so daß man kaum glauben kann, daß in der Tat alle das Weib fürchten müssen.

So verschwand die wilde Frau aus dem Bewußtsein der Menschen und mit ihr die ganze Fülle und Macht der Weiblichkeit. Jedoch verschwand sie nicht spurlos, denn alles, was einmal war, hinterläßt Spuren. Man muß sie nur lesen können. Die Umkehrung diese Annahme – was Spuren hinterlassen hat, muß einmal existiert haben – ist unsere Hoffnung auf Zukunft, die uns die Beharrlichkeit verleiht, mit der wir auf der Suche nach unserer Macht und Energie in der Vergangenheit graben. Es war der griechische Lyriker Simonides, der um 500 lebte, welcher zu der Frage, ob es denn die Amazonen wirklich gegeben habe, sagte: »Traditionen solcher Art anfechten heißt, wider Jahrtausende streiten.«

2. Kapitel

Mit dem matriarchalen Herzen lesen

Gibt es einen Schlüssel, mit dessen Hilfe wir die Wahrheit über unsere Vergangenheit finden können? Die Suche nach unserer Vergangenheit ist gleichzeitig eine Suche nach den natürlichen Gesetzen des Lebens.

Auf der Suche nach den natürlichen Gesetzen des Lebens geraten wir schnell an die Grenzen dessen und derer, die sich unberechtigt dieser Gesetze bemächtigt haben. Das ist einfacher zu erkennen, als es zunächst scheint. Wie man das macht, läßt sich besonders gut an dem Märchen von des Kaisers neuen Kleidern demonstrieren. Ich habe es nie besonders gemocht. Schon als Kind fand ich, daß das kein richtiges Märchen war. Niemand war verzaubert, keine sprechenden Tiere, kein Abenteuer. Statt dessen ein despotischer Kaiser, der sich wahrscheinlich nur durch ein einziges Chromosom von einer Kartoffel unterschied. Dazu Leute, die die Dummheit und Eitelkeit dieses alten, bösen Kindes ausnutzten, sowie opportunistische Untertanen als prächtiges Beispiel für ängstliche Speichelleckerei. Als Märchen macht das nicht viel her. Aber es ist eine wunderbare Geschichte über Wahn und Wirklichkeit.

Jeder, der die Geschichte kennt, wird sich mit dem Kind identifizieren, das mit wachem Blick feststellt, daß der Kaiser keine Kleider trägt, sondern nackt ist. In der uns zur Verfügung stehenden Realität fallen allerdings den wenigsten Menschen nackte Kaiser auf, obwohl diese sehr zahlreich auftreten. Das ist um so bedauerlicher, als es gerade dieser wache und unbestechliche Blick ist, der uns in eine gesunde Wirklichkeit hilft.

Sicherlich bedürfen wir auch des Mutes. Es ist nicht ganz einfach, gegen den Strom zu schwimmen und sogar dann darauf zu beharren, daß ein Kaiser nackt ist, wenn alle anderen steif und fest behaupten, er sei in prächtige Gewänder gekleidet. Davon, wie schwer Einsamkeit unter solchen Umständen wiegen kann, erzählt eine andere Geschichte, in der es eine Königin war, die als einzige über den erwähnten klaren Blick verfügte. Ihr Reich war eines von denen, die in den Märchen gern als blühend geschildert werden. Eines Tages kamen fremde Männer in das Land, wahrscheinlich waren sie beritten, grausam und barbarisch, jedenfalls wollten sie das blühende Reich der Königin in ihre Macht bringen. Um das zu erreichen, vergifteten sie in einer Nacht alle Brunnen des Landes. Jeder Mensch, der daraus am nächsten Morgen trank, mußte wahnsinnig werden.

Die einzige, die nicht dem Wahnsinn verfiel, war die Königin, denn sie hatte das nächtliche Treiben der Männer beobachtet und mied das Wasser des Brunnens.

Was immer die Königin nun unternahm, um ihr Volk zu retten, mußte vergeblich sein, denn für ihr wahnsinnig gewordenes Volk war es ihre Königin, die wahnsinnig geworden war. Als sie feststellten, daß die Königin trotz aller Bemühungen und Versuche ihrerseits nicht gesund werden wollte, beschlossen sie, daß es besser sei, sie zu töten. Da trat die Königin an ihren Brunnen und trank. Das Volk aber jubelte, daß die Königin aus ihrer geistigen Umnachtung erwacht war und ihren Verstand wiedergewonnen hatte.

Ausgerüstet mit dem Blick der Fremden und dem Mut, überhaupt hinzuschauen, haben wir noch keinen Schlüssel, der die Türen zu unserer Vergangenheit öffnet. Aber wir verfügen damit über Instrumente, die uns jetzt auf der Suche nach den Spuren weiblicher Macht nützlich sein können. Eine Bestandsaufnahme ist vonnöten. Wenn man nicht weiß, wo man anfangen soll, beginnt man am besten mit dem Naheliegenden, das ist meistens das Ende. Wenn es stimmt, daß in jedem Anfang das Ende bereits enthalten ist, so muß das Ende auch auf den Anfang schließen lassen können. Die Endzeit des Patriarchats, die wir gerade erleben, führt uns daher geradewegs in seine Anfänge, wenn wir genau hinschauen. Dahinter liegt das, was wir suchen. Was finden wir vor, und wo führt es uns hin?

Gehen wir noch einmal zurück zum ersten Kapitel. Unsere Gesellschaft ist erkennbar an der herrschenden Gewalt, an Haß und Unterdrückung, an Gehorsam und Habgier, an Lieblosigkeit und Grausamkeit. Haß und Lieblosigkeit richten sich gegen alles, was lebt. Wenn diese Art von Feindseligkeit bereits beispiellos in der Schöpfung ist, so ist es um so mehr die Tatsache, daß diese Feindseligkeit auch zwischen den Geschlechtern von ein und derselben Gattung namens Mensch herrscht und sich gegen die eigenen Kinder richtet. Dies ist eine Tatsache von derartiger Ungeheuerlichkeit, daß wir keinen Vergleich auf Erden dafür finden. Wir haben in diesem Zusammenhang gelernt, daß es »schon immer« Kriege, Haß, Mord und Totschlag gegeben haben soll. Jeder sagt das, da wird es wohl stimmen. Völker und Stämme, die noch in unserer Zeit derartige Dinge nicht kennen, gelten anscheinend als Gegenargument nicht. Wenn wir fragen, warum es das alles gibt, so finden wir die Antwort in dem Begriff Macht, und wir wissen, daß es sich um Macht von der Qualität des nackten Kaisers handelt, also um nach psychiatrischen Kriterien mühelos nachweisbare Geistesgestörtheit; Macht, die mittlerweile nicht einmal mehr für nackte Kaiser ihre Zwecke erfüllt, denn inzwischen haben auch diese gemerkt, daß alle gestohlene und vorgetäuschte Macht nicht wärmt, wenn man in Wahrheit nackt ist. Wie war es möglich, daß die nackten Kaiser die Führung erlangen konnten? Wie konnte es passieren, daß die Mütter die Führung aufgaben und ihre Kinder den nackten Kaisern überließen? Der Schlüssel, der in diese Tür paßt, ist das Wort »Warum«.

Es führt uns zu den wesentlichen Dingen. Wir finden die wesentlichen Dinge des Lebens, Geburt und Tod, das heißt Religion und Medizin, fest in der Hand des Mannes. Es ist schwer, Antworten auf die Frage nach dem Warum zu finden. Von allen in Frage kommenden Antworten ist Neid noch die einleuchtendste; Neid auf weibliche Potenz und Macht. Warum aber soviel Haß und Unterwerfung für die schon lang Besiegten, woraus große Angst vor dem Weiblichen spricht?

Wir Frauen, vielmehr das Weibliche muß einmal sehr mächtig gewesen sein. Der zweite Grund für das patriarchale Bedürfnis nach Beschämung und Erniedrigung des Weiblichen mag in der bestürzenden Erfahrung liegen, daß der Besitz von Macht noch lange keine Potenz verleiht. Es scheint, als hätten sie geglaubt, daß es wirklich das Goldene Vlies ist, das mächtig macht, während es doch nur darauf aufmerksam machen sollte, worin die Macht besteht und wem sie gebührt. In manchen Augenblicken kommt es mir so vor, als wollten sie uns dafür bis auf den heutigen Tag bestrafen, daß sie sich betrogen fühlen und nun statt echter Macht und Potenz nur Überforderung und Unverständnis vorfinden.

Wie sehr wir auf eine uns beschämende Weise entmachtet worden sind, dafür soll hier das Beispiel stehen, daß die meisten Frauen der zivilisierten Welt noch immer ihre Kinder in der Rückenlage gebären, obwohl es auch der Dümmsten auffallen müßte, daß dies eine der ungeeignetsten Körperlagen für eine Geburt ist. Beschämend daran ist, daß Millionen und Abermillionen Kinder noch heute einen quälend-anstrengenden Start ins Leben erleiden müssen, der ihr Leben bedrohen kann, noch bevor es angefangen hat: Weil Ludwig XIV., der französische Sonnenkönig, ein Voyeur war. Er zwang seine Frauen und Mätressen, die Kinder auf dem Rükken liegend zu gebären, damit er besser zuschauen konnte. Wie inkompetent diejenigen sind, die uns heute noch auf den Rücken legen, kann man daran erkennen, daß den meisten Gynäkologen und Geburtshelfern die banale Ursache dieser als ärztliche Maßnahme verkleideten Unterwerfung unbekannt ist. Sie glauben selber allen Ernstes, daß die Rückenlage bei der Geburt eines Kindes einen Sinn macht. Die Rache des alten, bösen Kindes an Mutter Erde kennt viele entwürdigte und entwürdigende Formen des Ausdrucks. Und noch immer ist das Entsetzen nicht groß genug, daß wir in seine Hände gefallen sind.

Statt des uns von Sigmund Freud anstelle seines eigenen Hystera-(d.i.Gebärmutter-)Neids untergeschobenen Penis-Neids finden wir über den Potenzneid Ludwigs XIV., den Mysterienneid der Alchimisten und den Spiritualitätsneid der Inquisitoren und anderer Verfolger langsam und mühsam den Weg zu den Quellen unserer Macht. Die Erinnerung fällt schwer. Aus einer dreitausend Jahre währenden Amnesie zu erwachen braucht eine Zeit der Umgewöhnung. Wer je aus einer Trance erwachte, weiß, wie unwirklich für einen Augenblick alle alte, greifbare Wirklichkeit ist. Wie sehr dies erst nach einem dreitausendjährigen Dornröschenschlaf! Die Erinnerung an die Zeitalter matriarchaler Macht existiert, auch wenn sie nur wie Teile eines zerbrochenen Spiegels nicht ganz leicht wieder zusammenzusetzen ist. Es ist unser Herz, das uns diese Erinnerungen wieder erschließt und von esoterisch verbrämten wunschträumenden Einbildungen unseres Hirns säuberlich unterscheidet.

Als ich mir zum erstenmal in meinem Leben den Gedanken erlaubte, daß Religion von Natur aus eine Angelegenheit der Frauen ist, begann ich zu weinen und zu schluchzen, wie ich es selber nicht verstehen konnte. Beinahe war es so, als ob mich mein Körper mit diesen Tränen eigenständig und an der Kontrolle meines Bewußtseins vorbei zu erlösen trachtete. Seitdem habe ich gelernt, in solchen wesentlichen Angelegenheiten auf mein Herz zu hören und dann erst meinen Verstand als das zu benutzen, was er ist: ein Instrument zum Verstehen. Wenn dann beides zusammenpaßt, bin ich auf dem richtigen Weg.

Dieser Weg der aufmerksamen Intuition hat sich in den vergangenen Jahren vielen Frauen offenbart, die alle auf ihre Weise versucht haben, die Bruchstücke der Erinnerung wieder zusammenzutragen, die alten, einzelnen Fäden wieder aufzunehmen, um sie erneut zusammenzuspinnen und ein neues Bild der Welt zu weben, in dem wir wieder einen uns gemäßen Platz einnehmen. Jedes Buch, das diese Frauen in diesem Sinne geschrieben haben, gibt uns allen ein Stück unserer alten Macht zurück, auch wenn diese Macht sich zur Zeit lediglich in der Eigenmächtigkeit der Erkenntnis äußert, die ich in ihrer Dynamik jedoch nicht unterschätzen will. Wer sich heute den vergangenen Bereichen weiblicher Macht zuwenden will, findet in den Werken von Bertha Eckstein-Diener alias Sir Galahad, Merlin Stone, Starhawk, Luisa Francia, um nur einige aufzuzählen, eine großartige Einstiegshilfe in diese Welt – und kluge Lehrerinnen, die Wege zur wilden Frau weisen können.

Trotz aller Anstrengungen, weibliche, matriarchale Vergangenheit zu vernichten, für nie geschehen zu erklären und aus dem Bewußtsein der Menschen zu tilgen, ist es nicht ganz und gar gelungen, dies zu erreichen. Die uns verfügbare Historie enthält eine ganze Reihe von matriarchalen Botschaften, die wir allerdings nur in verschlüsselter, chiffrierter Form vorfinden. Noch reichhaltiger, jedoch ausgesprochen mystifiziert sind diese Botschaften in den nicht-historischen Überlieferungen in Legenden, Mythen, Sagen, Märchen, Kinderspielen und Volksbräuchen vorhanden. Vor allem bei Märchen, Kinderspielen und Volksbräuchen sprechen die Ethnologen von »abgesunkenem Kulturgut«, was bedeutet, daß im Laufe der Jahrtausende nunmehr Reste des Inhalts und Teile der Form ehemaliger ritueller Religiosität praktiziert und zelebriert werden, ohne daß sie noch ihrem Ursprung nach verstanden werden.

Viele fremdartige Trümmer von Tradition liegen auf patriarchalem Boden herum und sind für tabu erklärt oder ganz einfach fehl am Platze innerhalb der klassisch gebügelten Ordnung geschriebener Historie. Allerorten finden sich lose Enden von Sitten und Gebräuchen, die sich mit nichts verknüpfen lassen, was aus vaterrechtlicher Sicht einen Sinn ergeben würde. Eben. Möglicherweise macht es, mutterrechtlich interpretiert, sogar einen ganz besonderen Sinn.

Wann immer Begriffe wie »sagenhaft« und »mythisch« fallen, sind wir matriarchal gesehen auf der richtigen Spur. Sobald in einer Kultur von einem Wechsel der Mächte die Rede ist, der mit Mond und Sonne in Verbindung gebracht wird, sind wir auf eine Schicht alten Mutterrechts gestoßen. Vergessen wir nicht, was das Wort »Mythos« auf griechisch bedeutet, es besagt: das wahre Wort, der Sachverhalt; später wurde daraus der Sachverhalt von den Göttern. Was heute mythisch ist, mag eine verzerrte und vollkommen veränderte Darstellung eines Sachverhaltes sein, es bedeutet jedoch nicht, daß es sich um erfundene Geschichten handelt. Sobald lautstark bezweifelt wird, daß alte Geschichten auf verlorengegangenen Tatsachen beruhen, sollten wir aufmerken. Damit ist schon Heinrich Schliemann gut gefahren, und auch Sir Arthur Evans war damit erfolgreich.

Es sind vor allem die Bruchstellen in den Mythologien, die uns interessieren sollten, alles das, was nicht zusammenpaßt, was kein Ganzes ergeben will, wenn man es zusammenlegt.

Historie, die geschriebene Geschichte des weißen Mannes, reicht nur die bereits erwähnten drei- bis sechstausend Jahre zurück. Doch die Geschichte der Menschheit ist älter und war den größten Teil der Zeit mutterrechtlich organisiert. Um eine Relation herzustellen: Die Entwicklung zum Menschen der Gegenwart wird auf rund eine Million Jahre geschätzt. Wenn hier von der matriarchalen Geschichte der Menschheit gesprochen wird, so ist ein Zeitraum von mindestens hunderttausend Jahren gemeint, wovon an manchen Orten unserer Erde Hochkulturen schon vor ca. 30 000 Jahren existierten; Hochkulturen, die sogar noch dann, als sie bereits über Schrift verfügten, für die wesentlichen Bereiche ihrer Kultur die matriarchale Ausdrucksform des Symbols bevorzugten und beibehielten. Angesichts dieser Zeit-Relation mag nachvollziehbar sein, daß manche Feministinnen die paar tausend Jahre Patriarchat wie einen geschichtlichen Unfall betrachten.

Ein Symbol hat gegenüber dem geschriebenen Wort (und auch gegenüber der Allegorie oder einem Piktogramm) den Vorteil, daß es vom Geist unter Umgehung des Intellekts verstanden wird. Will man wissen, was das Christentum ist, muß man das Neue Testament lesen. Sehr viel wirkungsvoller ist der Anblick eines Kruzifixes. Nicht ebenso wirkungsvoll, sondern wirkungsvoller; denn an dieses Symbol ist die Doppelbotschaft des Christentums gebunden, die sich im Neuen Testament nicht finden läßt und die jeder Mensch, der noch seine Sinne beisammen hat, weit von sich weisen würde, würde er sie entschlüsselt wahrnehmen können. Ist doch das Kreuz, das die Christen da anbeten, das gängige Folter- und Hinrichtungsinstrument zu Zeiten der römischen Besatzung in Israel gewesen. Der unter Qualen sterbende junge Mann, der daran genagelt wurde, vollendet die makabre Doppelbotschaft noch. Wir beten eine Freveltat an, begangen an dem von den Müttern aufgegebenen und von den Vätern ermordeten Sohn, und sollen das gleichzeitig geistig mit dem Begriff *Liebe* in Verbindung bringen. Wer immer noch nicht verstanden hat, was das Kruzifix mit unserem Unterbewußtsein anstellt, der stelle sich vor, wir würden statt dessen die Guillotine und einen in einem blutgetränkten Korb liegenden abgehackten menschlichen Kopf als Symbol für Gott, die Schöpfung und Liebe anbeten.

Weil die Macht der Symbole derart groß ist, waren sie im Mutterrecht den wesentlichen Dingen des Lebens vorbehalten, und ihre Bedeutung war nur wenigen Eingeweihten bekannt, um Mißbrauch zu verhindern, was demjenigen nur allzu verständlich erscheint, dem sich die Macht und Wirksamkeit der Symbole einmal erschlossen hat. Es ist jedoch dieses Bedürfnis nach Schutz vor Mißbrauch, das heute die Auffindung unserer Vergangenheit zusätzlich zur patriarchalen Vernichtung unserer Geschichte nicht gerade einfach macht.

Die Alten wußten sehr viel über diese Dinge, und wie es scheint, wußten sie darüber weitaus mehr als wir, die wir uns solcher Art von Wissen über den makabren Umweg von Wissenschaft nähern müssen (makaber deshalb, weil sie nicht aus Zufall so etwas wie das Antibiotikum hervorgebracht hat, was übersetzt bedeutet: gegen das Leben gerichtet, um zu heilen), wie es zum Beispiel in der Physik der Fall ist, wo mittlerweile akzeptiert wird, daß die Grenze zum Metaphysischen überschritten werden muß, wenn man dem Geheimnis des Lebens näherkommen will. Die alten Mütter kannten offenbar die Magie der Farben, sie kannten die Heil- und Giftwirkung der Kräuter, wußten um die Beseeltheit der Natur und waren mit den Zeichen vertraut, mit deren Hilfe man mit der unsichtbaren Welt in Verbindung tritt. Dies alles drückten sie in Symbolen aus, die von der *femme iniatrice*, der in bestimmte Mysterien und Künste eingeweihten Frau gehütet und weitergegeben wurden.

Welches die matriarchalen Symbole sind und wie sie zu verstehen sind, möchte ich in den nächsten Kapiteln erzählen. An dieser Stelle sollten wir uns noch ein wenig damit befassen, wie wir der Spur der alten Mütter folgen können. Vom »Sir-Arthur-Syndrom« war bereits im vorhergehenden Kapitel die Rede gewesen. Es besagt, daß für einen Dieb die Welt voller Diebesgut und anderer Diebe ist. Sigmund Freud hatte selber bedeutsame ungelöste sexuelle Probleme in seiner Ehe, daher war die

Welt für ihn voller Sexualprobleme, die ihn überforderten, weshalb er den klitoralen Orgasmus der Frauen leugnen mußte. Auch war für ihn die Welt eine Welt der Söhne, weshalb er das Kunststück fertigbrachte, trotz beinahe ausnahmslos weiblicher Patienten praktisch alle seine psychologischen Erkenntnisse in einer maskulinen Psychologie zum Ausdruck zu bringen. Befreien wir das »Sir-Arthur-Syndrom« jedoch von seiner Beschränktheit und betrachten es von seiner positiven Seite, so kann es uns durchaus sehr nützlich sein. Warum soll für eine Frau denn nicht die Welt voller Weiblichkeit sein?

Die Weiblichkeit, die wir bei unserer Suche in den alten Geschichten entdecken, ist größtenteils so abstoßend dargestellt, daß es schwerfällt, sie anzunehmen. Es wimmelt nur so von häßlichen, dummen, bösen und arglistigen Frauen. Das wird nur allzu verständlich, wenn wir uns vergegenwärtigen, wer denn diese Geschichten erzählt hat und weshalb. Ich bin mir ganz sicher, daß Jason Medeas Geschichte ganz anders dargestellt hätte als ich. Die Art und Weise, wie die Römer über die Gallier und die Kelten berichteten, war einerseits sicherlich auf das »Sir-Arthur-Syndrom« zurückzuführen, andererseits eine Frage von Feindbild. Die Frau als Feindin des Lebens zieht sich durch alle Überlieferung. Es ist eine auffallende Sache, daß in allen Märchen, die die Brüder Grimm zusammengetragen haben, es immer die Frauen sind, die schlecht dabei wegkommen, das Böse verkörpern und an allem Schuld tragen. Selbst dann, wenn es sich um ein Elternpaar handelt, das seine Kinder dem Hungertod im Walde preisgibt wie im Märchen von Hänsel und Gretel, so ist es die Mutter, die den schwachen Vater dazu drängt, die Kleinen loszuwerden.

In allen Schilderungen von den bösen Hexen, den

blutrünstigen Stiefmüttern, all diesen furchterregend menschenfeindlichen Weibern, die uns begegnen, steckt nicht nur die Angst des Mannes vor der Macht des Lebens und der Frau. Darin sind auch eine Reihe von Botschaften an die Frauen versteckt, deren wesentlichste die Kunde von der Niederlage der Weiblichkeit ist, die von Generation zu Generation weitergegeben wird. Darüber hinaus wird sie mit Warnungen an zukünftige Rebellinnen verstärkt, indem berichtet wird, wie schöne Jungfrauen von häßlichen alten Zauberinnen in einsamen Türmen eingesperrt werden oder hinter Schloßmauern betäubt dahinvegetieren wie in einem Alptraum und es Mädchen überhaupt sehr schlecht geht, wenn sie in die Hände von Frauen fallen und kein richtiger Mann in der Nähe ist.

Märchen lassen sich sicherlich beliebig interpretieren, genau wie Legenden und mythische Begebenheiten. Jeder kann hineinlegen, was paßt, und meistens funktioniert es auch. Das bedeutet nichts anderes, als daß es viele auf unterschiedlichen Erfahrungswerten basierende Wirklichkeiten gibt. Eine davon jedoch ist die, die sich aus dem Blickwinkel der Frauen gesehen vor uns ausbreitet. Wenn die dreizehnte Fee, die zu Dornröschens Geburt nicht eingeladen wurde, weil nur zwölf Gedecke vorhanden waren (worin sich die Umstellung des Kalenders von den dreizehn Monden keltisch-matriarchaler lunarer Zeitrechnung auf die zwölf Monate nach römischem solarem Kalender niederschlägt), wenn also diese dreizehnte Fee, die Dornröschen dann aus Zorn mit einem Fluch belegt haben soll, die Geschichte erzählt hätte, sie würde sich für uns ganz anders lesen. Dann würden wir möglicherweise erfahren, warum sie, die schwarze und mächtigste der Feen, eigentlich so aufgebracht war. Möglicherweise erführen wir dann etwas darüber, was es für das weibliche Erleben bedeutete, wenn die Zeitrechnung nicht mehr mit den lunaren Zyklen übereinstimmte. Vielleicht wurde damit eine Quelle der Erneuerung zugeschüttet.

Die Zeit, in der matriarchal organisierte Kulturen untergingen, variiert je nach geographischem Ort immerhin um ein paar tausend Jahre. Auch dürfen wir nicht übersehen, daß sich Veränderungen dieser Art trotz der Plötzlichkeit, mit der sich mancherorts patriarchal organisierte Männerhorden durchsetzten, langsam, über Jahrzehnte und Generationen vollzogen. Mutterrecht war auch nicht an bestimmte Völker und Hautfarbe gebunden. Daher lassen sich Spuren unserer Vergangenheit auf der ganzen Welt finden. Folgen wir darin dem Orakel, das einst dem Äneas, einem Sohn der Göttin Aphrodite, gegeben wurde und das sonderbarerweise auf lateinisch überliefert ist: »antiquam exquirite Matrem«, das heißt: Der uralten Mutter folget nach.

3. Kapitel

Die weibliche Ethik der Verbundenheit: Worauf Mutter- und Frauenrecht beruht

Es entbehrt nicht einer gewissen Ironie, daß wir bei der Definition von Mutter- und Frauenrecht auf einen ausgesprochen patriarchalen Begriff angewiesen sind, mit dem die Nachkommen der Eroberer versuchten, über den Intellekt das wiederherzustellen, was ihre blutrünstigen Vorfahren an selbstverständlicher Natürlichkeit vernichtet hatten. Es ist die Rede von dem Begriff *Ethik*. Das Lexikon definiert Ethik als die Lehre von den Normen menschlichen Handelns und deren Rechtfertigung. Mit dem Begriff der Ethik sind Namen wir Aristoteles, Sokrates und Platon verbunden, ja man könnte sie als Schöpfer dieses Begriffs und des dahinterliegenden philosophischen Gedankens ansehen. Sie und ihresgleichen waren die ersten namhaften Vertreter der neuen Gesellschaftsordnung, des Patriarchats, die sich die Hände nicht mehr selber schmutzig machten wie ihre rauhbeinigen Ahnen. Wozu denn auch, die Verharmlosung und Domestizierung der wilden Frau war schon lange gelungen, ja die wilde Frau war bereits zu Lebzeiten dieser berühmten Kopffüßler eine Legende geworden.

Die Ereignisse in Troja und Mykene galten schon damals, nur etwa tausend Jahre, nachdem sie geschehen waren, als Fiktion eines alten blinden Mannes namens

Homer, der sich die Zeit mit Geschichtenerzählen vertrieben hatte, und von dem man gar nicht wußte, ob er am Ende nicht auch eine Erfindung von sich selbst war. Alles, was vor diesen sowieso von Homer erfundenen Ereignissen lag, konnte es gar nicht gegeben haben. Die Amazonen waren bereits zum lächerlichen Kinderschreck mutiert, aus der mächtigen Göttin Circe bzw. Kalypso war eine windige Zauberin geworden, unter Furien verstand man keifende Hausdrachen – und im übrigen war alles erstunken und erlogen.

Wenn auch die Erzählungen noch nicht vor Erhabenheit troffen, weil das Abendland und der deutsche Studienrat noch nicht erfunden waren, so legte die klassische Antike doch über alles in den schon für sie alten Kamellen eine Art schwules Heldenpathos, das auch bei bestem Willen nicht mehr als latent bezeichnet werden kann. Frauen fristeten zu dieser Zeit vor allem als nörgelnde Über-Muttis ihr Leben, angefangen bei der zur eifersüchtigen besseren Hälfte heruntergekommenen Göttin Hera bis hin zur Sokrates-Gattin Xanthippe, deren Name bis heute Synonym für Streitsucht ist, obwohl er übersetzt »hellhaariges Pferd« bedeutet und wie eine Hommage an die kampfesmutigen Amazonen klingt, den wilden Roßbändigerinnen der versunkenen Zeit, die sich gern das Pferd (gr. hippos) an ihren Namen hängten. Während Sklaven unter der Aufsicht gut und sicher verheirateter Damen die Schmutzarbeit erledigten, hockten diese Männer irgendwo herum und redeten *über* das Leben, anstatt es zu *leben*; ähnlich wie es heute noch Vertreter mancher zu Recht brotloser Berufe wie Germanisten, Soziologen oder Philosophen machen. Sie schufen Ethik. Das heißt, sie sagten andern: »Du sollst«. Später machten die Römer daraus Gesetze. Wir halten das bis heute für normal und natürlich und wüßten gar nicht, wie Leben ohne solche Regelungen jemals zu bewältigen wäre.

An anderen Orten und zu anderen Zeiten sah es nach dem Zusammenbruch der Mutterreiche nicht viel besser aus. Seit die Hebräer, die bei ihrem Auszug aus Ägypten nach Erkenntnis der amerikanischen Autorin Merlin Stone vor allem aus Männern bestanden, angeführt von Moses nach Kanaan gelangt waren und dort im Land, wo Milch und Honig floß – einem Synonym für Matriarchat – alle Menschen bis auf die gerade eben geschlechtsreifen jungen Mädchen umbrachten, brauchten sie offenbar niedergeschriebene Spielregeln. Sie sind uns bis heute als die »Zehn Gebote« erhalten und haben nach wie vor Geltung, die unkritisierbar ist, denn sie gelten als Gottesgesetz. Betrachtet man die Gebote heute genauer, so muß man sich leise zweifelnd fragen, was das damals für Leute gewesen sein müssen, die diese Art der Ansammlung von lauter »Du sollst« notwendig gehabt haben.

Es ist immer interessant, welche ethischen Normen in welcher Gesellschaft oder Gruppe existieren. Sie erzählen zunächst davon, wie es dort zugeht, wo diese Normen vorhanden sind. Wenn es notwendig ist, jemandem schriftlich vorzuschreiben, daß er nicht töten darf, so erzählt diese Vorschrift davon, daß in einer solchen Gesellschaft Mord und Totschlag als Umgangsform existieren. Gesellschaften, die keinen Mord kennen, brauchen auch keine Gesetze dagegen. Die Norm der Elternpflicht gibt es nur, wenn es verantwortungslose Eltern gibt. Kein Mensch macht sich Gedanken über Haarausfall, wenn er alle Haare auf dem Kopf hat.

Man kann sogar noch weitergehen: Nur Gesellschaften, die aus der natürlichen Ordnung der Welt herausgefallen sind, brauchen Normen, um die Welt in Ordnung zu halten. Nur wer das Leben nicht versteht, muß nach Erklärungen suchen und wird auf Richtlinien angewiesen sein, die ihm den Weg weisen. Ich glaube kaum, daß es jemals notwendig ist, meine Katzen darauf aufmerksam zu machen, daß es ihre Pflicht ist, ihre Kinder zu nähren, zu wärmen und zu lieben, und sie alles zu lehren, was diese wissen müssen, um gute Katzen zu werden. Ich zweifle auch nicht daran, daß sie nicht selbstverständlich wissen, wie und was eine ordentliche Katze ist. Allerdings gibt es auch hier Ausnahmen, wenn der Mensch in das Leben der Tiere eingegriffen hat und auch sie aus der Ordnung der Welt hat herausfallen lassen. Dann finden wir auch bei ihnen lieblose Mütter und Lebensgesetze verletzende Väter.

Wir, die Mitglieder patriarchaler Gesellschaften, haben uns daran gewöhnt, daß es Instanzen gibt, die uns ein »Du sollst« vorhalten. Und wir sind keinesfalls irritiert, daß ein »Du sollst« interessante Reaktionen bei uns hervorruft, die am Ende auf die Existenz von Kontrollen, Sicherheitsmaßnahmen und Strafvollzug hinauslaufen. Keinesfalls nehmen wir dies als Beweis dafür, daß bei uns etwas nicht stimmt, wenn es offensichtliche Formen von »Ich kann nicht« gibt. Jedes »Du sollst« macht nur dann einen Sinn, wenn es auf »Ich kann« trifft. Jedes »Ich kann« jedoch macht ein »Du sollst« vollkommen überflüssig. Darin besteht die Absurdität des Versuchs, Leben intellektuell begreifen zu wollen.

Wir Menschen sind Lebewesen, die zweifellos auf die Fähigkeit des sozialen und intellektuellen Lernens angewiesen sind, denn Wesentliches, welches wir zur Lebensbewältigung benötigen, ist uns nicht angeboren. Wissen aus diesen Lebensbereichen muß weitergegeben werden, von Generation zu Generation. Es ist ein kostbares Gut, und wie wir wissen, kann es zum Machtmißbrauch manipuliert werden oder gar verlorengehen. Aber wir sollten uns hüten, uns aufgrund unserer Fähigkeit zur Bewußtheit im Vergleich zu anderen Lebewesen auf Erden als etwas Besonderes zu betrachten.

Vielleicht mögen die Dinge, die wir können und beherrschen, uns zu herausragenden Geschöpfen der Schöpfung machen, jedoch sind es die Dinge, die wir im Vergleich zu anderen Lebewesen nicht, beziehungsweise nicht mehr können, die uns existentiell fehlen. Auf sie kommt es offenbar an, denn alles, was wir können, schafft unsere Probleme nicht aus der Welt. Ihr Mangel ist es, der uns zu diesen einzigartig degoutanten Parasiten des Planeten hat werden lassen. Und es sind diese Dinge, die wir nicht können, auf die sich unsere Hoffnung richtet.

Welches sind die Dinge, die wir nicht können? Es sind jene Dinge des Lebens, die die Ethik weiblicher Macht ausmachen.

Das Wort Mutterrecht beziehungsweise Matriarchat existiert in dem von uns mittlerweile verwendeten Sinne erst seit etwa hundert Jahren. Es ist eine Wortschöpfung des Schweizer Professors Johann Jakob Bachofen, der »in tiefster innerer Vereinsamung das weibliche Weltalter am unteren Saum der Geschichte« entdeckte, wie Bertha Eckstein-Diener alias Sir Galahad schrieb. Bachofen nannte seine Wiederentdeckung nach dem markantesten juristischen Merkmal. Dahinter verbirgt sich eine für unsere Auffassung vom Leben fremde, aber faszinierende Welt der Gedeihlichkeit.

Mutterrecht existiert aus sich heraus, das heißt, es basiert auf der Notwendigkeit des Lebens. So gesehen gibt es keine Ethik weiblicher Macht, und doch benötigen wir diesen Begriff, um zu verstehen, was wir nicht mehr von selbst erkennen.

Mutterrecht geht davon aus, daß die Lebensbereiche Ökonomie, Ökologie, Geburtshilfe und Medizin, Religion, Philosophie und Magie sowie Kultur und Kunst ureigene Bereiche weiblicher Macht sind. Wie wir später sehen werden, decken sich diese Bereiche mit den sieben Aspekten von Weiblichkeit, wie sie im Kapitel 2, Teil 2 dieses Buches erwähnt wurden.

Vor allem aber beruht matriarchale Macht auf Verbundenheit an Stelle von Herrschaft. Mutterrecht kennt aus der Erfahrung des »eigen Fleisch und Blut«, der Bedeutung des Geburtswunders, nur die Abstammung in weiblicher Linie. Der Vater galt als nicht mit den Kindern verwandt. Jeder Unterschied zwischen ehelicher und unehelicher Geburt ist daher nicht relevant, weil alle Kinder dem Rang der Mutter folgend ihren Namen tragen. Anstelle des biologischen Erzeugers der Kinder sind es die Brüder der Mutter, die die wichtigen männlichen Bezugspersonen für die Kinder darstellen. Man maß der sozialen Bindung mehr Bedeutung zu als der an vergleichsweisem Aufwand nicht gerade beeindruckenden Samenspende.

Die Beziehung zwischen diesen Onkeln und ihren Nichten und Neffen war so eng und bedeutend wie heute die Beziehung zwischen einem Vater und seinen Kindern. Sie spielte eine so wesentliche Rolle, daß noch bei den radikal patriarchalen Römern für Mutterbruder und Vaterbruder zwei verschiedene Bezeichnungen existierten und rechtlich genau zwischen ihnen unterschieden wurde. Mutterbrüder sind auch die einzigen Männer, denen in der uterinen Sippe Einfluß zugestanden wird. Da jeder Mann eine Mutter hatte und viele ein Mutterbruder waren, kamen die Männer in der Frage von Macht und Einfluß durchaus nicht zu kurz. Es gab keinen Anlaß, sie zu unterdrücken, aber auch keinen, sie zu überschätzen.

Verbindungen wie unsere monogame Ehe existieren nicht. Die uterine Sippe, daß heißt, die aus einer Mutter hervorgegangenen Menschen, war die kleinste Einheit menschlichen Zusammenlebens. Bindung ist ein Begriff, der ausschließlich die Beziehung zwischen der Mutter und ihren Kindern, die sie entbunden hat, kennzeichnete. Die Beziehung, die zwischen den Erwachsenen einer uterinen Sippe besteht, charakterisieren eher Begriffe wie Zugehörigkeit und Verbundenheit. Mütter von kleinen Kindern sind nach Mutterrecht die einzigen Menschen, die aufgrund der natürlichen Abhängigkeit des Kindes nicht frei über die eigene Person verfügen können, weshalb ihnen für die Zeit der Mutterschaft jede Form der Hilfe und Unterstützung zustand: Frei über die eigene Person zu verfügen, war Grund- und Urrecht in den Frauenreichen. Das Prinzip der Verbundenheit ist die Form des Zusammenlebens, die auf Verantwortlichkeit und natürlicher Freiwilligkeit beruht und daher die freie Verfügung über die eigene Person garantiert.

Mehrere uterine Sippen, die auf eine gemeinsame Urmutter zurückgehen, verbinden sich zu einem Stamm. Dieser mag mit anderen Stämmen verflochten sein. Sich abgrenzende Staaten sind unbekannt und machen im matriarchalen Denken keinen Sinn. Was gibt es für Vater Staat denn schon zu reglementieren, wenn doch Mutter Erde alles bereithält, was man zum Leben braucht? Weil sexuelle Liebe nicht mit wirtschaftlicher Existenzsicherung verquickt war, bildete sie die Basis für den gegenseitigen freundlichen und liebevollen Umgang der Angehörigen der Stämme und Sippen untereinander. So enthüllt sich die Bedeutung sexueller Lust als ein über das für die Fortpflanzung notwendige Vehikel hinausgehendes Mittel zur Lebensfreude. Das gegenseitige sexuelle Interesse an den Angehörigen der anderen Sippen und Stämme war eine natürliche Form der Friedensgarantie, weil sich ein Interesse dieser Art nun einmal nicht mit kriegerischen Feindseligkeiten verträgt.

Will man matriarchales Denken und Leben charakterisieren, so greift man beinahe zwangsläufig zu Begriffen wie Verbundenheit, Verflechtung, Verknüpfung und Verwobenheit. Es sind Begriffe, die auf zutiefst weibliche Tätigkeiten hinweisen. So ist es kein Zufall, daß matriarchale Gesellschaften weltweit die Große Weberin als Schicksalsgöttin verehrten, wie auch die umfassende Religiosität nicht überrascht, die aus einer tiefen Verbundenheit mit der Natur resultiert. Da matriarchale Gesellschaften die Erde stets als heilig betrachteten, waren alle Handlungen, die sich auf sie bezogen – auch die alltäglichen – Gottesdienst.

Es ist immer die älteste, die Mutter der uterinen Sippe, die alles besitzt, und dennoch ist alles auch kollektiver Besitz der Sippe, denn Haus, Gerätschaften und Boden sind die Grundlage der Ernährung aller. Wir wissen heute, daß unsere ursprüngliche Vorstellung der vorhistorischen Zeit – vom Jäger und Sammler zum Akkerbau – nicht stimmt. Die Beute der jagenden Männer gab zu keiner Zeit so viel her, daß eine Sippe damit auch nur ein Jahr hätte überleben können. Es war ein willkommenes Zubrot, aber mehr auch nicht. Die Ernährung der Sippe wurde stets durch arbeitende Hände gesichert, und die waren immer weiblich. Deshalb wäre es unsinnig, matriarchalen Besitz auf dem Ausschuß anderer basierend anzuhäufen, damit bei diesen anderen durch Mangel Bedürftigkeit entsteht, der dann in gegenseitiger Raffgier endet.

Statt Erstgeburtsrecht herrscht Letztgeburtsrecht. Vererbt wird immer an weibliche Nachkommen. Das hat eine bezwingende Logik. Was letztlich wirklich vererbt wird, ist nicht die exklusive, das heißt andere ausschließende Nutznießung des Besitzes, sondern vererbt wird die Verantwortung für das Wohlergehen der Sippe. Daher wird die alte Mutter nicht entsprechend ihrem patriarchalen Pendant, dem alten Vater, den Besitz so lange wie möglich in ihren gichtigen Fingern festhalten, sondern weitergeben, wenn ihre Potenz nicht mehr ausreicht. Es ist für sie damit kein Verlust an Prestige oder Existenzberechtigung verbunden, denn als die schwarze Mutter der Weisheit und des Todes ist ihr Platz im Matriarchat gesichert.

Matriarchale Gesellschaften waren Gesellschaften, in denen es so etwas wie entfremdete Arbeit nicht gab. Entfremdete Tätigkeiten sind die, die nicht auf direkte Weise zum Lebenserhalt beitragen, wie es beispielsweise Jagen, Säen, Ernten, Nähen, Bauen sind, die überdies im Zusammenhang mit dem Ort des Lebens stehen, während entfremdete Arbeit stets getrennt vom Lebens- und Wohnraum erfolgt. In Gesellschaften mit nicht entfremdeter Arbeit sind es vor allem die Frauen, die die wesentliche Arbeit leisten, Arbeit, die das Überleben der uterinen Sippe garantiert. So ist es nach Mutterrecht naheliegend, den Besitz in die Hände derer zu legen, die die Verantwortung tragen, indem sie diese Arbeit leisten.

Wir wissen, daß patriarchales Besitzdenken, das nach Hans Pestalozzi in »soviel wie möglich« besteht, in den globalen Bankrott führt. Weibliches Besitzdenken besteht in »soviel wie nötig«. Der Unterschied zwischen beidem ist so eklatant wie der Unterschied zwischen Kapitalismus und freier Marktwirtschaft. Die kapitalistische Maxime bedeutet, durch die Erweckung künstlicher Bedürfnisse Krieg mit anderen Mitteln gegeneinander zu führen, während die freie Marktwirtschaft auf der Fähigkeit des Erkennens von Bedürftigkeit und ihrer Befriedigung beruht, einer wahrlich mütterlichen Eigenschaft. Der Ausweg aus dem Würgegriff des Kapitalismus, der »Zuvielisation« wie die Schweizer Psychotherapeutin Ruth C. Cohn es so treffend nannte, liegt nicht im Sozialismus. Daher sind Matriarchate auch nicht urkommunistisch oder ursozialistisch, wie immer gern behauptet wird.

Wird ganz darauf verzichtet, Besitz persönlich zu besitzen und alles dem Kollektiv übereignet, so zieht der Verlust an Verantwortung, den das für den einzelnen mit sich bringt, einen Kompetenzverlust nach sich, der auf andere Weise als der Kapitalismus in den Untergang führt, wie nach dem Untergang der kommunistischen Alternative zum Kapitalismus zu erkennen ist.

Ebensowenig wie die Raffgier der »Zuvielisation« kennt Frauenrecht die Selbstverständlichkeit der Tötung als existierende Umgangsform untereinander, weil Leben, das von den Frauen unter Mühsal bis hin zur Riskierung des eigenen Lebens gegebene Leben das Kostbarste ist, das matriarchales Recht kennt. Das Gesetz des Lebens ist Liebe und die ist ihrer Natur nach weiblich, symbolisiert in der Mutter mit dem Kinde. Das bedeutet, daß alle einer Art einander als ihresgleichen erkennen, denn alle kommen aus einer Mutter. Es bedeutet sogar, daß alles, was lebt, alles andere, das ebenfalls auf seine Weise lebt, als vom Wunder des Lebens berührt erkennt und achtet, denn alle Lebewesen haben Mütter.

»Alle Menschen gehören als Gattung zu den gruppenhaft lebenden Geschöpfen, was lebensgefährdende innerartliche Aggression von vornherein ausschließt. Mit anderen Worten: Hätten schon in der Vergangenheit unserer Spezies solch schwere Konflikte zwischen den Geschlechtern geherrscht wie während der letzten rund zweieinhalb Jahrtausende und noch gegenwärtig, dann wären wir niemals zu Menschen geworden, sondern schon vorher ausgestorben« (Gisela Bleibtreu-Ehrenberg, in: Vom Schmetterling zur Doppelaxt).

Wir sind als einzelne schwach und hilflos und benötigen den Schutz und die Liebe von unseresgleichen, um überleben zu können. Weil wir vergessen haben, daß es so etwas wie gesunden Instinkt gibt, nennen wir diese Fähigkeit seit dem Untergang des Mutterrechts und der Erfindung der Ethik soziale Intelligenz. Diese Form der sozialen Intelligenz findet sich bei allen höher entwickelten Säugetieren, die gleich uns zu den gruppenhaft lebenden Geschöpfen gehören. Wenn wir genauer hinschauen, wie diese anderen Säugetiere leben, so finden wir bestes, reinstes, klarstes Mutterrecht.

Sie leben alle in sogenannten Tantentgesellschaften, das bedeutet: viele Weibchen, wenig Männchen. Die Weibchen bleiben unter sich im inneren Kreis. Die Männchen schweifen peripher, allein oder in Gruppen. Auch hier mag die patriarchale Hypnose zu einer Art zoologisch-soziologisch-ethnologischem Astigmatismus geführt haben, einer verkrümmten Sicht, die verhindert hat, daß wir Menschen aus dem, was sich doch vor unserer Nase abspielte, die richtigen Schlüsse zogen, wenn wir schon nicht mehr selber artgerecht lebten. Nach patriarchalem Denken ist es nur logisch und keinesfalls ein peinlicher Denkfehler, geschweige denn albernes Wunschdenken, daß der Hirsch einen Harem von Hindinnen *besitzt*, die alle ganz wild auf ihn sind und ihm nachrennen. Nach matriarchalem Denken ist es das sehr wohl. Nicht einmal kommt einer auf die Idee, darüber nachzudenken, wie die herrschenden Machtverhältnisse bei Hirschens tatsächlich liegen. Es gehört schon ein gerüttelt Maß an eitler Ignoranz dazu, den Mangel an Mitteln zur Unterdrückung zu erkennen, die notwendig wären, wollte ein Hirsch zehn Hindinnen als Besitz im Griff behalten. Nach matriarchalem Denken besitzen daher viele Hirschdamen zur Fortpflanzung und ihrem Schutz den schönsten, kräftigsten und intelligentesten Hirschen. Kann er hinten nicht mehr hoch, kommt ein neuer fescher Hirsch auf diesen Platz. Der alte König muß sterben, und der neue, der die Prüfung bestanden hat, erhält den begehrten und hochdotierten Job. Das Zentrum des Lebens aber sind die Damen Hirsch und ihr Nachwuchs und niemand sonst.

Die Mutter mit dem kleinen Kind im Arm ist in der Tat das Zentrum allen Lebens und dennoch auch bei uns bei weitem das verletzlichste Mitglied der Gattung. Sie bedarf der Gemeinschaft, Hilfe und Unterstützung anderer Frauen, von denen sie lernt, was nicht angeboren ist, und die sie entlasten, wo ihre eigenen Kräfte nicht reichen. Wie ist es nur möglich, daß dieser Anblick zu Unterdrückung und Lieblosigkeit verführt und nicht zu liebevollem Schutz? Niemals werde ich es verstehen, warum Mütter mit kleinen Kindern um Sozialhilfe ansuchen müssen wie bei uns, und nicht ein Spitzengehalt vom Staat erhalten.

Wie es sein könnte, soll die Lebensweise zweier Arten zeigen, deren Kinder genau wie unsere lange brauchen, bis sie ausgewachsen sind. Es sind dies die Elefanten und die Delphine. Delphinfrauen können bei ihrer Niederkunft selbstverständlich darauf rechnen, daß mindestens zwei andere ihr Geburtshilfe leisten. Während sie am Meeresboden liegend damit beschäftigt ist, zu gebären, streichen sie ihr mit der Nase über den Bauch, sie stützen sie und stehen ihr bei. Sobald das Kleine geboren ist, wird es von den zwei Tanten sofort an die Wasseroberfläche gebracht, damit es seinen ersten Atemzug tun kann, während die erschöpfte Mutter auf dem Meeresgrunde liegenbleibt und sich ausruht. Delphinkinder brauchen zwölf bis vierzehn Jahre, bis sie ausgewachsen sind. Sie sind häufig Einzelkinder, was für ihre soziale Entwicklung jedoch vollkommen unerheblich ist, da sie ja in der Gruppe der Mütter und Tanten leben und daher in Gemeinschaft von Kindern aller Altersstufen. Delphin- und Elefantenfrauen bekommen meistenteils erst dann das nächste Kind, wenn das erste erwachsen ist, oder auch kein weiteres. Auf diese Weise kommt es nicht zu einer Überpopulation. Dies schafft überdies den Freiraum für die gegenseitige Verbundenheit und aktive Lebenshilfe.

Auch Elefantenkinder erlangen die Geschlechtsreife so spät wie unsere, auch sie sind dann für eine Weile noch pubertierende Teenager, die allen Erwachsenen schwer auf die Nerven gehen können. Elefanten kennen ebenfalls wie die Delphine die Selbstverständlichkeit weiblichen Zusammenlebens in einer Art innerem Kreis und die Unterstützung junger Mütter durch kluge und erfahrene Tanten. Für alte weibliche Mitglieder gibt es sogar so etwas wie ein Rentensystem, ein interessantes Phänomen, das bei den im weiblichen Verband jagenden Löwen ganz besonders auffällt. Alte Löwinnen, die nicht mehr stark und schnell genug für die Jagd sind, werden von den jungen Löwinnen mitgefüttert. Wer an dieser Stelle danach fragt, warum denn alte Löwenmänner nicht auch gefüttert werden, der sei noch einmal darauf hingewiesen, daß es keine alten Männer gibt, weil sie von den jungen verjagt werden. Männergesetz ist kein Gesetz der Verbundenheit, sondern der Konkurrenz, das, wenn es durch Dominanz pervertiert, in Unterdrückung, Gewalt und dem Verlust der innerartlichen Tötungshemmung endet.

Die alten Mütter wirkten, indem sie walteten und verteilten, bei ihnen herrschte Ordnung ohne Verordnung. Ihr Schutz und ihre Liebe fanden dort ihre Grenzen, wo es für die Nachkommen an der Zeit war, selbst Verantwortung zu tragen. Über diese Grenze schritt man nicht ohne Angst und Schrecken, aber auch nicht ohne Begleitung und Hilfe kundiger Initiationslehrer. Und vor allem wurden Prüfungen dieser Art nach Geschlechtern getrennt vorgenommen. Wenn es soweit war, wurden die Söhne fortgeschickt zu den Männern, wo sie die ihnen eigenen Dinge des Lebens lernten, falls sie sie überlebten. Die Töchter jedoch wurden auf ihre eigene Macht, oder besser gesagt, die eigentliche Macht vorbereitet.

4. Kapitel

Die Macht der Finsternis

Morgaine Le Fay, die Fee Morgana, die uns aus den keltischen Sagen überlieferte Schwester des nicht minder sagenhaften König Artus, wird uns seit dem Mittelalter als böse Zauberin beschrieben. Man sagt, sie habe alle Mächte der Finsternis eingesetzt, um die Liebe zwischen König Artus und seiner ihm christlich angetrauten braven Gattin Gwenhwyfar, einer Vorgängerin der lieblichen Lady Diana, zu hintertreiben. Man munkelt, Morgaine, die auch die Herrin vom See genannt wurde, Hohepriesterin der mythischen Frauen-Insel Avalon, habe sich in dunklen Nächten dem Gehörnten heimlich, aber schamlos in einer Höhle hingegeben. Auch wird erzählt, sie habe in Blutschande ein Kind mit Artus, ihrem leiblichen Bruder gezeugt, wovon Artus allerdings keine Ahnung gehabt haben soll. Sie wurde als eher kleingewachsen beschrieben, mit dunklen Haaren und Augen, nicht unbedingt schön, eigentlich genau so, wie später bis hin zu den Hollywood-Filmen der gewisse böse, widerborstige, heimtückische Frauentypus entwickelt wurde, der nichts anderes im Sinn hatte, als die sanften, lieblichen, sauber gewaschenen Blondinen mit den langen Beinen und den großen Füßen in schwierige Situationen zu intrigieren.

Wir haben es der unvergleichlichen Marion Zimmer-Bradley zu verdanken, die Geschichte so sehen zu können, wie sie sich statt dessen abgespielt haben könnte, jene Männer-Geschichte von König Artus und seinen Freunden, den Rittern der Tafelrunde und der Suche nach dem heiligen Gral, die in Zimmer-Bradleys Version zur Geschichte von Morgaine wird, der Verteidigerin alter mutterrechtlicher Lebensweisen. Sie will die alte Weiberreligion retten gegen das aufkommende und immer mächtiger werdende Christentum mit seiner für Kelten nicht unbedingt und ohne weiteres nachvollziehbaren Anbetung eines eifersüchtigen orientalischen Berggottes und einem hingerichteten Helden als seinem mutmaßlichen Sohn, dessen Leichnam als Symbol für Liebe gilt.

Man kann in der Tat sagen, Morgaine sei eine Hexe gewesen. Sie stand zweifellos mit den Mächten der Finsternis in Verbindung. Sie hatte Erfahrung mit Ekstase und Wahnsinn und kannte die Mittel, mit deren Hilfe man die unsichtbare Welt berührt. Sie war daher eine mächtige Frau, und als Hexe dürfen wir sie deshalb bezeichnen, weil wir zwei Definitionen dafür gelten lassen wollen: Zum einen als Bezeichnung für den Beruf der mutterrechtlichen Priesterin aus versunkener Zeit, der dadurch von der verklemmt-blutarmen Bedeutung des Christentums befreit wird, und zum anderen als Protest und Gegengewicht gegen die Rationalität von Theologie und Technik, einer höchst unheiligen Allianz des Patriarchats.

Die Hexe Morgaine, die Herrin vom See, war eine fähige Priesterin der alten Weiberreligion. Ihre Geschichte erzählt von der historischen Verbindungsstelle, an der eine Religion erst zu schwarzer Magie erklärt und dann dazu *gemacht* wurde. Bis dahin galt nach wie vor nach gutem altem Mutterrecht, daß jemand, der aufgrund von Fähigkeit und Talent für geeignet angesehen wurde, dennoch eine lange Zeit der Ausbildung und Prüfungen zu überstehen hatte, bevor ihm gestattet wurde, diese Macht auszuüben. Man wußte von der großen Macht und Gefährlichkeit der Welt der Finsternis, wie heute den Ärzten die Gefährlichkeit von Medizin und Pharmazie bekannt ist. Dem stand von da an die Unwissenheit und Naivität einer christlichen Priesterschaft gegenüber, die als Eignung für diese Art der Machtausübung nur den kindlichen Glauben an Gott mitzubringen hatte. Weil sie selber keinen Zugang zu den Mächten der Finsternis hatten, waren die Christen der Ansicht, es handle sich bei diesen unverständlichen Dingen entweder um Hexerei und Schadenszauber oder um taschenspielerischen Hokuspokus. Um sich vor dem Teufel zu fürchten oder Satan anzubeten, muß man ein Christ sein. Heiden glauben aus guten Gründen nicht an den Teufel.

Was sich damals tatsächlich unversöhnlich gegenüberstand, war die symbolische Austreibung aus dem Mutterschoß mittels Initiation versus die symbolische Rückkehr in den Mutterschoß mit der Absicht des Verbleibs darin bis in alle Ewigkeit. In der intra-uterinen Kirche wurden die Söhne vom Leben und der Verantwortung dafür verschont, konnten sie drinnen schalten und walten, wie sie wollten, ohne jemals erwachsen werden zu müssen und ohne jemals zur Rechenschaft gezogen werden zu können.

Ein Kind muß erwachsen werden, wenn die Welt nicht auf dem Kopf stehen soll. Man muß es aus dem Nest stoßen, auch auf die Gefahr hin, daß es stürzt und zerschellt, statt am Ende fliegen zu können.

Ein Kind ist ein abhängiges Wesen, das auf den

Schutz und die Liebe anderer angewiesen ist. Es ist ein ausschließlich nehmendes Wesen, und das ist sein Geburtsrecht. Das darf allerdings nicht sein Leben lang so bleiben, wenn aus dem Kind ein Mensch werden soll. Würden wir im Kindheitsstatus verweilen, diesen ersten Schritt in die Eigenständigkeit nicht tun, so blieben wir ein Menschenfragment, ein steckengebliebener Entwurf, niedergesunken auf Haustierstatus, jedoch mit zunehmendem Alter auch noch ohne den Liebreiz, den eine Hauskatze an unserer Stelle zu bieten hätte.

Der Übergang vom Kind zum Erwachsenen ist beileibe nicht der einzige Grenzübertritt, den wir im Laufe unseres Lebens zu vollziehen haben. Das Leben besteht aus der Notwendigkeit unausgesetzter, siegreicher Ablösungen von Lebensphasen, in denen wir nur für eine bestimmte Zeit verweilen dürfen, bis sie sich in uns erfüllt haben. Vor dem Übergang in das Erwachsenenleben, der sich genaugenommen in drei bedeutungsvolle Grenzübergänge aufteilt, haben wir mit unserer Geburt den Übergang in die stoffliche Welt vollendet, der gemeinsam mit dem Tod wesentlichsten Wanderung über Grenzen. Dann gibt es noch die Grenze zwischen der freien Jungfrau, das heißt der kinderlosen Frau und der Mutter. Nicht minder wesentlich ist die Grenze von der Mutter zur weisen Frau, die überschritten werden muß, wenn die Kinder aus dem Haus gegangen sind.

Der Sprung in die Erwachsenenwelt vollzieht sich im ersten Teil etwa um das siebte Lebensjahr herum, woran unsere Schulpflicht noch entfernt erinnert. Der zweite Sprung ist der in die Sexualität, zu dem ein Kind um das vierzehnte Lebensjahr herum ansetzt. Unglücklicherweise ist dieser Grenzübergang mittlerweile der einsamste geworden, den wir erleben, indem wir dank der Angst des Patriarchats vor echtem Materialismus und wirklicher Körperlichkeit verlassen und verwirrt vor dem Eigenleben unseres *Unterleibs* (ein Wort, das man sich auf der Zunge zergehen lassen muß) stehen und versuchen, irgendwie durchzukommen in die Welt der Erwachsenen, was dann immer folgenreich danebengeht.

Um zur Jungfrau, der frei schweifenden, ungebundenen, sexuellen jungen Frau zu werden, ist noch ein dritter Sprung notwendig, der zumeist um das 21. Lebensjahr herum geschieht. Dieser Grenzübertritt wurde in den alten Zeiten mit der sogenannten Heiligen Hochzeit begangen, einem rituellen Akt, der nicht annähernd etwas mit dem hochzeitlichen Brauchtum unserer Tage zu tun hatte, wo Pfarrer und Standesbeamter nette Worte finden für nette Menschen, die sich versprechen, ein Leben lang nett zueinander zu sein. Was allerdings zumeist nur für den Tag der Eheschließung zu gelten scheint, betrachtet man die Lieblosigkeit, mit der die meisten dieser an ihrem schönsten Tag des Lebens so netten Leute den Rest ihrer Tage miteinander umgehen.

Bei dem Grenzübertritt der Jungfrau, dem dritten Siebenersprung fand die sexuelle Vereinigung zwischen der die Göttin repräsentierenden Jungfrau mit dem wilden Mann statt. Der wilde Mann, der animalische, erdhafte, sexuelle Aspekt des Mannes, der sich in Tierfelle gehüllt und mit einem Stierschädel oder Hirschgeweih auf dem Kopfe auf den Weg zur Göttin zu machen hatte, der in der Dunkelheit mit den Tieren zu kämpfen hatte, in das Labyrinth hineinzufinden und nach der Heiligen Hochzeit wieder herauszufinden hatte, war jener Gehörnte, mit dem sich Morgaine Le Fay vereinigt hatte als letzte Prüfung für ihr Priesterinnenamt. Dies waren die geheimnisvollen Dinge, die in den prähistorischen, bemalten Höhlen in Lascaux Altamira und anderswo stattfanden, vor denen aufgeregte Archäologen und brave Brauchtumsforscher nun heute stehen und von Jagdzauber faseln. Die christlichen Naiverln machten dann dank Unkenntnis aus der Heiligen Hochzeit eine Art fröhlich-schauderndes Lucifer-Jamboree und aus dem wilden Mann den bösen Höllenfürsten, der brave Mädchen zu schlimmen Spielen verführt. Auch noch an dem an seiner im patriarchalen Sinne sexuell untreuen Gattin Leidenden ist noch ein Hauch des wilden Mannes hängengeblieben, wenn es heißt, sie habe ihm Hörner aufgesetzt. Schwarzmagischer Hexensabbat und Heavy-Metal-Plattencover sind mittlerweile alles, was uns zu den Mächten der Finsternis einfällt.

Artus hätte niemals König werden können, hätte er nicht die Initiation der Heiligen Hochzeit überstanden. Interessanterweise hat der derzeitige japanische Kaiser diese Initiation aus der Vergessenheit wieder in die Welt zurückgeholt. Er vereinigte sich in einem geheimen nächtlichen Ritus mit einer Repräsentantin der japanischen Sonnengöttin, bevor er offiziell den Thron bestieg.

Bei jedem Grenzübergang sind es die Mächte der Finsternis, denen wir begegnen. Diese Bezeichnung ist fern aller nostalgischen Romantik. Mächte der Finsternis sind so real, daß man ohne weiteres an ihnen zerbrechen kann, wenn man nicht gelernt hat, mit ihnen umzugehen, sofern man sich einbildet, sich unaufgefordert ihnen nähern zu dürfen. Sie haben aber nichts mit dem Teufel und seiner Großmutter zu tun, nichts mit Geistern und Tischerücken und auch nichts mit satanischen Sado-Versuchungen oder wie gemeinhin diese Dinge dargestellt werden. Auch ist es unerheblich, ob wir sie als real in dieser Welt existierend betrachten oder als innere Seelenbilder ansehen. Sie sind weder böse noch gut, sondern sie *sind*. So wie es Dinge gibt, die nur in der

Kraft des Lichtes gedeihen, gibt es Dinge, die der Finsternis bedürfen. Ohne die Mächte der Finsternis könnten wir die seelischen Metamorphosen nicht erfolgreich erfahren. Sie sind nur dann destruktiv oder führen uns an der Nase herum, wenn wir sie mit faustischem Blick zu erfassen suchen und größenwahnsinnig meinen, wir könnten sie uns dienstbar machen.

Eine gute Mutter weiß, wann es an der Zeit ist, eine böse Mutter zu werden. Dann ruft sie die Mächte der Finsternis und bittet sie um Hilfe.

Die unermüdlich fütternde, nährende, gütige Mutter ist ein sehr einseitiges Bild der Mütterlichkeit und des Lebens. Käme Mütterlichkeit ausschließlich in dieser Form daher, würde sie dafür sorgen, daß die Entwicklung der Kinder petrifiziert wird durch vorzeitigen Stillstand mit nach außen verlagerten paradiesisch uterinen Lebensumständen. Auf diese Weise würden Unmündige zu lange beschützt und die Schicksalsstelle der Ablösung verpaßt. Der Sorgfalt halber will ich hier noch einmal darauf hinweisen, daß damit nicht sogenannter »Erziehung« und »Abhärtung« das Wort geredet wird. Hier geht es um etwas ganz anderes. Initiationen als Grenzübergänge sind keine Vorbereitung auf den Ernst des Lebens wie in einer Wehrsportgruppe. Sie machen weder »fit« fürs Leben, um an einen besseren Job heranzukommen, noch bilden sie den Ausgleich, um den Druck der besseren Jobs auszuhalten. Sie sind auch keine Angelegenheit für Wochenendseminare und Workshops. Sie sind nicht geeignet als Freizeitbeschäftigung für die monströs gepäppelten Horrorbabys, die noch als gestandene Dreißigjährige im Hotel Mama residieren und sich von ihr die Unterhosen waschen lassen, ohne sich zu schämen. Sie sind auch kein Entlastungsaspekt für uns anderen, die wir nicht gelernt haben, jemals etwas zu unternehmen ohne den echten oder vermeintlichen Rückhalt echter oder vermeintlicher elterlicher Unterstützung, die wir jeder tiefgreifenden Veränderung in unserem Leben kindlich-angstvoll begegnen und am liebsten hätten, das Leben wäre so etwas wie Fernsehen, nur live.

Den alten Müttern war unser heutiges Vermeidungsverhalten in bezug auf Veränderungen und unsere Inkaufnahme einer eher pflanzlichen Existenz vollkommen fremd. Sie hätten nicht viel von sprechenden und fernsehenden Gummibäumen in Menschengestalt gehalten. Für die zögerliche Ängstlichkeit und das flatterig-aggressive Sicherheitsdenken unserer Zeit hätten sie wohl nur Verachtung übriggehabt. Sie wußten um ihren Schatten, um das Wilde in sich. Die Macht, die sich damit in ihrem eigenen Inneren verbarg, war ihnen nicht nur bewußt, sondern auch zugänglich. Angst ist nicht grundlos Teil der menschlichen Gefühlspalette, gewisse Formen der Angst sind das Privileg der Wissenden. Die Mütter begegneten dieser Art von Angst mit der ihr gebührenden Achtung und lehrten ihre Kinder, mit ihr umzugehen. Ihre Mütterlichkeit roch nicht nur nach frisch gebackenem Brot. Sie waren gefährliche Frauen.

Ihre Macht hatten sie aus ihren Erfahrungen im Umgang mit den Mächten der Finsternis gewonnen, die sie zum Wohle aller zu nutzen wußten und von denen sie lernten, das Leben richtig zu verstehen. Für sie waren die Mächte der Finsternis weder gut noch böse, sondern mächtig; etwa wie wir heute den elektrischen Strom betrachten, der erst durch den geübten Umgang nützlich wird, an sich aber eine hochgefährliche und folgenreiche Angelegenheit ist.

Wenn für die Töchter die Zeit gekommen war, Abschied von der Kindheit zu nehmen, so standen sie nicht allein vor dieser Aufgabe. Sie wurden von der *femme iniatrice*, der Hüterin des Dunklen und Geheimnisvollen, ausreichend vorbereitet, bevor sie ihre erste Initiation erlebten. Sie wurden von ihr hindurchbegleitet und, endlich auf der anderen Seite angekommen, voller Freude in Empfang genommen. Initiation, wörtlich »den Anfang machen«, war ein Akt, der mit besonderer Sorgfalt begangen wurde. Die Initiantinnen wurden aus dem Alltagsleben entfernt und hielten sich in sakralen Bereichen auf. Die Initiation selber fand in speziellen rituellen Räumen statt, in völliger Abgeschlossenheit von der Welt. Darin hatten die Initiantinnen Prüfungen zu bestehen, an deren Ende die Überwindung der Angst aus eigener Kraft stand oder der Tod oder der ewige Wahnsinn. Von den Initiationsriten für Töchter ist nicht viel überliefert worden. Dies waren nicht nur die bestgehütetsten Geheimnisse der Matriarchate. Es waren auch die von den patriarchalen Männern am meisten gefürchtetsten Aspekte von Weiblichkeit, die auf der anderen Seite ihren gierigsten Neid hervorriefen. Daher wurden diese Dinge im wahrsten Sinne des Wortes verteufelt. Aus diesen Gründen sind wir in der Rekonstruktion mehr auf unsere Intuition angewiesen als in anderen Bereichen weiblicher Macht.

Mächtige Göttinnen beherrschten die Welt der Finsternis. Die Farbe, die zu ihnen gehörte, war schwarz, die Farbe des rituellen Todes, der Finsternis. Diese Göttinnen lebten in den Frauen, die nicht mehr bluteten, die alles erlebt hatten, die alles kannten, alles wußten, und nichts mehr zum Fürchten fanden. Bis vor noch nicht allzu langer Zeit trugen alle alten Frauen in meiner griechischen Heimat schwarze Kleider.

Die Namen der Göttinnen der dunklen Kräfte waren Ereschkigal und Hekate oder Kali, Gorgo, Persephone oder Percht. Mancherorts wurden sie auch einfach die Göttin der schwarzgeflügelten Nacht genannt, manchmal auch die Göttin der wilden Dinge oder Herrin der wilden Tiere. Die Göttin Semele nannte man auch die tobende Göttin. Sie war die fledermausflügelige Alte unter der Erde. Sie waren nicht nur die wilde Form der alten Erdmutter-Gottheiten, sondern viele von ihnen waren Himmelsköniginnen. Ihre Erscheinung auf Erden zeigte sich in orgiastischen Tänzen und Riten. Ihre Namen sind verwirrend und so zahlreich, daß ihre Aufzählung und etymologische Erklärung ein ganzes Buch füllen würde. Sie repräsentierten den Aspekt des Todes, jedoch lag die Betonung stets auf Wandlung und Erneuerung, vor der es kein Entrinnen gibt, also eine Bedeutung, die weit über das Sterben hinausgeht.

Als Zeichen des schwarzen Aspektes wurden sie mit mondsichelförmigen Wildschweinhauern dargestellt oder mit einer schwarzen Rute, mitunter auch mit einem Messer, herausgestreckter blutroter Zunge, geflügelt und immer wieder mit der Schlange. Nicht selten werden sie ausgesprochen häßlich und furchterregend gezeigt. Hekate hatte sogar den Beinamen »grausames Antlitz«, dies nicht etwa, um sie zu mißachten, sondern um die Bedeutung der Finsternis und ihren Ernst hervorzuheben. Die Finsternis erhielt ihre Bedeutung durch das Licht; und dieses wiederum die seine durch die Finsternis.

Deshalb verschwanden die heranwachsenden jungen Mädchen für einige Zeit in die Dunkelheit zu den alten Drachinnen, die sie lehrten, sich in der Finsternis sicher zu bewegen. Geheimnisse gehören in die Dunkelheit und können nur dort weitergegeben werden. Im Bereich der Finsternis erhielten die Mädchen erste Unterweisungen in die Geheimnisse der Frauen. Wenn sie wieder hervorkamen, war damit die Macht der Mutter über sie gebrochen. Sie waren keine Kinder mehr. Sie waren der Angst begegnet und dem Schrecken und hatten sie besiegt. Die Farbe weiß gehörte jetzt zu ihnen. Jungfrauen konnte man sie nennen, gute Jägerinnen wie die Göttin Ishtar, wie Athene und Diana und wie Olwen, die keltische Maikönigin, die mit weißblühendem Klee geschmückt wurde. Auch die griechische Göttin Kore repräsentierte diesen Aspekt der siegreich überstandenen ersten Begegnung mit den Mächten der Finsternis. Ihr Name bedeutet ganz einfach Mädchen, und noch heute im Neugriechischen ist es die Bezeichnung für Tochter. In manchen Überlieferungen werden diese weißen strahlenden Göttinnen als »lachend vor Stolz« beschrieben, ganz so wie jemand, der eine große Aufgabe erfolgreich bewältigt hat.

5. Kapitel

Die Macht des weiblichen Blutes

Das weite Land der Sexualität betreten Mädchen immer von der dunklen, der lichtabgewandten Seite des Lebens her. Es ist das Blut, das ihnen zuerst von den Zusammenhängen der Lust und der Gebärfähigkeit erzählt. Es ist das Ende der Kindheit.

Die Bedeutung der Vulva als Tor zum Paradies, als fleischlicher Eingang zum inneren Labyrinth erschließt sich ihr erst jetzt. Daß sich die dunkle Höhle, aus der wir alle kommen, in die wir eines Tages alle zurückkehren, sich auch in ihrem Inneren befindet, daß sie gleichzeitig die dunkle Höhle und ihre Hüterin ist, erfährt die zukünftige junge Frau nun am eigenen Leib. Und das ist eine ganz besondere, eine schwierige Zeit.

Nun weiß sie, was es heißt, ein eigenartiges kosmisches Tier zu sein, das mit seinen inneren Organen, die die Form von Hörnern haben, in direktem Dialog mit dem Mond am Himmel steht. »Und dann das Blut. Die Krämpfe. Das Ziehen vorher. Die Anspannung. Das Aufstauen der Gefühle bis zum Feuerspucken«, wie Luisa Francia die Menstruation beschreibt. Das Mädchen weiß jetzt, das wird nun lange, lange Zeit so bleiben, jeden Monat neu. Und wenn der Fluß des Blutes sich in vierzig Jahren anschickt, zu versiegen, wird sie genauso erschrocken darauf reagieren wie jetzt, wo sie seine Ankunft zum erstenmal erlebt. Zu diesem Zeitpunkt ist es jedoch unerheblich, geradezu unvorstellbar, daß es einmal wieder eine Zeit ohne Blutungen geben wird.

Rechnet man ihre Geburt dazu, so macht sie zum zweitenmal in ihrem Leben, aber zum erstenmal bewußt die Erfahrung der Unausweichlichkeit, die sie später im Gebären weiterhin und in einer für sie unvorstellbaren Steigerung erleben wird. Als Kind lernte sie früher laufen und früher sprechen als die Buben. Ihr Sprachschatz war größer wie auch ihre gesamte Lernfähigkeit, dazu war sie körperlich ausdauernder als die männlichen Kinder. Jetzt in den Zeiten des Blutes wird klar, warum: Das Leben rüstete sie damit für Erfahrungen aus, die weitaus tiefgreifender sind als alles, was ein männlicher Mensch zwischen Tod und Geburt je erleben könnte. Die Erfahrung der Unausweichlichkeit macht reif, aber sie setzt eine große Belastbarkeit voraus, damit man ihr überhaupt gewachsen ist.

Es ist diese Erfahrung der Reife, die sie jetzt von ihren männlichen Spielkameraden trennt. Für eine Weile in ihrem Leben schwebt sie einsam und unerreichbar in einem Zwischenland, was ihr ganz seltsame Kräfte von spürbarer, unberechenbarer und manchmal sogar unkontrollierbarer Explosivität verleihen kann. In allen Kulturen ist dieser Zustand junger Mädchen bekannt. Für diesen Grenzübertritt ist das längere Verweilen im Zwischenland notwendig. Am Ende wird sie auf der Seite der Frauen angelangt sein. Sie wird sich so verändert haben, daß man sie kaum noch als Kind zu behandeln wagt.

Der Geruch von Blut wird sie ab jetzt ihr Leben lang daran erinnern, daß sie der Erde nah ist, eine Höhlenfrau trotz alledem. Sie kann sich windeln wie ein Super-Pampers-Baby, kann sich diskret tamponieren, kann sich lächelnd zusammenreißen unter der schick gekleideten, geschminkten Fassade einer vermeintlich vom Lauf der Gestirne befreiten Frau, es wird ihr nichts nützen: Sie ist die blutsverwandte Nachfahrin eines in Felle gekleideten Geschöpfes, das der Menschheit in grauen Vorzeiten das größte Geschenk gemacht hat, das es je gegeben hat: Bewußtheit.

Bewußtheit entsteht, wenn Außergewöhnliches sich regelmäßig zu wiederholen beginnt. Was hat man sich nicht die Köpfe zerbrochen, wie der Unterschied zwischen Mensch und Tier definiert werden könnte. Zu den noch interessantesten Definitionen gehören die Fähigkeit zu lachen und zu lügen. Nichts von dem, was man bemühte, war jedoch geeignet, Menschsein umfassend zu definieren. Wie denn auch, es waren Männerköpfe, die sich da zerbrachen. Dabei lag es auf der Hand: Es ist schlicht und einfach der monatliche menstruelle Zyklus, und verbunden damit die Befreiung von den durch Östrogenschüben gesteuerten Brunftzeiten. Der Monatszyklus machte die Frau frei vom Diktat der Hormone, die sie zweimal jährlich in ein Wesen verwandelt hätten, das nicht mehr es selber gewesen wäre. Frei auch vom Diktat der Fortpflanzung, der Mutterschaft, der sie ausgesetzt gewesen wären, ob sie gewollt hätten oder nicht. Lilith, der ersten Frau, wurde mit dem monatlichen Blut die Freiheit des Willens geschenkt.

Irgendwann saß unsere Ur-Mutter und schaute zum Himmel auf. Irgendwann schaute sie nachdenklich auf das Blut zwischen ihren Beinen, und irgendwann muß ihr dank der Wiederholung des Außergewöhnlichen ein Licht aufgegangen sein. Ich glaube, das war ein großer Augenblick, dem in späteren Zeiten viele Männer nachstrebten in dem Wunsch nach Wissen, Erkenntnis, Erleuchtung und Begegnung mit dem Göttlichen.

Unsere Ur-Mutter war dem Göttlichen begegnet und konnte daraufhin im Äußeren wie im Inneren die Gesetze des Lebens entdecken und an uns, ihre Kinder, weitergeben. Sie hatte die Verbindung zum Göttlichen gefunden und war damit einer ihrer wesentlichsten Aufgaben begegnet: der Religion.

Die Farbe Rot wurde damit eine heilige Farbe, und die Toten wurden mit Ocker rot bemalt, bevor sie in Embryohaltung in den Schoß der Mutter Erde zurückgelegt wurden. Das Weibliche wurde geehrt für die Fähigkeit, monatlich eine große Menge Blut zu verlieren, ohne daran sterben zu müssen; einem Wunder, das noch vor dem Wunder des Gebärens kam. Das Blut hatte magische Kraft. Es konnte Kräfte wecken oder bannen. In den Gesellschaften und Kulturen, bei denen die Macht des weiblichen Blutes galt, wurde niemals das Blut geschlachteter Tiere oder gar Menschen zu Ehren der Göttlichkeit vergossen. Dieses Blut hatte seinen Platz im Körper, hatte diesen zu beleben. Auf einem Altar vergossen, wäre es ein widernatürliches Sinnbild gewesen. Das hätte der Großen Mutter gewiß nicht gefallen. Nicht das Blut des Todes, sondern das Blut des Lebens mußte es sein, mit dem das Leben gefeiert wurde.

Unter den dazugehörigen Symbolen ist die herausgestreckte rote Zunge besonders erwähnenswert, die in den alten Zeiten der Mütter nicht als ein obszönes Zeichen galt, sondern galt als Ausdruck des *sacer mens,* des geheiligten Blutes. Auch der Granatapfel gehört zu dieser Art Macht, ebenso wie das Schwein und die ursprünglich nicht bunten, sondern nur roten Ostereier. Ostera war eine Mondgöttin, deren Riten im Frühjahr gefeiert wurden. Wo immer wir der Farbe Rot im Zusammenhang mit Zeremonien, Ritualen und Feiern begegnen, wann immer die Farbe Rot im Zentrum der Macht auftaucht, ist einstmals das *sacer mens* im Zusammenhang gestanden: bei dem ausgerollten roten Teppich, bei den Krönungsmänteln von Königinnen und Königen. Und so mancher ältere Herr ahnt vielleicht gar nicht, welch komische Figur er abgibt, wenn er symbolisch in Frauenblut gebadet als Kardinal ganz in Rot vor die Gläubigen hintritt.

In den Zeiten des Blutes zog die Frau sich zurück. Sie zog alle Energie zu sich heran und verbrauchte sie für sich selbst. Nun hatte sie nichts mehr zu geben. Sie sagte NEIN und verwandelte sich in die dreiköpfige Gorgo. Aus ihrem Munde fielen Kröten, Schlangen und Skorpione. Umgeben von einer Aura von Blitzen wandte sie sich einer Macht zu, die tief in ihrem Bauch geboren war, und man näherte sich ihr dann nicht mit Alltäglichkeit. Da waren nicht viele, die die Nähe einer solchen Frau vertrugen.

Dies war der Sinn, der ursprünglich hinter dem Rückzug menstruierender Frauen aus dem Alltagsleben lag.

Luisa Francia erzählt in ihrem Buch »Drachenzeit« über die Zeit des Blutes ihrer Mutter. »Ich habe meine Zeit«, sagte ihre Mutter und stieg damit aus der Normalzeit aus, hinein in eine Zeit, die nur ihr gehörte. Francia berichtet, wie die Mutter nervös wie ein eingesperrtes Tier war, wenn sie in ihrer Zeit war. Sie schien in sich hineinzuhorchen. »Sie erinnert sich an etwas. Aber an was? Niemand erfährt es. Niemand weiß es.«

In den Zeiten des Blutes kann weibliche Intuition beängstigende Ausmaße annehmen. Schlichtere Naturen mögen dies als Magie, Hellseherei und Hexerei deuten, Kopffüßler entdecken darin Hysterie, wenn nicht gar Psychosen, auf jeden Fall jedoch emotionale Übersteuerung durch prä- und postmenstruelle Syndrome. Noch anderen tränt das romantische Auge, das durch den Vitalismus der Natur hindurchsieht zum Instinkthaften, von dem sie gehörte haben, daß es das geben soll, und esoterisch Bedürftige bejubeln die Schamanin, die ihnen zeigen soll, wie man solches in einer tantrischen Taumeltrance nacherleben kann. Sie alle haben vollkommen recht.

Man kann es nennen, wie man will. Es ist wild. Eine große Macht. Die Rückseite des Spiegels. Daran hat die jüdische und katholische Verteufelung und die evangelische Profanisierung des weiblichen Blutes nichts ändern können. Und auch ärztliche Eingriffe und psychotherapeutische Vereinnahmungen bezwingen es nicht; genausowenig wie neokoloniale Religions- und Kultdiebe.

Penelope Shuttle und Peter Redgrove, die mit »Die weise Wunde Menstruation« ein umfassendes Buch über das Blut der Frauen geschrieben haben, sprechen davon, daß die Frau jeden Monat in ihrer Periode die Region der älteren Kräfte aufsucht, wo manchmal erschreckende Bilder aufbewahrt werden. Gemeint ist das limbische System, das auch als emotionales Gehirn bezeichnet wird. Hier bewahren wir offenbar das auf, was der Analytiker C.G. Jung archetypisch nannte, alle Vorstellungen und Erinnerungen von sprechenden Tieren und fliegenden Frauen, von magischen Kreuzwegen und boshaften Kobolden. Immer aber ist der Aufenthalt in unseren Zeiten ein zyklisches Hinabsteigen in eigenartige Tiefen, aus denen man wissend zurückkehrt, belohnt mit inneren Reichtümern.

Dieses Hinab- und Heraufsteigen bezeichnen Shuttle und Redgrove als analog zum Prozeß des künstlerischen Schaffens und weisen darauf hin, daß es zuerst von den Frauen aus der Erfahrung des Menstruationszyklus gelernt worden war, bevor es für die künstlerische Schöpfung nutzbar gemacht wurde. Wir finden diesen Prozeß des Abstiegs in die Unterwelt und des siegreichen Wiederaufstiegs ins Licht in zahlreichen Geschichten über Göttinnen, vor allem Mondgöttinnen. Die wohl bekannteste ist die der sumerischen Göttin Inanna, die zur Göttin Ereschkigal in die Unterwelt steigt. Ereschkigal jammert: »Oh , mein Inneres« und: »Oh, mein Bauch« und: »Oh, mein Rücken« – und ist begeistert, als Inanna mit ihr seufzt und stöhnt. Und in der Tat, es blutet sich besser zu zweit. Mag auch unser Blut nicht mehr im Rhythmus des Mondes regelmäßig zu Neumond fließen, wie auch unser von den Römischen Patriarchen stammender Kalender in seiner zwölfmonatigen Starrheit, seiner albernen Wocheneinteilung, welche als einzige Zeiteinteilung keinerlei Verbindung zum Kosmos hat und seinen feststehenden Festtagen (Ostern und Pfingsten ausgenommen) gegen den Lauf der Sterne und gegen die dreizehn jährlichen Mondumläufe holpert, so zeigt sich in einem kleinen Wunder immer noch die weibliche Verbundenheit mit Mond und Erde und untereinander, die von der Macht des Blutes erzählt: Wenn Frauen in Liebe und Zuneigung miteinander leben oder zumindest in enger Freundschaft miteinander verbunden sind, so pendelt sich ihr Zyklus aufeinander ein und sie beginnen, miteinander zur gleichen Zeit zu bluten. Ja, häufig kündigt sich der Freundin der Zeitpunkt der Menstruation der anderen durch eigenes Bauchweh an.

Ein Großteil des Leidens an der Menstruation ist das uneingestandene Leiden an einer verleugneten Form der Gewalt, die darin besteht, daß Frauen nicht mehr monatszyklisch leben dürfen. Wenn die Zeit gekommen ist, wieder mit Schlangen, Kröten und Skorpionen um sich zu werfen, so können wir uns nicht zurückziehen. Tun wir es dennoch, bestehen wir auf solchen Möglichkeiten, offen oder versteckt, so kann es unsere Existenz kosten. Wir verlieren unseren Job, weil wir als nicht belastbar gelten, wenn wir einmal im Monat aus diesem Grunde für ein paar Tage nicht arbeiten, denn männliche Uhren gehen anders, männliche Kalender messen nicht, sondern fressen Zeit.

Ich bin mir ziemlich sicher, daß wir hier eine der gründlichsten und nachhaltigsten Formen vorfinden, wie einmal gebrochene weibliche Macht mühelos und ohne viel Aufwand gebrochen gehalten werden kann, indem Frauen durch einen nicht mit dem Leben und seinen Erfordernissen fließenden Kalender gezwungen werden, antizyklisch zu leben. Und mehr noch: Von aller Unzufriedenheit und allem Leiden am Patriarchat wird leicht abgelenkt, weil ein Großteil weiblicher Energie dafür verwendet werden muß, in einem antizyklischen Leben die seelische und körperliche Balance zu halten, ohne überzuschnappen. Was dann noch an Energie übrig ist, geht für das Bemühen drauf, den verachteten, blutenden, steinzeitlichen Leib an das lineare, höhen- und tiefenlose Zivilisationsleben so anzupassen, als wäre er ein männlicher Körper.

Die Zeit des Blutes ist auch die Zeit der Wahrheit, die Lügen nicht erträgt. Daher ist es diese Zeit, die zu einem Augenblick der Verzweiflung über den Verlust der Möglichkeit, weiblich leben zu dürfen, werden kann. Es ist die Verzweiflung, nur einen Teil seiner Möglichkeiten entfalten zu dürfen; die ganze Fülle allenfalls im Kleinformat andeuten zu dürfen, gerade nur so weit, daß es das patriarchale Gemüt des Mittelmaßes nicht stört und nicht zu haßerfüllter Angstbeißerei reizt. Das kann Seelen wahrlich welken lassen. Das ist, als wollte man einen Schmetterling zwingen, auf ewig eine Raupe zu bleiben.

Die Macht des weiblichen Blutes ist die Macht der Erkenntnis, ist die Macht des freien Willens und damit der persönlichen Freiheit. Zusammengenommen ergeben diese drei Dinge den Zugang zur Religion, wenn sich das Göttliche durch das Erleben der Unvermeidlichkeit offenbart. Shuttle/Redgrove sagen, daß sie glauben, daß erst die physische Erfahrung die geistige ermögliche. Dieser Ansicht kann ich mich leicht anschließen. Wissen, das sich daraus ergibt, ist von ganz besonderer Art. Es ist ewig, weil es immer verfügbar ist. Anders als männliches Wissen, das sich durch mühsames Denken entwickelt und jederzeit verlorengehen kann, sobald die eroberte Kontinuität unterbrochen wird, ist weibliches Wissen wieder da, wenn wir wieder in unser Inneres schauen, dorthin, wo sich unser Zentrum befindet, die dunkle Höhle, die sich einmal im Monat zusammenzieht und das Wunder des fließenden Blutes vollbringt.

Die Macht des weiblichen Blutes aber ist vor allem auch die Macht über die Zeit, von der wir nicht erst seit Michael Endes »Momo« wissen, daß sie für die Herren in Grau von besonderem Interesse ist. Die Macht über die Zeit entscheidet darüber, von welcher Qualität unser Leben ist.

6. Kapitel

Die Macht des Gebärens

Auf dem Weg zu den Quellen weiblicher Macht und Energie nähern wir uns gefährlichem Gewässer, wenn wir die Macht des Gebärens beschwören wollen. Dies ist und war heißumkämpftes Gebiet. Noch jeder Versuch, diese Macht für uns Frauen zurückzugewinnen, endete bisher mit einer Niederlage oder mit einem höchst zweifelhaften Sieg.

Das zeigt zuallererst, wie bedeutend diese Macht ist. Ich habe einmal, ohne es zu wollen, einen Gynäkologen innerhalb von Sekunden derart aus der Fassung gebracht, daß er haltlos vor Zorn wurde und mich anbrüllte, weil ich seine Vermutung, daß ich schwanger sei, ablehnte mit der Bemerkung, daß ich im Gegensatz zu ihm schon mehrfach schwanger gewesen sei und daher genau wüßte, wie sich das vom ersten Tage an anfühlt. Ich glaube, genau da sitzt das Problem. Es heißt Neid.

Wenn es nur der Neid wäre, es ist auch der Kampf um den zweiten Schlüssel zum Leben.

Daß der Begriff »Wunder der Geburt« so abgenudelt ist, erklärt, wie erschöpfend der Kampf um den Schlüssel geführt wird, bei dem allen Räubern dieser Macht offenbar seit dreitausend Jahren alle Mittel recht waren.

Je faschistoider der räuberische Hintergrund, um so mutterkultischer wurde das Getue und um so schamloser opferten sie anschließend unsere Kinder. Das ist das Gefährliche, wenn die Räuber plötzlich freundlich werden und nicht mehr auf Anhieb als Räuber erkennbar sind. Das ist das Kannibalische am Beifall von der falschen Seite. Aber auch im Gegenteil, der sprichwörtlichen Harmlosigkeit, wird der Kampf geführt. Je spießiger, um so kitschiger wurden die Gedichte über Mutters Hände. Als ob Mutters Hände in der Mutterschaft, wenn es um die Macht des Gebärens geht, eine so große Rolle spielten. Es geht um ganz andere Körperteile. Die alten Mütter hatten nicht nur einen ganz wirklichen Körperteil zwischen den Beinen, sie hatten Namen dafür, zahlreiche Namen. Kosenamen, Alltagsnamen, poetische Namen, Liebesnamen und göttliche Namen für ihren Eingang zum Labyrinth. Sie waren sehr materiell und daher körperlich sehr präsent. Sie hatten sogar eine Göttin, die nur diesen Körperteil repräsentierte. Ihr Name war Baubo, man nannte sie auch die personifizierte Vulva.

Wie körperlich die alten Mütter waren, beweist urgeschichtliche Forschung. Die ältesten Figuren, die je gefunden wurden, stammen aus der letzten Eiszeit. Man hat sie zu Hunderten gefunden und an geographisch und historisch vollkommen unterschiedlichen Orten. Manche von ihnen sind bis zu 40000 Jahren alt und alle zeigen Frauen mit riesigen Prachtbrüsten, üppigen Schenkeln und mächtigen Bäuchen. Fruchtbare Leiber, manche in gerader Haltung, andere weisen in Hockstellung auf den Moment des Gebärens hin. Alle haben keine individuell ausgeformten Gesichter, während der Körper detailliert ausgearbeitet ist. Höchstwahrscheinlich herrschte zu den Anfängen der Menschheitsgeschichte dieselbe Ansicht über die Darstellung Gottes wie heute noch in einigen großen Weltreligionen, nämlich, daß Gott, in unserem Falle logischerweise weiblichen Geschlechts, universal ist und daher kein individuell geprägtes Gesicht haben kann. Es war einfach nicht so wichtig. Gott war in ganz anderen Körperregionen zu finden. Gesichter erhielt die Göttin erst zu späteren Zeiten, als sie in ihren verschiedenen Aspekten dargestellt wurde.

Männerstatuetten existieren in den Anfängen der Menschheitsgeschichte nicht, zu späteren Zeiten der Mutterreiche dann schon, jedoch allenfalls als Männer. Im göttlichen Sinne wurde der Mann nur als Sohn oder als Heros der Göttin dargestellt oder als der am Ende des Jahres sterbende König, der im Frühling als Knabe wiedergeboren wird. Göttlich waren sie nur als Kind, und da waren sie keine Männer.

Die schwellende Üppigkeit der Statuetten und das Fehlen von männlichen Figuren führte zu der interessanten Fehlannahme, daß diese Figuren einer Art Fruchtbarkeitszauber für steinzeitliche Primitive dienten. Wir wollen dies still in die Schublade legen, in der bereits der Jagdzauber der Höhlenmalereien als peinliches Mißverständnis verstaubt. Ich denke, es läßt sich leicht nachvollziehen, daß Frauen zu keiner Zeit einen Fruchtbarkeitszauber benötigten. Selbst heute noch, wo wir im Zuge planetarer Überbevölkerung und terrestrischer und atmosphärischer Vergiftung und Streß einen Anstieg von Unfruchtbarkeit bei uns Frauen zu verzeichnen haben, ist es wohl für uns nach wie vor eher das Problem, *nicht* schwanger zu werden, das sich schwer lösen läßt.

Ganz sicher diente die üppige, lebensspendende Göttin dem Schutz der Schwangeren durch Beschwörung aller dafür zuständigen Mächte. Damit betreten wir das Reich der Medizin, das die Ur-Mutter für uns entdeckt hat.

Das Wissen der Medizin möchte ich in seinem ursprünglichen Sinne als Wissen um die Wiederherstellung einer gestörten Lebensbalance bezeichnen. Diese Definition geht davon aus, daß das Gesunde das Normale ist und nicht etwa das Kranke, wie wir uns heute angewöhnt haben zu denken, in unserer ständigen Furcht, wie eine Maschine defekt zu werden und Pannenhilfe zu benötigen. Daher war eine Schwangerschaft für die alten Mütter nichts, was ständig von Dysfunktionen und Krankheit bedroht war. Das Wissen über störbare Lebensbalancen beinhaltet aber auch die Erfahrung, daß jede Überschreitung einer Grenze lebensgefährlich ist. Die größte Grenzüberschreitung, die Menschen zwischen der eigenen Geburt und dem eigenen Tod erleben können, ist aber Schwangerschaft und Gebären. Wir können an dieser Grenze scheitern wie an jeder anderen Grenze auch, und dann sterben wir – eigentlich vor unserer Zeit. Zumindest schloß die alte Medizin die Möglichkeit ein, daß unsere Zeit noch nicht gekommen ist, und gab uns eine Chance. Daher suchten die alten Mütter Unterstützung, Hilfe, Kraft und zusätzliche Energie in der materiellen und in der unsichtbaren Welt für alle Grenzüberschreitungen, vor allem aber für Schwangerschaft und Geburt.

Hilfe und Unterstützung in der materiellen Welt bot sich in allen Pflanzen und Kräutern, aber auch in Materie, die die Verbindung zur unsichtbaren Welt herstellen konnte, wie zum Beispiel besondere Steine und bestimmte, geodätisch wesentliche Plätze dazu imstande waren. Diese Pflanzen, Steine und Plätze waren heilig. Selbstverständlich mußte man alles über die Wirkungsweise der einzelnen Pflanzen wissen und man benötigte Kenntnis, welche Teile der Pflanze wie verwendet werden sollten. Auch die Pflanzen konnten in die unsichtbare Welt führen, je nachdem, wie sie verwendet wurden. Einige wurden als Drogen verwendet, andere an den heiligen Plätzen verbrannt. Spätere Generationen sollten es dann als Opfer deuten, die den Göttern dargebracht wurden, um diese günstig zu stimmen. Auch hier gilt, daß nur ein hierarchisch denkender Mensch auf die Idee der Unterwerfung kommen kann. Für die alten Mütter waren es ärztliche Handlungen, die sie mit Ehrerbietung und achtungsvoll begingen. Denn zweifellos waren es auch religiöse Handlungen, was nach matriarchaler Auffassung nicht voneinander zu trennen war.

Die natürliche Kompetenz der Frauen in der Geburtshilfe und Medizin ergibt sich aus dem Gedanken, daß geistiges Wissen die physische Erfahrung voraussetzt. Wir lernen ja auch beispielsweise das Schwimmen lieber von einem, der selber schwimmen kann und nicht so gern von jemandem, der sein Wissen aus Büchern und vom Zuschauen bezogen hat, weil er in einem nicht wasserfesten und damit für diese Erfahrung unfähigen Körper steckt.

Die Macht des Gebärens geht jedoch über die medizinische Kompetenz weit hinaus, was der Umgang mit der unsichtbaren Welt bereits andeutet. Worauf sie beruht, erschließt sich uns in dem Augenblick, wenn wir betrachten, welche Aspekte der Weiblichkeit in patriarchalen Augen mit der Mutterschaft unvereinbar sind. Die tabuisierten Aspekte sind Wissen und Sexualität. Wir dürfen nicht gleichzeitig Mutter, eine sexuelle Person und eine Wissende sein. Für das Wissen haben wir die Gynäkologen, Sexualität ist für uns mit dem Begriff Geschlechtsverkehr eingeengt und daher mit der Mutterschaft unvereinbar, es sei denn als pornographische Perversion oder als als liberale Aufgeschlossenheit getarnte Verfügbarkeit, die sich von Menstruationsblutungen und Schwangerschaft nicht beeinträchtigen lassen will.

Aus diesem Grund war die jungfräuliche, unbefleckte Maria, das heißt in diesem Falle die Unreife, Unwissende, noch nicht Initiierte, die ein Kind bekam, bevor sie eine erwachsene Frau werden durfte, die Wunschmutter des Patriarchats: ein asexuelles und dummes Gebärgefäß, eine entpersönlichte, funktionalisierte Frau, gegen die die brave Eva, das lendenschurzstrickende Hausmütterchen, die patriarchale Urmutter der biblischen Genesis noch geradezu ein unberechenbares Vollblutweib war. Seit Maria versuchen die am Erwachsenwerden gehinderten und damit zu ewigen Töchtern verdammten Frauen das Kinderkriegen als Instrument des Erwachsenwerdens zu benutzen, was eine Katastrophe ist, denn sie bleiben trotz Mutterschaft Töchter, die nur Mutter spielen. Am Ende werden die ewigen Töchter zu den Müttern, die einerseits ihre Kinder nicht wirklich haben wollten und sie andererseits nicht wirklich gehen lassen können.

Die alte Macht des Gebärens lag in der umwerfenden Potenz, die sich aus der Dreieinigkeit Sexualität, Wissen und Leben leibhaftig schenken zu können ergab, symbolisiert in der Vulva und in überquellenden Brüsten. Überall dort, wo ein heiliger Platz der Macht des Gebärens geweiht worden war, flossen Milch und Honig. Diese zwei Gaben waren in der gesamten damaligen alten Welt heilige Geschenke an die Göttinnen. Artemis, die ursprüngliche, kleinasiatische und kretische Göttin Artemis wurde mit zahllosen Brüsten dargestellt, aus denen Milch im Überfluß strömte.

Die Sexualität ist in diesem Zusammenhang als Seinszustand gemeint, der in der genitalen Erregung nur in einem einzigen, in seiner Ausdrucksfähigkeit eingeengten Aspekt widergespiegelt wird. In unserem Versuch, alles Erleben in verschiedene Bereiche zu trennen, haben wir von diesem Begriff alle Sinnlichkeit, Erotik und pure Freude an der Körperlichkeit, also Freude am Leben davon abgespalten.

Die Vulva ist in ihrer Symbolik noch magischer als die nährenden Brüste. In vielen Überlieferungen aus der frühpatriarchalen Zeit, als noch viele matriarchale Gepflogenheiten im Umgang der Menschen miteinander zu finden waren, wird berichtet, daß die Vulva in bestimmten Situationen zur Schau gestellt wurde, was auf die Betrachter eine aus heutiger Sicht überraschende Wirkung gehabt haben soll. Herodot berichtet, daß die Spartanerinnen vor ihren kampfesmüden Männern, die sich vom Schlachtfeld schleichen wollten, die Röcke hoben und die nackte Vulva zeigten. Beschämt kehrten die Spartaner in die Schlacht zurück. Ähnliches wird auch von den Persern erzählt, auch sie reagierten genau wie die spartanischen Männer.

In Catal Hüyük, einer mutterrechtlichen Kultur in der Türkei, wurde die Göttin häufig mit gespreizten Schenkeln und weit offener Vulva wie bei einer Entbindung dargestellt. Von Indien bis in unser Mittelmeergebiet hinein schauten die verschiedensten Lebewesen daraus hervor: Stiere, Widder, Götter, was Göttinnen halt so alles gebären können. Ihre Begleiterin war häufig die heilige wilde Muttersau.

Auf der geheimnisvollen Anlage auf Malta, die von einer mutterrechtlichen Gesellschaft gebaut wurde, betritt man den Tempel gar durch eine überdimensional große Vulva.

Eine hinreißende Geschichte, die uns von einem gewissen Hesychios überliefert wurde, erzählt, daß es der Göttin Baubo, der personifizierten Vulva, als einziger gelungen sein soll, Demeter zum Lachen zu bringen, als diese untröstlich im Schmerz um ihre in der Unterwelt verschwundene Tochter Persephone versunken sein soll. Nicht überliefert ist, was genau die trauernde Erdgöttin so erheitern konnte, aber es soll etwas gewesen sein, was Baubo *getan* hat und nicht etwas, was sie gesagt hat. Es ist anzunehmen, daß es die zur Schau gestellte Vulva war, angeblich soll ein lachendes und winkendes Kind daraus hervorgelugt haben. Welch beneidenswert gelöster Umgang mit unserem »Nicht-einmal-ein-Ding«!

Der Bereich der Macht des Gebärens ist der einzige Bereich des Menschseins, wo Überfluß nicht zu Trägheit, Erstarrung und Dummheit führt, sondern lebensnotwendige Voraussetzung für zukünftige seelische Gesundheit ist. Jedes Kind braucht mehr Mama, als es benötigt, so daß in dieser entscheidenden ersten Zeit niemals ein Mangel entsteht, der das Vertrauen in das Leben und in die Welt so stark erschüttern kann, daß es ein Leben lang darunter leiden wird.

Überfluß an Mama ist in dieser ersten Kinderzeit auch deshalb notwendig, damit das Kind sich in der Position der Absättigung wiederfinden kann, Mütterlichkeit als nicht mehr benötigt zurückweisen zu können und zu dürfen. Nur dann erfährt ein Kind das beglükkende, ermutigende und energiespendende Erlebnis, etwas aus eigener Kraft zu tun. Dies ist die Grundlage freiwilligen Lernens und freiwilliger Weiterentwicklung. Ohne diese Erfahrungen eigener Lebenspotenz wird es später seelisch impotent.

Es sei hier noch einmal darauf hingewiesen, daß dies

eine einzelne Mutter überfordert. Kinder brauchen viele Mütter. Mütter brauchen gute Lehrerinnen des Lebens, und zwar schon bevor sie Mütter geworden sind. Daher benötigt die Macht des Gebärens die Macht der Vielzahl und der Vielfalt.

7. Kapitel

Die Macht der Zahlen und Symbole

Eine Frau kommt selten allein. Frausein ist von der Schöpfung als Plural gedacht, und das ist weit entfernt von gleichmacherischen Kollektivgedanken eines Ameisenstaates oder eines Hühnerhofes. Daher die sprichwörtliche Angst der Frauen vor Vereinzelung und Einsamkeit, daher auch die Manipulierbarkeit, Ausbeutbarkeit und Hilflosigkeit einer Frau, wenn sie von der Energie und Freundschaft anderer Frauen abgeschnitten ist und inmitten männlicher Energiefelder isoliert leben muß, was sich Elektra-Frauen allerdings nur in gewissen Augenblicken der Wahrheit eingestehen. Anders als Männer können Frauen von Natur aus das Verhalten anderer Frauen unter dem Aspekt geschlechtlicher Gemeinsamkeit erleben. Sie müssen es nicht nur nicht mühsam erlernen, sondern sie laufen Gefahr, seelisch zu verkümmern, wenn sie daran gehindert werden.

Die Macht der Zahlen und Symbole ist jedoch weit größer und bedeutender als nur der Vorzug der Vielfalt gegenüber der Einfalt.

In ihr drücken sich die Erfahrungen aus, die aus den Begegnungen mit den Mächten der Finsternis an den Grenzübergängen des Lebens resultieren, und geht noch darüber hinaus, was die von schwarzer Magie Faszinierten zu allen Zeiten erfreulicherweise so gründlich mißverstanden. Kabbala und Alchemie waren Versuche, auf besonders umständliche Art und Weise über die Symbole und die Zahlen den Zugang zu den Mächten der Finsternis wiederzufinden. Dies mußte gründlich mißlingen, mußte Stückwerk bleiben, weil sie dort suchten, wo es nicht zu finden war. Sie hätten mit dem, was sie gefunden hätten, auch gar nichts anfangen können, denn die wirklichen Mysterien lagen im Inneren des Labyrinths. Und mehr noch: Selbst, wenn sie auch dieses Geheimnis gelüftet hätten, wie es ja einst Theseus, dem thessalischen Prinzen gelungen war, der mit Hilfe eines Fadens, den ihm Ariadne gegeben hatte, hinein- und wieder hinausgefunden hatte – selbst dann wäre es höchstens entmythifiziert worden, aber seine Macht wäre nicht übertragbar gewesen. So entstanden statt der Labyrinthe Irrgärten, die am Ende auf dem Rummelplatz zwischen Riesenrad und Geisterbahn als drittklassige Attraktion kaum noch Interesse fanden.

Dies soll als Beispiel dafür dienen, wie begrenzt die Macht der Zahlen und Symbole ist, wenn sie für sich genommen wird und wenn wir nicht erkennen, daß ihre Macht in der Transportierbarkeit anderer Formen der Macht besteht.

Den alten Müttern diente sie als eine Art Gefäß, und so flossen auch die Offenbarungen, die die Macht des weiblichen Blutes schenkte, hinein in die Zahlen und Symbole. Sie ermöglichten, den Lauf der Gestirne zu berechnen. Mit ihrer Hilfe war es möglich, Musik, Tanz und andere Kunstwerke zu schaffen, heilige Bezirke und Tempelbereiche zur Begegnung mit dem Göttlichen zu errichten. Die Macht des Gebärens wurde durch die Macht der Zahlen und Symbole zur Heilkunst und Naturwissenschaft. In Zahlen und Symbolen ausgedrückt, bildet sie auch die Grundlage zur Schaffung von Nahrung und Dankbarkeit – eine Eigenschaft, die sich durch das Feiern von Ereignissen durch die Jahresabläufe ausdrückt. Diese Macht wurde das Gedächtnis der Menschheit. Sie war der Schlüssel zur Zukunft, weil sie Verbindung mit der Vergangenheit halten konnte.

Wer über die Macht der Zahlen und Symbole verfügt, betritt die Welt des Unaussprechlichen, des Magischen, des Wortlosen, des beredten Schweigens, aber auch die Welt der Mathematik und Logik.

»Am Anfang war das Wort«, sprach die Schrift. Das ist nicht wahr und so hybrid wie die Annahme, das Schicksal der Saurier könnte den Menschen nicht treffen. Immer gibt es noch etwas, das davor war, und immer wird es etwas geben, das danach kommt. Niemals gibt es in diesem Sinne einen Anfang und ein Ende. Vor der Schrift waren die Zeichen und Symbole. Vor diesen waren die Zahlen und die Gesten.

Das Wort ist eine mühselige Angelegenheit, mißverständlich auch, und seine Macht ist leicht zu brechen. Die wirklich wichtigen Dinge des Lebens sollten nach Ansicht der alten Mütter nicht im Bereich des Wortes und der Schrift bewahrt werden.

Wort und Schrift sind für den Intellekt greifbar, der leicht dazu verführt werden kann, sich in Dinge einzumischen, die ihn nichts angehen und für die er keinerlei Voraussetzungen mitbringt, wie zum Beispiel der Bereich der Gefühle. Symbole finden – wie gesagt – den direkten Zugang zur Psyche unter Umgehung des Politbüros im Kopf. Wie tiefgreifend die Wirkung der Symbole ist, habe ich bereits am Beispiel des christlichen Kreuzes gezeigt. Ein anderes Beispiel ist das nationalsozialistische Hakenkreuz, die Swastika. Die Bedeutung dieses Sanskritwortes ist überraschenderweise: heilbringendes Zeichen.

Es stellt sich die Frage, wie es möglich war, daß Millionen Menschen unter diesem positiven Zeichen eines Sonnenrades eine der blutigsten Rasereien der Menschheitsgeschichte begehen konnten, unter deren Folgen wir noch heute leiden. Es war beileibe nicht beliebig, unter welchem Zeichen sich die Nazis sammelten und ihre Greueltaten begingen. Umgekehrt wie beim christlichen Kreuz, bei dem ein Folterinstrument eine Botschaft zur Aufforderung von Gewalt und Mord an das Unterbewußtsein sendet, während das Bewußtsein sich dem Begriff der Liebe zu öffnen versucht, schickt die Swastika positive Botschaften der Sonne in die unterbewußten Bereiche. Diese widerstanden daher nicht, als das Bewußtsein den Suggestionen von Gewalt und Sadismus erlag. Das mag die Hemmungslosigkeit erklären, mit der Nazis und von den Nazis Verseuchte und Verführte sich so bedenkenlos über alle Gesetze der Menschlichkeit hinwegsetzten. Dies erklärt auch, warum Nazis so resistent gegenüber Vernunft sind, selbst dann, wenn sie über ausreichend Intelligenz verfügen, um diese zu erfassen.

Nicht vielen ist die machtvolle Bedeutung der Zeichen und Symbole bewußt. Das war jedoch nicht immer so.

Noch bis ins Mittelalter wurde praktiziert, was allerdings dem Sinn nach auch zu diesen Zeiten nicht mehr verstanden wurde: In den Skriptorien der Klöster verzierten Mönche mit Gänsefeder und Schlehentinte auf Papyrus, Pergament und Papier die Bücher, die sie kopierten, mit allerlei schönem und ornamentalem Zierat. Wie man heute – wieder – weiß, war das alles andere als nur zierlich. Die Ranken und schachbrett- oder rautenartige gemusterten Gründe erzeugen im Hirn sogenannte Alpha-Wellen, die es dadurch besonders aufnahmefähig für den Inhalt von Schrift machen. Mit dem Buchdruck ging auch dieser letzte bewußte Gebrauch dieser Macht verloren (Wenn wir einmal von den Werbeleuten absehen, die zwar behaupten, sie beherrschten die Kunst der Manipulation durch Symbole, aber meist doch recht ahnungslos auf einen Zufallstreffer hoffen. Allesamt Nachkommen des nackten Kaisers).

Reste der alten Zahlenmacht und der wirkungsvollen Kraft der Symbole finden sich jedoch trotzdem überall.

Eins, zwei, drei, vier, fünf, sechs, sieben – eine alte Frau kocht Rüben. Dann hüpft sie einbeinig durch Himmel und Hölle, fragt nach der schwarzen Köchin und warnt alle vor dem Plumpsack, der umgeht. Daher: wer sich umdreht oder lacht ... In den Kinder- und Abzählreimen steckt noch viel von den alten Beschwörungsformeln, die einstmals ganz und gar kein Spiel waren.

Abrakadabra und Hokuspokus sind Verballhornungen von echten Anrufungsformeln, und in der Angst vor dem bösen Blick steckt noch viel von der Furcht des Zauberlehrlings vor Entdeckung, weil er die Geister nicht mehr los wird, die er heimlich und unerlaubterweise rief.

Das Fehlen von Zimmer 13, ja von ganzen 13. Stockwerken in großen Hotels, und das mal lustig, mal ernst gemeinte Argwöhnen, daß am Freitag, dem 13., ein Unglück nach dem anderen passiere, weshalb man lieber den ganzen Tag im Bett verbringen sollte, zeigt ebenfalls, wie lang sich Reste alten Wissens halten.

Was steckte einstmals dahinter?

Lilith sagte kein Wort beim Anblick von Adam. Nicht nur ihr Schweigen war beredt. Mit ihrem Blick hielt sie den Mann mit seinem unakzeptablen Ansinnen auf Abstand. Ihr Blick durchdringt und erfaßt unerbittlich die Schwächen, das kindische Gerede, die kleinen Lügen, die Wichtigtuerei, die Anmaßung. Dieser Blick ist hellseherisch und wird zum bösen Blick lediglich in den Augen derer, die ihn nicht ertragen können, wenn er auf ihnen ruht.

Zu Liliths Zeiten war zwei die heilige Zahl von Mutter und Kind. Drei stand für die Lebensphasen einer Frau: Jungfrau, Mutter und weise Alte. Weiß, Rot und Schwarz waren die dazugehörigen geheiligten Farben. Dreifach zeigte sich die Göttin, ganz gleich, wie sie hieß. Die Parzen, die Nornen, die Moiren, die Furien – sie alle, die unsere Lebensfäden spannen, hielten und abschnitten, waren dreigestaltig. Sieben war die Zahl, die in mannigfacher Form direkt in die unsichtbare Welt führte, an Kreuzwegen, im Himmel am Siebenergestirn. Neun Musen kennen wir: Euterpe zuständig für Musik, Polyhymnia für Chorgesang, Kalliope für Klagelieder, Terpsichore für Tanz, Thalia für die Komödie, Melpomene für die Tragödie, Urania für die Astronomie und Klio für die Geschichtsschreibung. Einstmals waren sie lebendige Frauen, die als neunköpfiges Priesterinnen-Kollegium die kretischen Länder der minoischen Zeit regierten. Und die dreizehn! Die wilde Dreizehn!

Dreizehn Mondumläufe hatte das Jahr in der alten Weiberzeit. Und die Woche, die Urwoche, wie sie von der alten Keltenforscherin Martha Sills-Fuchs genannt wird, richtete sich auch nach dem Mond. Sie ging von Mondwechsel zu Mondwechsel und dauerte daher 15 Tage. Zwei Tage davor, so wußten die Alten, waren die Menschen häufig erregbarer, streitbarer, unruhiger als sonst. Das war der dreizehnte Tag der Woche, der Urfeiertag. Selbst das katholische freitägliche Fasten steht damit im Zusammenhang, denn bei den Kelten war es üblich, an diesem Tage nichts oder nur wenig zu sich zu nehmen, um den Organismus am Urfreitag vor Vollmond oder Neumond nicht übermäßig zu belasten.

Wenn auch die Dreizehn eine der wichtigsten Ziffern war, so hatten steigende Zahlen auch weitere Bedeutung. 99 Monate regierten die minoischen Könige auf Kreta. Den hundertsten Monat zog der König sich zurück von der Welt, in eine Höhle, in die Tiefe und Abgeschiedenheit eines Labyrinths und legte Rechenschaft ab vor der Göttin und vor sich selbst. Wenn die Zeit vorüber war, kam er wieder hervor – entweder geläutert und bestätigt oder wahnsinnig oder tot.

Zahlen und Symbole dienten dem Bann und dem Fluch, der Beschwörung und dem Gebet. »Es gibt bedeutsame und wirksame Symbole, diese gehören der Magie, jene der Religion an«, sagt Sir Galahad.

Es sind Farben und Formen, Töne und Gesten, Muster und Figuren. Ein gewebter Seelenteppich mit kosmischen Eigenschaften. Stets mußte er auf die richtige Weise angefertigt werden. Noch wichtiger war, wofür er verwendet wurde. Die Welt der Symbole ist immerhin voller gefährlicher Waffen, Schild und Waffe zugleich. Als Jägerin ist man auch stets die Gejagte und muß wissen, was man zum eigenen Schutz verwenden kann.

Symbole dienten darüber hinaus auch der Ordnung. Mit ihrer Hilfe konnte man die inneren Landkarten anfertigen, die notwendig sind, um sich in der Welt zurechtzufinden. Wenn man Glück hatte, gehörte man sogar zu den Auserwählten, denen die Wege über die Symbole direkt aus der unsichtbaren Welt gewiesen wurden. Charisma sagen wir heute, wenn wir beschreiben wollen, was solchen Menschen zu eigen ist.

Das Wesentliche an der Macht der Zahlen und Symbole jedoch ist die diesseitige Welt, zu der sie führen und in die sie gehören. Den Mächten der Finsternis können wir nicht in der Alltäglichkeit begegnen. Die Macht des weiblichen Blutes und des Gebärens reflektiert über unsere Körper den Geist der Schöpfung. Auch das ist nicht jeden Tag 24 Stunden lang möglich. Wir würden in einer sonderbaren Form der Geistlichkeit steckenbleiben, wenn wir das Leben nur aus dieser Richtung betrachteten. Wir leben doch auch, um hier auf Erden einfach nur zu leben, umgehen zu lernen mit dem, was sie uns gibt, was wir vorfinden.

Hierfür dienen uns die Zeichen als Orientierung. »Orientierung heißt wissen, wo der Orient ist; für den inneren Raum ist der Osten Ursprung oder Quelle unserer Erfahrung« (Ronald D. Laing). Von dort gingen wir aus, wanderten zu neuen Plätzen, bauten unsere Häuser und machten die beeindruckendste Erfahrung, die man auf Erden machen kann: Wir entdeckten das Feuer.

8. Kapitel

Die Macht des Feuers

Wehe dem Haus, in dem kein Feuer mehr brennt. In einem solchen Haus, in dem kein Rauch mehr vom Herd aufsteigt, in einem solchermaßen ruchlosen Haus also steht auch kein zusätzlicher Teller mehr auf dem Tisch, bereitgestellt für den Gast, der kommen könnte und hungrig und müde wäre. So ein Haus weist nicht nur die Fremden ab, es wird damit auch zu einem kalten Verlies für seine Bewohner, das diesen versagt, was sie anderen verweigern und nicht mit ihnen teilen wollen, eher ein Gefängnis denn ein Ort des Schutzes und der Geborgenheit. Das Essen, das hier zubereitet wird, sättigt niemals wirklich, und trotzdem wird man davon fett und träge. In einem solchen Hause herrscht allenfalls Gemütlichkeit, etwas, das einem die Gänsehaut den Rücken hinuntertreiben kann. Frohsinn mag es vielleicht geben, aber es gibt keine Freude und kein Lachen. Wer in einem ruchlosen Hause wohnt, ist am heimlich-begehrlichen, manchmal auch offen gierigen und mißgünstigen, oft auch vorwurfsvollen oder bösartigen Blick zu erkennen, mit dem er in fremde Fenster starrt.

Feuer ist das Symbol für Licht und Wärme, für Wildheit, die zum Wohle aller kultiviert (und nicht etwa zivilisiert) wurde. Die Macht, für die das Feuer steht, ist keine, die sich unmittelbar aus der physischen weiblichen Erfahrung ergibt, wie die des Blutes oder des Gebärens, aber es ist als Wärmequelle und Nahrungsspender dem Haus zugeordnet. Die Feuerstellen gelten als das Zentrum der Häuser. Das Haus jedoch ist der Bereich der Frau. Kein Ort, an den sie verbannt wurde, sondern ein Bereich, der ihr zu eigen ist, den sie geschaffen hat und nun in Ordnung hält, damit es ein belebter, ein lebendiger Platz sein kann, zu dem alle kommen, an dem alle gern bleiben.

Es ist dieses Energiefeld, das sie schafft, welches ihr eine Macht und Potenz besonderer Art verleiht. Diese Art der Macht ist das Hinaustreten in die Welt, ist die Öffnung nach außen. Die Macht des Feuers ist eine Einladung an andere, an die vielen, herbeizukommen und daran teilzuhaben, während die zuvor erwähnten Formen weiblicher Macht eher im Rückzug aus der Außenwelt zu erwerben waren und einer Form des Ausschlusses Unberechtigter bedurften. Entwicklungspsychologisch gesehen war die Frau, die heil durch den Wahnsinn gekommen war, die sich der Macht ihres Blutes bewußt werden durfte und die des Geheimnisses des Gebens von Leben teilhaftig werden durfte, so weit gereift, daß sie nun verwandelt und initiiert, stark und mächtig genug war, der Welt wieder gegenüberzutreten. Jetzt war das Wilde in ihr imstande, Kultur zu werden.

Das Haus war Zentrum und Refugium zugleich. Ganz sicher war es kein Ort der Ausgeschlossenheit vom Leben. Der Unterschied zwischen einer an den Herd verbannten Magd und einer im Umgang mit dem Feuer fähigen Frau ist ungefähr so groß wie der zwischen Gemütlichkeit und Lachen, das heißt, wie der zwischen einem ausgestopften und einem lebendigen Tier.

Auch der Bereich des häuslichen Feuers muß einmal wie die anderen schon beschriebenen Machtbereiche ein wesentlicher Faktor weiblicher Potenz gewesen sein. Dies läßt sich allein schon daraus schließen, wie gering die Frau in ihrem Hause heute geschätzt wird. Vor allem in den abendländischen Nationen lassen sich Bildung, Intelligenz, Bewußtheit und ähnliche Werte nur schwer im Zusammenhang mit dem Bereich häuslicher Tätigkeiten finden. Ich hätte in meinem ganzen Leben lieber irgendwo tot über irgendeinem Zaun gehangen, als jemals wieder als Hausfrau mein Dasein zu fristen. Meine diesbezüglichen Erfahrungen ließen mich immer schwermütiger werden, denn das Leben im Hause bedeutet in unseren Zeiten Isolation. Will man andererseits aber auch seine Achtung bezeugen, so findet man sich nur allzu leicht mit einem Lob der Hausfrau im Lager der sexistischen Sklaventreiber und Chauvinisten wieder.

Und dennoch: Das Haus ist der Bereich der Frau, und damit gehört ihr auch der Bereich der Ökologie. Oikos bedeutet Haus, Logos bedeutet Gedanke, Wort, Sprache, Wissen. Das Wissen um die Belange des Hauses obliegt der Frau. »Seit es Mütter gibt, haben Frauen ihr Heim nach dem Vorbild von Mutter Natur in Ordnung gehalten«, schreibt Andree Collard in ihrem Buch »Die Mörder der Göttin leben noch«. Mit Ausnahme der letzten fünfzig Jahre, möchte ich hinzufügen, in denen die seit einigen tausend Jahren zum Hausmütterchen verdonnerte und ihre ökologische Kompetenz verleugnende Frau zur wandelnden Giftmischerin mutierte, und nicht eher zu ruhen scheint, bis sie sich und die Ihren weichgespült und fleckenrein unter die Erde gebracht hat.

Es gibt, so scheint es, viele ruchlose Häuser bei uns, in

denen an den erloschenen Feuerstellen ein erbitterter Machtkampf tobt, der darum geht, daß niemand mehr das Feuer hüten will. Die Ansicht ist verbreitet, daß nur die Schwachen und die Dummen noch für das Hüten des Feuers taugen. Es ist nicht einfach, über die Macht des Feuers und den guten Geist eines Hauses zu sprechen, weil diese Dinge schnell über ungute Assoziationen in eine ganz reale Form der Irre führen, weil Wunden sogleich wieder zu bluten anfangen und Demütigungen brennend erinnert werden. Aus der Fähigkeit, die Dinge in Ordnung halten zu können, machte das Patriarchat nur allzu leicht die Bürden für die dienende Magd ihres Herrn, eine in ihrem Leid auch noch lächerliche Person, die jeden Befreier eher niederschlagen würde, als daß sie sich ihre Augen öffnen ließe. Der Schmerz sitzt tief, der Zorn flackert immer wieder auf.

Es ist nicht Schuld der Frau, daß die alte, häusliche Sphäre nunmehr eine leere Schale geworden ist, aus welcher ein großer Teil ihres Inhalts entfernt wurde. Und doch wurde die Frau eines Tages zur Gefangenen auf eigenen Wunsch – vielleicht, um auf diese Weise Rache an den Männern zu nehmen, denn auch ein Gefängniswärter gehört zu den Eingesperrten.

Der Unterschied zu den Zeiten der alten Mütter liegt in der Achtung, die diese den Hüterinnen des Hauses und des Feuers entgegenbrachten. Die das Feuer schürten, kannten seine reinigende und spirituelle Kraft. Sie beherrschten nicht nur dieses Element. Sie verbanden es auf die richtige Weise mit der Luft, dem Wasser und der Erde.

Sie steckten ihre Hände tief in die Erde und holten den Ton herauf. Mit Wasser trennten sie ihn vom Sand und drehten die Form. Sie brannten Töpfe und Geschirr, Krüge und Kannen im Feuer. Sie bemalten sie und füllten sie mit allem Vorrat, der sie und die Ihren sicher durch den Winter brachte.

Mit dem Feuer schufen sie Badehäuser und Schwitzhütten für die Hygiene und das körperliche Wohlbefinden. Sie lernten, Steine zu erhitzen, um Brot zu backen. Mit ihrer Hände Arbeit schufen sie häusliches Leben und damit urbanes Leben. Sie stellten Werkzeuge her und gebrauchten sie. Ihre Feuer erlöschten nie. Handwerkerinnen waren sie, Baumeisterinnen, Künstlerinnen, geschickt und einfallsreich.

Sie nahmen von der Erde und gaben zurück. Desgleichen taten sie mit der Luft und mit dem Wasser. Sie hielten Ordnung. Ich sollte besser nicht sagen, daß sie die Elemente beherrschten, angebrachter wäre, zu sagen, daß sie sie dominierten, ein Begriff, der zu Unrecht einen schlechten Ruf erhalten hat. Sie waren echte Dominas, freie Frauen, hinter denen niemand stand, der sie schlug und ihnen sagte, was sie zu tun und zu lassen hätten. Und denen es fremd war, dies mit anderen zu tun. Die Posen des Stolzes, der Erbarmungslosigkeit, der Härte und Abweisung mancher heutigen Domina sind möglicherweise traurige Selbstbehauptungsversuche gebrochener Kreaturen in bizarren Folterkellern, die sich damit auf eine entleerte Weise an eine Existenz weiblicher Würde und Unabhängigkeit zu erinnern versuchen.

Einmal gab es eine Zeit, in der waren wir Herrin im Haus.

Suchen wir also in der Asche der alten Feuerstellen nach den Spuren.

Dazu möchte ich einen glücklichen Augenblick der Geschichte Kretas wieder auferstehen lassen. Kreta, die auch den Beinamen *Makaron Nesos,* Insel der Seligen hat. Kreta, das die Ägypter Keftiu nannten, das bei den Hebräern Kaphtor hieß und von der Homer nur im Plural, den Kretas sprach, gibt mit seinen »Palästen« ein gutes Bild urbanen Lebens freier Frauen im Matriarchat.

Diese Paläste entfalten ihr Leben vor uns auf eine bezwingend logische Weise, wenn wir sie als Heiligtümer betrachten. Heiligtümer, die mit den christlichen Kirchen und Klöstern nicht viel gemeinsam haben. Sie waren wohl eher Stätten einer Art wirtschaftlich-religiöser Gemeinschaften. Sie waren Zentrum allen Lebens und selbstverständlich weltzugewandt.

Knossos war eine Anlage, die als umfangreicher Gebäudekomplex aus Höfen, Magazinen, Werkstätten, Wohnbereichen und Repräsentationsräumen bestand. Es gab Badezimmer, Toiletten, seitlichen Lichteinfall, Dekorationen, Säulen, Wandmalereien. Bedeutungsvoll sind überdies die seitlich offenen Hallen, die Lichtschächte und die Tatsache, daß die Bade- und Lustrationsräume tiefer als die benachbarten Räume angelegt sind. Außerdem die monumentalen Treppen, die terrassenförmig angelegten Gärten mit Portiken, die Einteilung der Obergeschosse in offizielle Räume, also Büros und sakrale Räume, Prunk- und Empfangssäle und Prozessionsplätze.

Die gleichen Merkmale finden sich in noch drei weiteren ausgegrabenen Anlagen auf Kreta. Daneben gab es Dörfer und größere Villen.

Ein Professor für Kunst und Archäologie der Universität Toronto befand, daß sich die minoische Architektur nicht von anderen Architekturen ableiten läßt; sie ist originär, einzigartig, aus sich heraus geschöpft.

Ihre Erschafferinnen und Bewohnerinnen waren offenbar elegante und anmutige Erscheinungen. Sie trugen Stöckelschuhe und wunderschön gedrehte Locken. Sie hatten Wespentaillen und ihre Ausstrahlung muß immens gewesen sein, denn noch ihre Abbilder veranlaßten die Ausgräber mehr als viertausend Jahre später, zu den für ihre Zeit und Verhältnisse äußersten Vergleichen für Charme, Schönheit, Faszination, Verruchtheit und Erotik zu greifen. Evans nannte das Bildnis einer minoischen Frau aus Knossos, wahrscheinlich einer Priesterin: die Pariserin. Stets nannte man das minoische Kreta ein Damenreich.

Bei solchen Vergleichen und Unterscheidungen zucke ich immer leicht zurück. Das sind sehr heutige, sehr patriarchale Vorstellungen, die den Blick färben und das Gehirn durch Beschränkung unterfordern. Demnach wären Damen elegant und zurückhaltend, Frauen arbeiten und sind praktisch, Weiber sind derb und eher was fürs Grobe.

Das elegante, verspielte Kreta mit seinem für die damalige Zeit unvorstellbaren Reichtum und Luxus, seinem an unsere Verhältnisse heranreichenden Lebensstandard (und das immerhin vor sechs- bis viertausend Jahren!) ist für mich der Inbegriff einer Welt, die nur damenhafte Weiber haben schaffen können oder weibliche Frauen oder frauliche Damen. Urbanes Leben zu jener Zeit hieß Eleganz *und* reiche Ernte auf den Feldern. Es bedeutete, daß sich geschickte und schöpferische Hände, vom Ernten erdige Hände, an demselben Körper befinden konnten, der an den Füßen Stöckelschuhe trug.

Das wesentlichste daran ist, daß Kreta uns zeigt, daß matriarchale Kultur und Gesellschaft nicht am Saume der Geschichte, in den Zeiten der Höhlenmenschen lebbar war, quasi eine Frühform menschlichen Zusammenlebens, über die wir zwangsläufig hinauswachsen mußten, als wir uns weiter – und wie manche meinen – höher entwickelten. Die minoische Kultur hat so ganz und gar nichts Archaisches an sich. Im Vergleich dazu macht die darauffolgende Kultur von Mykene, also die Zeit von Klytämnestra, Agamemnon und Elektra geradezu einen groben, wenn nicht primitiven Eindruck.

Die Macht des Feuers war die Macht, welche Kultur hervorbrachte. Frauenhände ließen sie erblühen. Die reichen Wandmalereien voll springender Delphine, blühender Lilien und bunter Vögel in den Heiligtümern waren von Frauen gemalt, die auch die Krüge bemalten, die sie zuvor selber hergestellt hatten. Sie waren Metallurginnen. Sie stellten Farbe her: Schwarz aus der Tinte des Tintenfisches, Gelb aus der Iris und Narzisse, Blau und Violett aus der Hyazinthe, Rot aus der Purpurschnecke. Sie stellten wohlduftende Salböle und Parfüms her. Bekannt waren sie auch für ihre Fertigkeiten in der Lederherstellung und -verarbeitung. Ihr Olivenöl war ebenso weit gerühmt. Ihre Kenntnisse der Pflanzen und Kräuter immens. Die Kreterinnen stellten so viel Kultur her, daß sie daraus eine weitere Form weiblicher Macht entwickelten: Sie verkauften, das heißt exportierten ihren Überfluß. Sie wurden Kaufleute, Händlerinnen.

9. Kapitel

Die Macht der Eigen-Mächtigkeit

Wer machtlos ist, ist unfrei. Wer unfrei ist, kann keine Entscheidungen treffen. Wer keine Entscheidungen treffen kann, ist handlungsunfähig. Wer handlungsunfähig ist, wird niemals Herrin im eigenen Hause sein. Und nur eine solche Frau kann ihr Haus halten.

Haushalten können, wirtschaften können, ökonomisch denken und handeln war stets der Machtbereich der initiierten, erwachsenen, das heißt der eigenmächtigen Frau. Sie konnte handeln. Und wie sie handeln konnte!

Wer noch eine Marktfrau alten Schlages kennt, der erfährt durch sie einen Abglanz dessen, was die Frauen in den alten Zeiten für in der Wolle gewaschene Händlerinnen waren. Sie hatten nicht nur einen ausgezeichneten Riecher für eine gutes Geschäft. Sie kannten und liebten ihre Ware, und in ihren Herzen sah es wahrscheinlich ebenso bunt aus wie an einem gutsortierten Marktstand. Die matriarchale Ökonomin handelte aus dem Überfluß heraus. Sie erkannte Kraft ihrer Weiblichkeit Bedürftigkeit. Sie verteilte, sie tauschte, sie lagerte, sie kaufte ein und verkaufte wieder. Sie war ein Bazar auf zwei Beinen. Im Gegensatz zu den heutigen *allein*stehenden Frauen war sie eine allein*stehende* Frau.

Sie brauchte niemanden, an dem sie sich festhalten konnte, allein deshalb schon nicht, weil sie im Umgang mit ihrer Ware beide Hände frei brauchte. Sie handelte aus eigener Kraft. Das war das Geheimnis ihres Erfolgs.

Ihre natürliche Fähigkeit zur Verbundenheit ließ sie leicht ein Netz der Verbindungen knüpfen und sie auch halten und pflegen. Es waren diese Verbindungen, die umgekehrt ihr zuzeiten genügend Halt gaben für den Fall, daß sie ihn zu verlieren drohte und auch ihr Haus nicht mehr halten konnte. Seit ich denken kann, haben mich Freimaurerbünde immer mit Neid erfüllt. In ihnen läßt sich das alte matriarchale Prinzip der weiblichen Verbundenheit noch wieder entdecken. Es scheint, als hätten die Freimaurer selber ein klares Gespür dafür, auf welch alten Wurzelstock sie ihren grünen Zweig aufgepfropft haben.

In der Oper »Die Zauberflöte« des Freimaurers Wolfgang Amadeus Mozart wird erzählt, wie die einstige Macht der Sternenkönigin von dem Zauberer Sarastro geraubt worden war, wie sich der Männerbund Sarastros der alten Rituale bemächtigt hatte und wie das Prinzip der Initiation zur Ausleseprüfung umgewandelt, ein Machtinstrument zur Unterdrückung wurde und nicht länger mehr ein Akt der Grenzüberschreitung zur Reifung in die Freiheit. Den streng auf Ausschluß der Frauen bedachten Männerbünde der freimaurerischen Logen sagt man nach, daß sie niemals einen der ihren in einer Notsituation im Stich lassen, daß stets einer dem anderen helfe, und daß dieses Netz – international geknüpft – auch international funktioniert. Daher rührt mein Neid, denn ich betrachte diese Dinge als Spuren einstiger weiblicher Macht, die einmal einen Teil unseres ökonomischen Talents ausgemacht haben.

Spuren der einstigen ökonomischen Macht der

Frauen finden sich heute noch zahlreich. Bei einigen Völkern Afrikas obliegt der Handel im Sinne einer Marktwirtschaft noch heute den Frauen. Die Turkmenen, eine ursprünglich aus Zentralasien stammende Völkergruppe in der heutigen Türkei, benötigen auch noch in unseren Zeiten die Einwilligung ihrer Frauen, wenn sie einen größeren Handel zu tätigen gedenken. In zahlreichen orientalischen Ländern gibt es immer noch Familien, in denen traditionell die Mutter eines Clans letztendliche wirtschaftliche Entscheidungsinstanz eines Geschäftes ist. Dies sind nur einige Beispiele für heute noch existierende ökonomische Kompetenzen von Frauen.

Kretas legendärer Reichtum, der sogar die als Hochkultur alles andere als ärmlichen Ägypter beeindruckte, basierte auf dem Geschick, das die matriarchale Gesellschaft im Handel mit den Erzeugnissen der Insel aufbrachte.

So ist es also gar kein Märchen, daß schöne Müllerinnen einst die Gabe hatten, Stroh zu Gold zu spinnen.

Anders als im Grimmschen Märchen waren die Weiber der alten Zeit der Begegnung mit den Mächten der Finsternis aber bestens gewachsen. Ihnen wäre die Hilfe von Rumpelstilzchen dabei eine vollkommen selbstverständliche Sache gewesen, für die sie sich achtungsvoll bedankt hätten. Und ohne zu zögern, hätten sie ihr Kind, so wie es sich gehört, beizeiten in die Unterwelt geschickt, auf daß es ebenfalls lerne, mit den Mächten der Finsternis umgehen zu können.

Das ist lang her, vergangen und versunken. Heute, wo wir am Ende jener Zeiten angekommen sind, die sich darauf konzentriert haben, Leben zu vermeiden, Reife zu verhindern, Initiationen zu entkommen und die Macht denen zu überlassen, die als einzige Qualifikation dafür die eigene seelische Impotenz mitbringen, am Ende dieser Zeiten also, wächst der Wunsch danach, daß wir zur Eigen-Mächtigkeit zurückkehren können.

Welchen Zugriff zu den weiblichen Machtbereichen haben wir heute? In den letzten Jahren haben wir Beweise für unsere geistige Macht gesammelt, gedeutet, gesichtet, sortiert, wieder uminterpretiert, ergänzt und ausgetauscht. Schon haben sich alle möglichen Trittbrettfahrer an den Zug angehängt. Das ist ein sicheres Anzeichen, daß wir aus dem Gröbsten heraus sind. Wie es scheint, müssen wir uns und anderen nicht mehr beweisen, daß es die Zeit der Großen Mutter gegeben hat. Viele der bewundernswerten Entdeckerinnen einstiger weiblicher Macht tappen dennoch immer wieder in die patriarchale Beschwichtigungsfalle. Sie beteuern, daß die Zeiten unserer Macht nicht wiederauferstehen können oder sollen. Matriarchate wären menschheitsgeschichtlich eine frühe Stufe unserer Entwicklung und ein Versuch der Wiederbelebung sei ein Rückschritt in die Steinzeit.

Manche versuchen sogar wider besseren Wissens eine Rechtfertigung des Patriarchats, indem sie es als evolutionären Fortschritt bezeichnen, ohne den wir nicht zu den geistigen Höhen gelangt wären, in denen wir uns angeblich befinden. Ich halte das für falsch und bin der Ansicht, daß wir damit auf dem besten Wege sind, auf den Pfaden der Riesenechsen zu wandeln und eines Tages im Keller des Evolutions-Museums zu landen, mitten in der Abteilung für bedauerliche Fehlentwicklungen gleich neben Tyrannosaurus rex.

Einige von ihnen konstruieren wackelige Gedankenbrücken von der männlichen Herrschaft zur gleichberechtigten Partnerschaft und merken möglicherweise vielleicht selber nicht, daß sie noch immer versuchen,

Männer und patriarchal verzauberte Frauen von der Harmlosigkeit und umgänglichen Nettigkeit des weiblichen Teils der Menschheit zu überzeugen, und sich und alle Frauen für unfähig halten, daß wir unseren Teil der Verantwortung wieder übernehmen. Die Erinnerung an weibliche Macht jedoch führt nicht zur Lebbarkeit der Zweierbeziehung. Zimmern wir also nicht an Beziehungskisten als Basis unseres Lebens. Sie sind Särge von gestern für Leute von heute.

Warum gehen so viele Frauen, die ich als Pionierinnen auf diesem Gebiet betrachte, am Ende doch so traurige Kompromisse unterhalb ihrer Selbstachtung ein? Vielleicht ist es die Diktatur des Normalen. Es ist sehr schwer, den Mut zur Eigen-Mächtigkeit auch dann zu haben, wenn man als einzige mitten unter Normopathen steckt. Die Angst vor Isolation sitzt tief.

Ich denke, wir müssen Klarheit und Wahrhaftigkeit suchen. Das bedeutet, daß wir um eine gewisse Radikalität nicht herumkommen. Das ist ein nicht ganz ungefährlicher Gedanke, weil Radikalität zu einem der mißverständlichsten und mißbräuchlichsten Begriffe gehört, die ich kenne. Ich möchte Radikalität ungefähr so verstanden wissen, daß man eine Lüge eine Lüge nennt und nicht als Mißverständnis verbrämt. Der Gedanke der Radikalität verträgt sich bestens mit Vorstellungen von Achtsamkeit und Rücksicht auf Andersdenkende. Dagegen verträgt er sich nicht mit anpasserischer Unterwürfigkeit und Ängstlichkeit.

Lassen wir uns also nicht einreden, daß wir mit einer radikalen oder – anders gesagt – klaren Haltung andere vor den Kopf stoßen können. Das werden wir schon aushalten müssen. Das werden sie schon aushalten. Lassen wir uns also nicht einschüchtern mit Verdächtigungen, wir wollten der Herrschaft über Männer frönen und seien machtgierige, kastrierende Frauen. Ich habe es mir gründlich überlegt: Ich will die radikale Lösung der Eigen-Mächtigkeit. Ich möchte, daß der weibliche Teil der Menschheit wieder die Bedeutung erhält, die ihr von Natur aus zusteht. Ich lehne Diskussionen über die Ausgewogenheit der Kräfte ab; hier handelt es sich nicht um den Streit zweier Megastaaten, die sich gegenseitig durch Aufrüstung in Schach halten müssen. Im Zusammenhang mit der Bedeutung weiblicher Energie und Macht für ein artgerechtes Leben des *Homo sapiens* arbeite ich daran, mich wieder des gesamten Bereichs dieser Macht zu bemächtigen und helfe nun schon seit geraumer Zeit allen Frauen, die mich darum bitten, die Grenzen zu überschreiten und über sich hinauszuwachsen.

Fern von jeglichem Gedanken an Stabilität durch Ausgewogenheit der Kräfte meldet die wilde Frau ihre natürlichen Ansprüche an, und die wiegen im Kräfteverhältnis ungefähr so schwer wie ein schwangerer Leib gegen ein halbes Milligramm Spermatozoen. Hören wir doch endlich auf, Männer vor der Begegnung mit ihrer eigenen Inferiorität zu beschützen. Weil wir ihre Gefühle nicht verletzen wollten, haben wir uns nun seit ein paar tausend Jahren der Diktatur der Spermatozoe gebeugt, was Männern wie Frau nicht bekommen ist. Unsere Schonung und die Rücknahme unserer Macht macht einen schwachen Mann auch nicht stärker; die erbarmungslose Konfrontation mit sich selbst kann ihm aber die Chance von möglicher Stärke geben. Vielleicht. Wünschen wir ihm Glück und alles Gute und machen wir uns an die Arbeit, unsere eigene, urweibliche Macht wiederzuerlangen und in der Welt zu etablieren.

Die Rückkehr zu unseren Quellen der Macht und Energie dient nicht dazu, daß wir mit diesen dort geschöpften Wassern unerträgliches Leben besser aushalten können, sondern es soll uns eigen-mächtig machen. Nicht mehr und nicht weniger. Ich glaube sogar, daß wir nicht darum herumkommen, wenn der Mensch wieder artgerecht leben will. Will er das nicht, gehen wir unter.

Wir wissen, was wir dazu tun müssen, aber noch wissen wir nicht, wie wir es tun können. Es ist klar, daß uns das Wasser nur dann gereicht werden wird, wenn wir zuvor unsere Seele gereinigt haben und wenn wir bereit sind, die Konsequenzen unseres Tuns, worin auch immer es bestehen mag, wieder auf uns zu nehmen. Wir werden lernen müssen, die Grenzüberschreitungen vorzunehmen, so wie es das Leben verlangt. Und wir werden darauf achten müssen, wer uns dabei das Wasser reichen kann.

Wir wissen, daß wir so etwas wie Initiationen brauchen, um uns zu erneuern, zu reifen und über uns hinauszuwachsen.

Wie aber können wir uns erneuern, damit wir aus der Selbstbehauptung heraustreten und in die Souveränität hineinwachsen? Wie kann die wilde Frau erwachen und Teil von uns werden?

Ich denke, es wird viele Wege geben, die uns dorthin bringen können. Welchen wir finden und welchen wir dann letztendlich wählen, hängt von verschiedenen Faktoren ab. Es ist eine Frage, woher wir kommen, wo und unter welchen Umständen wir leben und wie groß unser Mut ist, um uns auf den Weg zu machen. Ich habe ich der Geschichte des minoischen Kreta ein Symbol gefunden, mit dessen Hilfe wir zurückfinden können. Es ist das Labyrinth, das nicht annähernd so geheimnisvoll ist, wie es vielen vorkommt. Ein Labyrinth hat – wie gesagt – nichts mit einem Irrgarten zu tun. Man kann sich darin nicht verlaufen. Es gibt nur einen Weg hinein, und auf demselben Wege kommt man wieder hinaus. Nur ist man, wenn man wieder herausgekommen ist, niemals mehr derselbe Mensch, der man war, bevor man hineinging.

Vierter Teil

Das Labyrinth

Wer in das »Innere« eingedrungen ist, wird sich unterwegs finden auf einer Reise, die er unternimmt oder durch die man ihn führt. Diese Reise wird erfahren als ein Schreiten in . . . die Erfahrung der Menschheit, vielleicht weiter ins Wesen der Tiere, Pflanzen und Mineralien.

Auf dieser Reise gibt es viele Möglichkeiten, vom Wege abzukommen – Gelegenheiten zu Verwirrung, teilweisem Scheitern, endgültigem Schiffbruch; es gibt viele Schrecken, denen man entgegentreten muß und die man vielleicht überwältigt – vielleicht aber auch nicht.

Ronald D. Laing

1. Kapitel

Der Abstieg

Das Labyrinth ist eine Form, ein Symbol, ein Ritus, ein Mythos. Am Ende ist es so etwas wie ein getanzter Tod. All das war es immer schon zu allen Zeiten. Es war das Herzstück der minoischen Kultur. Sie verstanden damals offensichtlich viel vom Leben.

Welch große Bedeutung es einstmals hatte, erzählt folgende Geschichte, die – wieder einmal – an der Bruchstelle von den Matriarchaten zum Patriarchat spielt, und die davon berichtet, daß wir Vorfahrinnen haben, die an uns etwas wiedergutzumachen haben. Zu ihnen gehören Medea und Elektra, sicherlich auch Eva und Maria. Noch eine gibt es, die entscheidend dazu beigetragen hat, daß die Menschheit für die nächsten Jahrtausende in die Barbarei zurückfallen mußte. Ihr Name war Ariadne. Dieser Name bedeutete »die Heilige«. Sie war eine Priesterin in Knossos. Ihr Gegenspieler in dieser unerfreulichen Geschichte ist Theseus, Sohn des thessalischen Königs der damaligen Zeit, ein Intrigant und Mörder. Es war jene Zeit, in der auf dem Festland schon so viele patriarchale Königreiche auf blutige Weise entstanden waren, das matriarchale Kreta aber noch immer so mächtig, daß es davon nicht bedroht war. Noch nicht.

Der Grund war eine kluge Maßnahme, die dafür sorgte, daß die Fremden auf dem Festland keinen Anlaß sehen sollten, Kreta anzugreifen. Alle neun Jahre hatten die betreffenden Königreiche Gelegenheit, eine Elite ihrer Jünglinge und Jungfrauen nach Kreta zur Ausbildung und Initiation zu schicken, wie schon zuvor die alten Sippen und Stämme der Matriarchate auf dem Festland. Auf diese Weise verwoben sich Gepflogenheiten, Sitten und Gebräuche. Man blieb in Kontakt. Man war einander verpflichtet auf eine feine, nicht aufdringliche Weise, die aber im Bedarfsfall doch von unausgesprochener wie nachdrücklicher Bedeutung sein konnte. Eine Umgangsform, die sich in den östlichen mediterranen Ländern trotz der patriarchalen Walze bis heute erhalten hat.

Dabei spielte das Labyrinth eine große Rolle.

Man sagt, sein Architekt sei Dädalos gewesen, der mit der Konstruktion einer Flugmaschine, mit der später sein Sohn Ikaros abstürzte, erst so richtig berühmt wurde. Natürlich war das Labyrinth viel älterer Natur, und es hatte ursprünglich überhaupt keine Erbauer, es sei denn die Erde selbst, denn es bestand anfangs aus einer oder mehreren Höhlen, die so angelegt waren, daß man darin von der Außenwelt abgeschirmt war, so wie es für einen ordentlichen Initiationsplatz erforderlich ist.

Was also damit gemeint war, wenn Dädalos als erster Erbauer des Labyrinths bezeichnet wird, bleibt daher ein wenig unklar. Auffallend ist nur, daß ausgerechnet ein Mann dieses Symbol eines Erd-Uterus erbaut haben soll, eine Behauptung, die allerdings von den patriarchalen Eroberern stammt. Das schaut sehr nach einer Art Bemächtigungs-Propaganda aus. Auch ist es ziemlich sonderbar, daß von Architekt Dädalos überliefert ist, er habe aus dem von ihm selber gebauten Labyrinth nicht mehr hinausgefunden.

So etwas ist tatsächlich möglich, und zwar dann, wenn es sich um ein Labyrinth und nicht um einen Irrgarten handelt, was die griechischen Eroberer in ihrer Ahnungslosigkeit durcheinanderbrachten. Der Sinn des Labyrinths ist der Verlust der sinnlichen Wahrnehmung der Außenwelt, man könnte es auch als einen Verlust der Außen-Orientierung bezeichnen, um sich voll und ganz auf die Reise in das eigene innere Erleben zu konzentrieren. Wer jemals in seinem Leben am Rande von Wahnsinn entlangbalanciert ist, der weiß, wovon ich rede. In solchen Zeiten des Wahnsinns folgen wir einem eigenartigen und konfliktreichen Prozeß aus Protest und Widerstand gegen das, was die Welt von uns will, und dem, was in unserem Inneren auf eine uns selbst unverständliche Weise nach dem wahren Leben ruft. Auch wenn es noch so sehr nicht zu verwirklichen ist, weil wir noch nie davon gehört haben, daß ein Mensch ungestraft und ohne Verdammung hat leben dürfen nach seiner wahren Fasson.

Das sind im Wahnsinn die Augenblicke der Ausweglosigkeit, an denen unser Bewußtsein nur wahrnehmend teilhat, weil wir anderen Mächten ausgeliefert sind, wo wir sterben zu müssen glauben und eine große Angst uns ergreift, weil wir plötzlich verspüren, wie unendlich einsam der Mensch in der Welt ist. Wer jemals selbst in der eigenen Seele mit diesen Dingen in Berührung gekommen ist, weiß auch, wie leicht es möglich wäre, nicht mehr zurückkehren zu können und mit dem Geist zwischen den Welten steckenzubleiben.

Auf diese Weise kann auch ein Dädalos in die Situation kommen, aus dem Labyrinth nicht mehr herauszufinden, obwohl er es selbst gebaut hatte. In welchem

Labyrinth soll er denn sonst steckenbleiben, wenn nicht in seinem eigenen, wenn er dem Wahnsinn begegnet?

Theseus war einer der Auserwählten, die im Labyrinth von Knossos initiiert worden waren. Es war ein Schiff, welches als Zeichen für Initiation stets schwarze Segel trug, das die Auserwählten nach Kreta brachte. Unter diesem schwarzen Segel gelangte Theseus zum zweitenmal nach Kreta, und wurde daher freundlich aufgenommen. Andere Überlieferungen berichten, Theseus hätte nicht zu den Auserwählten, zur Elite gehört, sondern er sei einfach auf dem Schiff mit dem schwarzen Segel mitgefahren, um zu rauben und zu plündern, nachdem er zuvor schon den Frauen von Marathon den heiligen Stier geraubt und in Athen geschlachtet hatte.

Ariadne, die Heilige, war höchstwahrscheinlich nicht mehr jung genug, um in bezug auf Männer eine unerfahrene und naive Frau zu sein wie Medea. Es ist unbekannt, was sie bewogen hat, Theseus bei der Entweihung des Mysteriums im Labyrinth zu helfen, aber sie hat es getan. Im Anschluß daran hinterging Theseus sie auf eine so schmerzliche Weise, wie alle Frauen, die einmal von einem Mann hintergangen worden sind, nachempfinden können. Er versprach ihr, sie nach Athen mitzunehmen. Sie riet ihm noch, die Böden in den kretischen Schiffen zu zerstören, damit sie nicht verfolgt werden konnten. Auf Naxos machten sie Halt. Theseus verkündete den Bewohnern von Naxos demonstrativ, er habe die Mysterien des Labyrinths entweiht und den Minotaurus, den wilden Mann der Kreter, getötet. Als Beweis tanzte er den Kranichtanz, ein kompliziert getanztes Symbol für den Gang durch die wiegenden Halbkreise des Labyrinths.

Dann bestiegen er und seine Männer die Schiffe, während Ariadne noch schlief, und verließen die Insel, ohne sie mitzunehmen. Auf dem Berge Drios soll Ariadne dann für immer verschwunden sein. Andere sagen, sie habe sich vom Felsen in das Meer gestürzt. Wer weiß, vielleicht hat Theseus sie, die ihm lästig geworden, nicht einfach nur zurückgelassen, sondern umgebracht.

Das siebengängige kretische Labyrinth gibt es nicht nur auf Kreta und in Griechenland, sondern überall in Europa an den Eingängen zu Kult- und Felshöhlen eingeritzt. Vor allem auf der skandinavischen Halbinsel und auf den britischen Inseln finden sich zahlreiche dieser Labyrinthe. Manche von denen, die außerhalb Kretas entdeckt wurden, sind wie diese auch schon einige tausend Jahre alt und werden dort von den Einheimischen »Trojaburgen« genannt. Wenn das Labyrinth so gezeichnet ist, daß statt der Begrenzungslinien der Gänge der Gang selber die Linie darstellt, spricht man von einem Ariadnefaden.

Seinen Nutzen bezieht er aus der Kraft als archetypisches Zeichen. Seine Magie besteht in vielen analogen Bedeutungen.

Es ist so wohltuend wie ein Mandala, so schützend wie ein Mantra und macht das Hirn so aufnahmefähig wie die Verzierungen in den mittelalterlichen Folianten.

Es ist jedoch weitaus mehr.

Mehr als die Verdichtung von Bedeutungen ist das Symbol des Labyrinths ein Konzentrat göttlicher Präsenz. Dies gilt auch für das Symbol des Doppelhornes, das heißt des Stierhornes, nach dem im Neugriechischen der Mond noch immer Fengari heißt. Das gilt noch weitaus mehr für das Symbol der Doppelaxt. Doppelhorn und Doppelaxt finden sich in allen Größen und Formen in allen auf Kreta gefundenen Kulthöhlen, in allen Labyrinthen.

Um sich auf die Reise zur wilden Frau zu begeben, um

den Abstieg hinunter in die Tiefen zu wagen, zum Eingang des Labyrinths, bedarf es in unseren Zeiten eines Ortes des Rückzugs bzw. Abstiegs. Das ist vor allem eine Frage des inneren Entschlusses, der von vergleichbarer Qualität ist wie der Entschluß, eine Psychotherapie zu machen oder zu den Anonymen Alkoholikern zu gehen oder ähnliches. Er geht sogar weit darüber hinaus, denn diese Dinge dienen vor allem der seelischen Reinigung, die ich als Vorbereitung auf die Begegnung mit der wilden Frau im Labyrinth ansehe.

Weil es nur einen Weg hinein und nur einen wieder hinaus gibt, wird es zum Symbol des Lebens selber. Es ist Symbol für den Mutterschoß, die dunkle Höhle, aus der uns die Mutter hinaustrieb, aus der wir uns einmal herausgekämpft haben, und wir wußten nicht, was uns draußen in der neuen Welt erwartet. Heute, jetzt müssen wir erst einmal wieder hineinfinden, wenn wir uns selbst neu gebären wollen.

Das ursprüngliche Labyrinth hat den Eingang auf der rechten Seite und kennt sieben Umgänge, die eigentlich ganz simpel in einer Art Halbkreisen bis in das Innerste führen. Begibt man sich hinein oder fährt man auch nur auf einer auf ein Stück Papier aufgezeichneten Aufsicht die Umgänge mit dem Finger nach, so merkt man sofort, daß die Verwirrung System hat. Mit jedem Umgang fällt ein Stück Außenwelt mehr von uns ab: all das Überflüssige, Eitle, Ängstliche, Törichte; das Aufgeblasene, die Selbsttäuschungen bleiben draußen. Was haben wir nicht alles zu verlieren!

Das ist der Augenblick, wo es keiner Worte mehr bedarf, um zu begreifen, daß es sich bei der Initiation, bei dem Betreten des Labyrinths um den Tod als Aufgabe handelt. Nicht den Tod als Metapher, als philosophische Tatsache, als Gedanke an das Ende unser aller Leben. Nein, es handelt sich um den eigenen, ganz persönlichen Tod, die Erfahrung der Unvermeidlichkeit. Ohne den Schrecken dieser Erkenntnis kann niemand wirklich ein Mensch werden. So mancher, der geglaubt hat, sich durchs Leben mogeln zu können, ohne auch nur ein einziges Mal um sich selbst kämpfen zu müssen, wird letztlich auf die fürchterlichste Weise, die es gibt, trotzdem vor diese Aufgabe gestellt: Er wird möglicherweise krank oder verliert alles, was kostbar war in seinem Leben, und bemerkt die Kostbarkeit erst hinterher, was er vorher nicht wertschätzen konnte. Was auch immer es sein mag, nehmen wir diese Erkenntnis nicht an, schlägt uns das Leben.

Das Erschütterndste, von dem ich in diesem Zusammenhang je Kenntnis bekommen habe, ist die Äußerung eines HIV-positiven Mannes, der in einer AIDS-Serie über sich im Nachrichten-Magazin DER SPIEGEL sagte, »Aids sei ein Teil von ihm geworden, auf den er nicht mehr verzichten zu können glaubt«. Und: »Wenn es heute eine Pille gäbe und das Virus wäre erledigt, dann hätte ich die große Lebenskrise. Da käme ich nicht mehr zurecht. Ich möchte einfach nicht mehr anders leben.« Sein Leben vor dem Virus bezeichnet er als »so unwichtig, so nichtssagend, so bedeutungslos«.

Robert Bly, einer der Väter des wilden Mannes, spricht in diesem Zusammenhang von einem Zustand, den er Katabasis nennt. Darunter versteht er einen Strudel, der den Mann hinabzieht, ein Versinken in den Boden, den Absturz, Schicksalsschläge, die der Erfahrung von Demut dienen, nachdem Zustände der Ekstase und Erleuchtung auf abgekürzten Wegen und mit mißbrauchten Mitteln zu erreichen versucht wurden und nur, um in aufgeblasene Grandiosität oder Oberflächlichkeit umgemünzt zu werden. Nach allem, was ich von und über Männer erfahren habe, ist die Katabasis eine adäquate Möglichkeit für Männer, jene Dinge zu erfahren, die uns Frauen quasi kraft unseres Geschlechtes konsequent und gnadenlos auferlegt werden wie zum Beispiel Menstruation oder Schwangerschaft. Es sind dies die Erfahrungen der Unvermeidlichkeit, die uns daran erinnern, daß das Leben keine Party ist und Abkürzungen niemals zum Ziel führen. Es ist der Tod, der beinahe alle Dinge relativiert, mit denen wir uns normalerweise beschäftigen. Auf ihn führt alles Leben hin.

Ich weiß nicht viel mehr über den Tod als andere Lebende. Wohl ist er mir häufig in meinem Leben begegnet. Meine Eltern sind früh gestorben, und eine Reihe meiner Freunde leben auch nicht mehr. Und doch weiß ich nicht viel über ihn, außer, daß er jenseits der Angst liegt. Und darin liegt seine Macht.

Diese Dinge gelten für Männer und Frauen gleichermaßen. Wir stellen alle dieselbe Frage danach, warum wir leben. Aber wie sich das Leben in uns und durch uns ausdrückt, das macht den Unterschied aus. Ich bin davon überzeugt, daß wir alle leben, um zu lernen. Das bedeutet, als Mensch unter den Bedingungen der Erde Leben zu erfahren. Es gibt viele Variationen der Bemühung, dies verstehen zu wollen. Am besten bringt es uns das Bild des Gedankens nahe, was das Wasser wohl tun würde, wenn es erfahren wollte, was Wasser ist. Es müßte sich in lauter einzelne Wassertropfen aufteilen, die durch die Luft fliegend Wasser-Erfahrungen, Lebens-Erfahrungen, Existenz-Erfahrungen sammeln, welche sie dann, wenn sie sich zurückfallend mit den anderen Tropfen wieder vereinigen, dem Bewußtsein des Wassers zufügen können.

Daraus ergibt sich nicht nur der Gedanke, daß wir in der Andersartigkeit anderer Menschen und anderer

Lebewesen die unendlichen Aspekte Gottes zu achten haben. Es ergibt sich auch daraus, daß Andersartigkeit offenbar einen Sinn macht. Dann ergibt es aber auch einen Sinn, wenn es bei uns Menschen wie bei den meisten anderen Lebewesen zwei Formen des Erlebens gibt: die männliche und die weibliche.

Das Labyrinth ist ganz sicher Symbol für die weibliche Sicht des Lebens. Das bedeutet nicht etwa, daß nur weibliche Menschen hineingehen sollten. Aber ein Mann, der den Weg in das Labyrinth nehmen will, sollte wissen, daß er sich auf weiblichem Boden bewegt, daß darin andere Gesetze gelten als die seinen und daß er darin einem weiblich gefärbten Schrecken begegnen kann, dem er gewachsen sein muß. Er wird im allgemeinen seine eigenen Menschwerdungswege gehen müssen, begleitet von männlichen Lehrern. Dann, wenn es an der Zeit ist, die Erfahrung der Weiblichkeit zu machen, geht es für ihn um neue Formen des Überlebens, weil es sich um Erfahrungen handelt, die die Weiblichkeit weder weich noch freundlich zeigen.

Es ist daher besser, daß er sich seiner selbst sicher ist und darüber im klaren, daß er auf diesem Weg keine Hilfe einer Frau erwarten kann. Theseus war nicht würdig, das Labyrinth zu betreten. Wäre er es gewesen, hätte er nicht der Hilfe Ariadnes bedurft und hätte niemals die Entweihung des Mysteriums betrieben.

Frauen, die an der Schwelle des Labyrinths stehen, müssen wissen, daß sie darin sterben werden. Selbstverständlich sterben sie nicht physisch, sondern es stirbt die, die durch den Eingang schreitet, die Attitüde auf zwei Beinen. Aber jede Frau sollte wissen, daß die Empfindungen von Angst durchaus dieselben sein können, als stürbe sie auch physisch. Immerhin handelt es sich bei den meisten »Eigenschaften«, die wir für wesentliche

Teile unserer Persönlichkeit halten, nur um aus Angst notgedrungen entwickelte Überlebensstrategien einer von Geburt an am Lebensausdruck gehinderten Frau. Jede innere, unbewußte Instanz, die eine Überlebensstrategie für uns hervorgebracht hat, wird – dieser Bezeichnung gerecht werdend – alles daran setzen, daß die Strategie beibehalten wird, als ginge es tatsächlich um Leben oder Tod. Um hinter die Angst zu gelangen, muß man in sie hinein und durch sie hindurch. Nur selten wird uns im Alltagsleben klar, wieviel Angst sich in uns angehäuft hat, wie sehr wir von ihr in jeder einzelnen Regung unseres Lebens bestimmt sind.

Bei dem Abstieg ins Labyrinth geht es um mehr als nur um eine mentale Reise. Sterben, das heißt leben, läßt sich nicht auf einem Wochenendseminar erlernen. Andererseits leben wir nicht mehr in einer Gesellschaft, die Labyrinthe für die wilde Frau baut, welche uns dann bei Bedarf zur Verfügung stehen. Ja, wir verfügen nicht einmal mehr über ein Refugium, in dem wir uns ungestört aufhalten können, solange es notwendig und die wilde Frau bei uns zu Gast ist.

Dennoch bedürfen wir eines solchen Raumes, der den tiefen und sakralen Erfahrungen vorbehalten ist und in dem wir den jeweilig für uns relevanten Aspekten der Göttin begegnen. Sicherlich ist es vor allem ein innerer Raum, eine Frage der Haltung, der wir nachgeben. Jedoch wird die Besonderheit eines sakralen Gefühls sich nicht ausdrücken können, wenn es keinen realen Raum gibt, den wir ihm geben.

Da meistenteils ein solcher Raum nicht vorhanden ist, kann auch ein normaler Wohnraum für die Zeiten des Labyrinths hergerichtet werden. Frauen scheinen den Hang zu haben, immer und überall kleine Altäre aufzubauen. Ich kenne keine Frau, die nicht in irgendeiner

Ecke irgendwelche Steine, Fotos, Erinnerungsstücke, Besonderheiten zu einem Altar arrangiert hat. Ich glaube, daß sich darin die Sehnsucht nach einem sakralen Bereich ausdrückt, einem Bereich, der nicht in den profanen Alltag gehört und besonderen Gefühlen und Seinsformen vorbehalten ist, Gefühlen, für die Kirchen entweder zu pompös sind oder zu einschüchternd oder viel zu offiziell und fremd. Weit entfernt davon, der Profanität der Privatheit zu erliegen, benötigt der Gang ins Labyrinth eine Möglichkeit zur Intimität und Nähe, zu einem Erlebnis der Ungestörtheit und Geschütztheit.

In anderen Kulturen, die das Labyrinth nicht kennen, wird davon gesprochen, daß man statt der sieben Umgänge sieben Tore zu durchschreiten oder sieben Mauern zu überwinden habe. In jedem Falle aber, wenn eine Frau an die Pforte der Mysterientempel pochte und um Einlaß bat, war es die Schwelle des Todes, die sie überschreiten wollte; ein Tod jedoch, der mehr einem Anfang gleicht als einem Ende.

Der Abstieg in das Labyrinth ähnelt einer Abreise in fremde Welten, in das Anderswo. Die, die zurückgebliebenen sind, werden den Eindruck haben, als hätten sie uns verloren, als seien wir gestorben. Solche Arten des Todes sind für die Hinterbliebenen häufig mit Unbehagen verbunden, erinnert es doch auch sie daran, daß ein Großteil ihres Lebens ein Pseudo-Leben ist. Wenn wir eines Tages wieder zurückgekehrt sind, wird es ihnen so scheinen, als zeigten wir ihnen jetzt erst unser wahres Gesicht. Und wahrscheinlich stimmt das auch.

2. Kapitel

Der heilige Raum im Inneren des Anderswo

Die erste Stufe ist nichts anderes als Irrtum, Ungewißheit und Mühsal, ein ständiges Umherirren und Finsternis. An der Schwelle des Todes und der Erleuchtung erhält alles ein furchtbares Aussehen; es gibt nichts als Schrecken, Zittern und Entsetzen. So heißt es im Gilgamesch-Epos über die Reise der Göttin Inanna in die Unterwelt. Wer darüber hinausgelangt und in das Innere des Labyrinths gelangt, in den heiligen Raum, muß erkennen, daß der mühsame Weg durch die sieben Umgänge hinein nichts anderes war als eine weitere Vorbereitung auf das Eigentliche.

Dieses Zentrum des Labyrinths wurde auf Kreta *Temenos* genannt.

Im Inneren der heiligen Höhlen von Kreta fanden Archäologen und Höhlenforscher Altäre und Trankopfertische mit dem Stierkopf, dem kretischen Symbol für den Gehörnten, den wilden Mann, sowie der Doppelaxt, dem Symbol für die wilde Frau. Man fand dort Schüsseln, in denen sich einst Milch und Honig befanden, Tassen und Schalen, in denen Wein und Pflanzensamen bewahrt worden waren, und aus Ton geformte Bildnisse von Tieren und Menschen. Von allen Gaben und Erzeugnissen der damaligen Kultur war etwas vorhanden, jedoch nur en miniature, das heißt kleine Mengen oder kleine Nachbildungen in Ton. Manchmal fanden sich bis zu 30 Arten von Flüssigkeiten, Samen, Kuchen oder Flocken in kleinen Schälchen an einem einzigen Altar dargebracht. Alle diese Dinge zeugen von der Ehrfurcht vor dem Ritual im Zentrum des Labyrinths, und auch von der regen Benutzung dieser Orte.

Und alle diese Gaben wurden dort nicht als Opfer dargebracht. Hinter dem Gedanken eines Opfers an die Götter verbirgt sich eine erschütternd christlich-patriarchale Wahrnehmung des Lebens – verängstigt durch die Vorstellung von Schuld und Sühne und gewöhnt an die Wahnvorstellung, daß Gott ein unberechenbares und unliebenswürdiges Wesen sei, das an der Unterwerfung des Menschen interessiert ist und welches man durch Opfergaben unterwürfig bei Laune halten muß.

Als Opfer gedeutete Gaben weisen außerdem auf die Vorstellung des Deuters von einer mißlungenen Schöpfung hin, in der offenbar nichts klappt und nichts funktioniert, wenn der Mensch nicht ständig beschwörend und bittend eine besondere Ausnahme von der Ereilung von Strafe und Unheil erheischt. Eine solche Sichtweise des Lebens macht die Deutung möglich, daß Frauen um den Segen der Fruchtbarkeit flehen und der Mensch als grundsätzlich bedroht sowie von Natur aus als schlecht gilt, dazu das Leben als eine jämmerliche Abfolge von Krankheit und Leid, ohne daß jemand in solchen Deutungen Anzeichen geistiger Störungen erkennt. Daß jemand es dagegen ganz normal finden könne, einer Saubohnenpflanze ein Lied vorzusingen, um ihr durch diese Unterhaltung eine Freude zu machen, oder einem Olivenbaum durch Tänze für die Früchte zu danken, kommt in einem solchen Weltbild außerhalb geschlossener Anstalten nicht vor. Genausowenig vorstellbar scheint den vom patriarchalen Weltbild geprägten Menschen Dysfunktion als Ausnahme einer grundsätzlich bis ins kleinste Neutrino aufeinander abgestimmten wunderbaren Welt, in der normalerweise kein Lebewesen sich darum zu sorgen braucht, daß der Laden läuft, es sei denn, der patriarchalische »Zuvielisateur« kann es wieder einmal nicht sein lassen und mischt sich ein.

Auf Kreta, der Insel der Seligen und des üppig von den Göttinnen geschenkten Überflusses, mußte keiner ein Opfer bringen. Zu den Zeiten der Labyrinthe waren noch keine Lebensgesetze gebrochen, herrschte noch kein Mangel, sondern die Vorstellung, daß alle und alles mit dem Leben im Einklang schwangen. Allein schon die Geringfügigkeit der Menge und des Volumens der in den Labyrinthzentren gefundenen Gaben schließt den Gedanken eines Opfers aus. Die Vorstellung, daß mit diesen Gaben der Kontakt zur unsichtbaren Welt der Pflanzengeister und animalischen Aspekte der Göttinnen hergestellt wurde, erscheint mir weit logischer und ganz und gar nicht irrational oder primitiv. Jedenfalls nicht irrationaler oder primitiver, als mit Wein und Brot symbolisch Blut und Fleisch Jesu zu verspeisen.

Die Darbringung der Gaben war jedoch nur ein Teil der Herstellung von Kontakt, nicht mehr als ein Ritual, eher die Form als der Inhalt und daher auch noch nicht das Eigentliche.

Das Eigentliche war und ist die Begegnung eines Menschen mit sich selbst in der Abgeschiedenheit und in Abwesenheit von akustischen, visuellen und gefühlsmäßigen Verbindungen zu anderem. Das ist wahrscheinlich eine der erschreckendsten Erfahrungen, die ein Mensch überhaupt in seinem Leben machen kann. Aber auch die schönste, sobald und sofern sie siegreich überstanden ist.

Jeder, der glaubt, eine Begegnung mit sich selbst sei leicht zu erreichen und gar nichts Besonderes, beinahe so simpel wie autogenes Training, der versuche einmal, auch nur eine halbe Stunde lang einfach nur nichts zu tun. Nichts zu erledigen, nichts zu hören, nichts zu lesen, nichts zu schreiben, nichts zu essen, nichts zu trinken, nichts zu denken, auch nicht, sich zu entspannen. Gar nichts. Bei den meisten Menschen reicht schon diese halbe Stunde aus, um innere Unruhe, diffuse Angstempfindungen und unerträgliche Spannungszustände hervorzurufen.

Der Zeitpunkt der Begegnung mit sich selbst ist von großer Hilflosigkeit begleitet und schafft eine Wirklichkeit, die untröstlich ist. Diese Erfahrung ist alles andere als erhaben oder schön (wenn sie am Ende doch auch nicht häßlich ist), und darum gibt es keine poetischen Worte und das Herz berührende Metaphern, die sie transzendieren können. Dazu ist diese Begegnung viel zu wirklich. Und dennoch ist sie weit von der Profanität des Alltäglichen entfernt, dieser realsten Wirklichkeit, die wir kennen, die der tatsächlichen Lebensbewältigung dient, aber größtenteils keinen seelischen Tiefgang erfordert. Daher gibt es auch keine realistische, rationale Erklärung, die eine solche Begegnung in einem solchen Augenblick erträglich und handhabbar macht, so daß sie entschärft und verharmlost werden könnte, wie zum Beispiel Herzrhythmusstörungen eine verharmlosende Erklärung für Angst, Lebensangst sein können.

Wem begegnen wir da, wenn wir nackt und bloß uns vor uns selber hintreten?

Zuallererst einem sehr ungeliebten Geschöpf, dessen Gesellschaft uns offenbar ein Leben lang so zuwider gewesen ist, daß wir sie vermieden haben, wo es nur möglich war. Jede Ablenkung, jede Flucht, jede Lüge war uns dazu recht. Vor uns steht die Summe eines Lebens, unseres Lebens. In diesem Spiegel können wir erkennen, daß die Welt, in die wir hineingeboren wurden, vom Tage unserer Geburt an uns nicht mit ihrem Haß verschont hat, bis wir uns selbst zu hassen begannen. Wir selber waren es am Ende, die das Urteil sprachen: *Nie gut genug*.

Dann werden wir erkennen, daß wir vor einem sehr unzufriedenen Geschöpf stehen, das, wovon auch immer es kam, stets von den zwei Worten beherrscht war: *Nie genug*.

Dann wandelt sich die Gestalt erneut und immer wieder und immer schneller. Da taucht ein Geschöpf auf, das schwach ist, ein anderes, das eifersüchtig ist; wir erkennen uns als verbittert und engherzig, als verzagt und feige, als bigott und raffgierig, als alles, was ein Mensch an traurigen und negativen Empfindungen und Verhaltensweisen nur entwickeln kann. Nicht eine der auftauchenden Gestalten dürfen wir auslassen, auch wenn wir glauben, es nähme kein Ende, und wir uns vor Erschöpfung kaum noch halten können. Ein Strudel, der sich immer schneller dreht und uns immer weiter hinunterdrückt in die Angst hinein, dort hinein, wo sie sich zäh und klebrig über unser Herz legt wie Pech und Schwefel.

Was uns dann mit tausend Messern bewaffnet entgegenspringt, ist das Entsetzen der Scham.

Das ist der Augenblick, in dem wir erkennen, daß viele Dinge, die wir im Laufe unseres Lebens getan haben, um uns selbst zu schützen, statt dessen uns und andere verletzt haben. Wir sehen, daß wir keinen Unterschied mehr finden zwischen Peiniger und Gepeinigten, daß Gut und Böse ganz anders sind, als wir geglaubt und bisher immer behauptet haben. Wir sollten allerdings nicht vergessen, uns selbst ganz oben auf die Liste der von uns verletzten, mißachteten und geringgeschätzten Personen zu setzen.

Da gibt es keine Schuldzuweisungen, keine Beschwichtigungen, keine Entschuldigungen, keine Rechtfertigungen und schon gar keine Sachzwänge. Das sind Dinge, die niemanden an einem solchen Ort interessieren, denn es ist niemand da außer uns. Niemand erteilt Absolution. Niemand vermag zu verzeihen, es sei denn wir selbst.

Dies ist der Eingang zum möglichen Wahnsinn. Wer so weit gekommen ist, mag glauben, überschnappen zu müssen, denn Wahrheiten solcher Art sind kaum zu ertragen. Jetzt haben wir endgültig nichts mehr zu verlieren, aber in der Tat vieles zu befürchten.

Als wir geboren wurden, haben wir einen Vertrag unterschrieben. Dieser Vertrag wurde geschlossen, obwohl wir nicht wußten, wer unser Vertragspartner war, ja wir hatten weder die Chance, die Unterschrift zu verweigern, noch konnten wir Bedingungen aushandeln. Der Gegenstand des Vertrages war *Leben.* Dann haben wir Jahre damit zugebracht, auf andere Menschen angewiesen zu sein, die uns hätten lieben und wärmen sollen und die darüber hinaus dafür zuständig gewesen wären, uns mit dem Leben auf Erden, mit seinen Gesetzen und Regeln vertraut zu machen. Danach waren wir für uns selbst verantwortlich, was auch immer vorher geschehen sein und was auch immer man uns vorher angetan haben mag. Ich behaupte, daß es niemanden in einer patriarchalen Zivilisation gibt, der nach den entscheidenden Jahren einer die Seele beschädigenden und das Herz vergiftenden Kindheit und Jugend so ohne weiteres imstande ist, diese Aufgabe der Verantwortung zu erkennen, zu verstehen und zu übernehmen. Und es gibt niemanden in einer solchen Zivilisation, dem nicht die

Seele beschädigt und das Herz vergiftet wurde, denn dieses sind die Voraussetzungen, um eine solche Gesellschaft wie die unsere aufzubauen und am Leben zu erhalten.

Der Aufenthalt im Temenos, im heiligen Raum des Labyrinths, in dem wir dann dem Reigen unserer eigenen Schattengestalten begegnen, hat zur Folge, daß wir auch dieser Erkenntnis der Eigenverantwortung nicht mehr entgehen können. Dies hat einen Sturz in den Abgrund zur Folge.

Wir stürzen in eine Welt des stummen Grauens voller Lemuren und Chimären, als wären alle Alpträume auf einmal Wirklichkeit geworden. Plötzlich ist nichts mehr sicher. Wir haben Halluzinationen – oder sind es andere Formen der Wirklichkeit? Farben verändern sich, Perspektiven ebenso wie unser Körpergefühl. Das ist, als hätte man es mit verborgenen Feinden zu tun, ungreifbaren Einflüssen, die sich in die dunkelsten Winkel verkriechen und von dort ihre Macht über uns ausüben.

Wenn das passiert, sind wir dem Tode schon sehr nahe, sind beinahe schon hinter die Angst gekommen.

Alles, was wir jetzt noch tun müssen, ist, bereit zu sein, daß die Angst uns verschlinge; aufzugeben, etwas kontrollieren zu wollen, das mächtiger ist als wir selbst; aufzuhören, uns gegen etwas zu stemmen, das stärker ist als wir selbst. Nicht mehr entkommen zu wollen, denn das ist das einzige, das uns befreit.

Nach einem langen, endlos langen Fall sind wir endlich auf den Boden aufgeschlagen.

Jetzt kommt die wilde Frau aus ihrem Versteck hervor. Sie wird unsere verstreuten Knochen und Gliedmaßen aufsammeln und uns wieder zusammensetzen, wird unseren geschundenen Körper mit Kräutern heilen und mit einer unbekannten Salbe alle unsere seelischen

Wunden schließen, auf daß sie nicht mehr bei der kleinsten Berührung wieder zu bluten beginnen. Und sie wird über uns wachen, bis alles vernarbt ist.

Sie wird nichts tun, ja auch nichts tun können, daß alles wieder gut wird, das heißt, daß alles so wird, als wären die schrecklichen Dinge nicht geschehen. Sie wird uns nicht vergessen lassen können, was uns als Kindern einst angetan oder nicht gegeben wurde. Das ist nicht ihre Aufgabe, denn sie ist nicht die gute und tröstende Mutter. Sie steht nicht im Dienste des Patriarchats. Wohl hilft sie heilen und lindern; sie hat aber auch eine Botschaft an uns: Wir werden gezeichnet sein bis an unser Lebensende.

Auch das mag eine entsetzliche Erkenntnis sein. Aber daraus kann uns eine große Energie erwachsen.

Ob sich der Aufenthalt im Labyrinth bei jeder Frau so oder so ähnlich abspielen wird, vermag ich nicht zu sagen. Die Menschen sind so verschieden, daß, je älter ich werde, ich um so vorsichtiger darin bin, Rezepte zu kennen, geschweige denn weiterzugeben. Es kann sich so, wie ich es geschildert habe, abspielen, aber auch ganz anders. Auf jeden Fall wird eine Frau, die diesen Weg geht, an die Grenze des Wahnsinns gelangen und einen Blick in diesen Abgrund riskieren müssen. Das ist der Sinn der Sache.

Als ich in diesem Zustand war, gab es eine lange Zeit, in der ich glaubte, meine Kräfte würden nicht ausreichen, um es zu überstehen. Noch heute bin ich manchmal beschämt, wie wenig Vertrauen ich früher in meine eigene Vitalität, meinen Lebenswillen und meine Energien gesetzt hatte. Eine Frau, die ich zur Zeit in ihr eigenes Labyrinth begleite, sagte mir, nachdem sie auf diesem Weg den ersten Schatten begegnet ist: Was sie in solchen Augenblicken wisse und nie vergesse, sei, daß sie einen roten Faden fest in der Hand halte und niemals loslasse. Dieser Faden, so sagte sie, sei die Gewißheit, heil zu werden. Diese Frau weiß kaum etwas über die griechische Mythologie und praktisch gar nichts über das minoische Kreta, aber aus irgendwelchen Tiefen ihrer Seele heraus meldet sich Ariadne, die Heilige, und hilft ihr mit ihrem Faden, den Weg zurückzufinden.

Heute, nachdem ich schon seit längerer Zeit alles überstanden habe und der Blick in den Abgrund des Lebens doch entgegen meiner Befürchtung ein Ende genommen hat, hat die Verzweiflung über so viele Dinge in meiner Vergangenheit ebenfalls ein Ende genommen. Was ich heute erkennen kann, ist, daß ich ohne den Schrecken und die Verletzungen meiner Kindheit und ohne die meisten der Schicksalsschläge meines Erwachsenenlebens nicht die wäre, die ich heute bin – und die ich heute bin, ist eine starke und glückliche Frau. Noch vor einigen Jahren war dies ein Widerspruch, auf den ich keine Antwort wußte.

Inzwischen habe ich die Antwort gefunden. Nach wie vor halte ich den versuchten oder vollendeten Seelenmord, die Herstellung all dieser Seelenkrüppel durch Verletzungen und Lieblosigkeiten als Preis für eine patriarchale »Zuvielisation« für zu hoch und geradezu absurd; denn ich halte sowohl Mittel wie den Zweck für unheilig. So gesehen weigere ich mich, mein am Ende glückliches und geliebtes Leben als Beweis für die Notwendigkeit seelischer Verletzungen anzusehen. Bestenfalls bin ich der Beweis dafür, daß das Patriarchat Überlebende kennt, mehr nicht. Daß es mich noch gibt, daß ich ungebrochen bin, daß meine Kraft noch reicht, daran zu arbeiten, dem Weiblichen in der Welt wieder sein Gewicht zu geben, dazu hat mir der Gang ins Labyrinth und der Kampf mit mir selbst und meinen Schatten im heiligen Raum verholfen. Und genau an diesem Ende meiner Argumentationskette hat eine grundlegende Veränderung stattgefunden. Zwar wäre ich niemals soweit gekommen, den Abstieg in das Labyrinth zu wagen, wenn nicht der Leidensdruck so groß gewesen wäre, daß meine Suche nach Veränderung begann. Niemals wäre mein Leidensdruck so groß geworden, wäre ich nicht durch so viel Leid gegangen. Aber dennoch werde ich keine Empfehlung für diesen Weg abgeben können.

Es ist wahr, ohne eine gewisse Form äußerlicher Einwirkungen auf die menschliche Seele gibt es keine Entwicklung zur Reife hin. Die alten Mütter wußten dies genauso gut wie die alten wilden Männer in ihren Lebensbereichen und schufen die Voraussetzungen dafür.

Im »Eisenhans« spricht Robert Bly davon, daß jungen Männern zu bestimmten Zeiten ihres Lebens eine Wunde beigebracht werden muß, die den innersten Kern der Männer trifft. Sonst würden sie nicht erwachsen. Diese Wunde, so sagt Bly, gibt den Männern ein mitfühlendes Herz und lehrt sie Demut. Frauen, so sagt er weiter, haben von Natur aus ein zweites Herz, sie seien doppelt beherzt, denn zu ihrem physischen Herzen in der Brust haben sie ein zweites in ihrem Schoß.

Was er wahrscheinlich meint, ist die weibliche Fähigkeit, Unvermeidlichkeit zu ertragen und zu erfahren. Aber, obwohl dies so ist, bleibt es eine Tatsache, daß eine Frau, die zu lange behütet und vor dem Leben beschützt wurde und die, weil sie entmündigt wurde, nie eine Gelegenheit fand, über sich selbst hinauszuwachsen, dennoch zu einem menschlichen Ungeheuer heranwächst, einer unerträglichen Kreatur. Sie steht auf ihre Weise allen unerträglichen Männern in nichts nach, sie beschädigt ihrerseits eine weitere Generation Kinder, mordet sie seelisch und setzt alle ihre wunderbaren Energien auf eine menschen- und selbstverachtende Weise ein. Die Existenz eines zweiten, mitfühlenden Herzen ändert daran für Frauen offenbar auch nichts.

So bedürfen wir also des Aufenthaltes im Labyrinth, um wirkliche Frauen zu werden, um dort zu lernen, wie man die Schnüre der Abhängigkeiten löst und über Abgründe springt, ohne hinabzustürzen und ohne verzagt davor stehenzubleiben. Wir bedürfen lediglich nicht des bisherigen Anlasses, des Leidensdruckes psychischen Elends, um hinunterzusteigen und in die Finsternis einzutauchen.

Es ist gar nicht so leicht, den Lockungen des Wohlbehagens und der Bequemlichkeit in unserer Welt nicht zu erliegen. Es liegt sehr nahe, sich auf irgendeine Weise durchzumogeln, das tun ja schließlich alle. Aber so, wie ein Fötus sich eines Tages durch den Geburtskanal kämpfen muß, müssen wir uns der Gefahr zu leben aussetzen. Wir haben keine Wahl. Wir müssen unser Leben erfüllen, müssen dies auf eine weibliche Weise tun, und wenn wir nicht wissen, was das ist, müssen wir es herausfinden. Dies wird, kann und darf kein anderer für uns erledigen. Die größte Schwierigkeit, die ich zur Zeit im Zusammenhang mit der Realisierung sehe, ist die Schwierigkeit, geeignete Helferinnen und Begleiterinnen zu finden. Einst erzählte das getanzte Labyrinth, der Kranichtanz, von einem interessanten Aspekt der wilden Frau, in welchem sie als vogelköpfige und geflügelte Frau dargestellt wurde, die die Kinder bringt oder mit sich nimmt (woraus später bei uns der Klapperstorch wurde, von dem wir ahnungslosen Aufgeklärten heute behaupten, er sei eine Erfindung unserer sexuell verklemmten Altvorderen). Ob sie so oder anders dargestellt wird, schwierig ist es, ihre Verkörperungen zu finden oder wenigstens doch Lehrerinnen, die viel über die wilde Frau wissen und denen das Gesetz der Furie soweit bekannt ist, daß sie das Wilde in uns wieder zum Leben erwachen lassen helfen. Hinter so mancher Hexe steckt leider nur eine pekuniäre Skateboardfahrerin; auf so manche Schamanin fiele nicht einmal ein Psychiater herein; so manche wilde Frau kultiviert nur ihre Manierismen als Ersatz für Lebenserfahrung. Nicht alle trinken selbst von dem Wasser, das sie anderen reichen. So werden wir wohl auch auf dieser Suche unsere Erfahrungen machen müssen. Das wird uns dann hoffentlich die letzten Anflüge von Naivität vergehen lassen.

Eine weitere Schwierigkeit besteht darin, daß wir uns zur Zeit, so wie die Dinge stehen, im Inneren des Labyrinths mit mehreren Initiationsanlässen gleichzeitig befassen müssen, weil wir die Chance eines bewußten Lebens als Grenzgängerin vorher nicht hatten. So kann es also sein, daß eine Frau zur gleichen Zeit sowohl ihre Grenze zum Erwachsenwerden überschreitet wie auch die Grenze zur Mutter und zur alten Frau. Das erfordert eine hohe Konzentration und einen großen Energieaufwand der Initiantin wie auch der *femme initiatrice.*

An einem solchen Ort zeigt sich, wieviel Wahrheit wir über uns persönlich ertragen können. Nicht über *die Frauen* oder *die Männer* oder *das Leben.* Die Begegnung mit der wilden Frau, die alle dunklen Schatten in uns weckt, rückt gerade, was bis dahin verrückt war. Was dabei herauskommt, ist ganz anders, als man sich draußen, außerhalb des Labyrinths, darunter vorgestellt hat.

3. Kapitel

Der Wiederaufstieg

Um aufzusteigen, mußten wir erst fallen. Wir mußten alles loslassen, alles verlassen, um in das Anderswo zu gelangen. Der Aufenthalt im Zentrum des Anderswo kann von unterschiedlicher Dauer sein, aber er muß enden.

So sehr sich viele Frauen wünschen, sie könnten sich den Weg ersparen und ihre Identität durch Erwerb von Imitaten wie Karriere oder Beziehung oder Kinder erhalten (oder sogar alles zusammen), so sehr wünschen sich andere Frauen, den Platz der Begegnung mit der wilden Frau nicht wieder verlassen zu müssen. In beiden Fällen würden wir Schaden nehmen.

Im ersteren Fall bleiben wir bekannterweise in einem Pseudoleben stecken, in dem wir versuchen werden, den Wirkungen der Ursachen zu entkommen, landen in Spitälern und in der heimlichen Depression, gejagt von der alles und alle beherrschenden Angst. Im letzteren Fall greifen wir zu einer Kinder-Lösung.

Wir wissen, was passiert, wenn wir uns mit Hilfe von Drogen unrechtmäßig der Ekstase bemächtigen. Dann gleitet sie ab in den Konsum und wird sinn-entleert zum reinen, wiederholbaren paradiesischen Gefühl, wie es nur den Kleinsten unter uns, den Säuglingen, für eine Weile ihres Lebens rechtmäßig zukommt bis sie in der Selbstzerstörung endet. Ganz ähnlich wie einem Drogensüchtigen würde es uns ergehen, wollten wir dort verweilen, wo der Ort doch nur dem Erlernen von Veränderung dient. Wir würden zu unserer eigenen Karikatur verkommen, und das ursprünglich authentische Gefühl würde schal und übel.

Der Aufenthalt im Labyrinth und die Begegnung mit der wilden Frau lassen sich weder beliebig wiederholen noch beliebig herstellen. Zunächst ist es eine Frage der Wahrhaftigkeit und des Mutes. Dann eine Frage der Sorgfalt und der Achtsamkeit. Zum Schluß ist es auch eine Frage der Bereitschaft zur Veränderung. Der wilden Frau begegnet man nicht folgenlos.

Wenn wir sie betrügen, wird sich alles, was unsere Hände berühren, in Gold oder in stinkende Kloake verwandeln, denn dann betrügen wir uns selbst. Wenn wir sie mit Pseudo-Leben langweilen, wird sie uns fortschikken, und wir werden sie sehr lange Zeit nicht mehr aufsuchen dürfen. Wenn wir glauben, wir sollten sie und nicht unsere Angst besiegen, sie und nicht unsere Angst vernichten, dann wird uns die Angst für den Rest des Lebens fressen und wieder ausspeien, um uns erneut fressen zu können.

Wenn wir sie zu dressieren und abzurichten versuchen, quasi vernissagenfest und parkettsicher präsentabel machen wollen, um sie mit Erleuchtungspuder überstäubt vor ihr Zielpublikum oder in die nächste Talk-Show zu schicken, dann wandelt sie sich nicht wie erhofft in ein Tablett mit leicht verdaulichen Wilde-Frauen-Häppchen, sondern in einen kalten Engel, der bei jedem Schritt, den das Patriarchat weiter in den Untergang hinein macht, seufzt wie jemand, der zu lange zu enge Schuhe getragen hat. Denn sie ist auch die, die keine Angst vor dem Tode kennt, weil der ihren Namen trägt. Vergessen wir nicht, die wilde Frau ist inhuman wie die Natur. Sie schuldet uns nichts, wir ihr jedoch alles.

Niemand kann sagen, welche Folgen es genau für welche Frau haben wird, wenn sie der wilden Frau begegnet. Aber es wird Folgen haben, das steht fest. Es mag im Anschluß daran so etwas wie Mitleid mit den Stehengebliebenen geben. Auch Aufwallungen, andere zu retten, können bemerkt werden. Ein Gefühl von einer gewissen Fremdheit im eigenen Hause mag sich einstellen. Aber jede Frau sollte wissen, daß dies verzeihliche Wachstumsschmerzen sind, die wieder vergehen werden und müssen, zur Freude aller auf diese Weise Bedachten und zur Erleichterung der von der wilden Frau berührten Initiantin. Vieles, was einer Frau früher ganz selbstverständlich erschien, wird sie jetzt möglicherweise nicht mehr verstehen können. Und sie wird unter Umständen ein wenig erschrecken, daß sie das Banale und Oberflächliche nicht mehr erträgt. Sie wird feststellen, daß sie jetzt sogar des ewigen Hinterfragens müde geworden ist, denn das gesamte Gruselstück der patriarchalen Gesellschaft ist ihr nun ein Greuel. Sie wird noch einen Schritt weiter gehen müssen. Einer der entscheidenden Schritte des Wiederaufstiegs besteht darin, sich jetzt nicht für etwas Besseres zu halten, sondern nur für etwas Wahres.

Temenos, das Innere des Labyrinths, war nur der Ort einer bedeutenden Begegnung, mehr nicht. Die Macht, der wir begegneten, die Quelle unserer Energie, die Kraft, die sie uns gibt, drückt sich nicht im Symbol des Labyrinths aus, sondern in den Symbolen der Doppelaxt oder der Schlange oder der Lilie. Das eine ist der

Ort, dieses sind die Insignien, die wir so schmerzlich in der patriarchalen Welt vermißten. Machen wir uns nichts vor. In der Welt, in der wir ganz real leben, haben sie keinen Wert, und es ist eine große Frage, ob es nach all dem, was uns die paar tausend Jahre Patriarchat beschert haben, jemals wieder eine andere Welt geben wird, in der Raum sein wird für das ganze Gewicht der Weiblichkeit.

Schon gar nicht wissen wir, ob die Zeit noch reicht. In einer der Zahlen müde gewordenen Welt muß ich trotzdem noch einmal aussprechen, worum es (auch) geht: 18 Prozent aller auf diesem Planeten lebenden Menschen verbrauchen 80 Prozent der Weltressourcen. Jedes Jahr, jeden Monat, jeden Tag, jede Sekunde. Nicht, daß es hier um irgendeine Art von Klassenkampf ginge, denn wären es andere 18 Prozent als diese, die zur Zeit die Privilegienhalter sind, so wäre das Ergebnis genau gleich. Es ist das System, um das es hier geht, das kräfte- und energieverschlingende System des lebensverachtenden patriarchalen weißen Mannes.

Doppelaxt, Schlange und Lilie sind Symbole dafür, daß eine Frau den Zugang zu den Quellen weiblicher Macht und Energie wiedergefunden hat. Sie sind keine Trophäe, die errungen worden ist, wie auch der Aufenthalt im Labyrinth nur in der Stille gedeiht und kein anschließendes lautes Gerede darüber verträgt.

Der Weg hinaus wird mit noch sehr dünner Haut begangen. Wenngleich es derselbe Weg ist wie der, der in das Labyrinth hineingeführt hat, so ist er doch ganz anders, aber ebenso mühsam und anstrengend. Es bedarf der Langsamkeit, es bedarf der zarten und leisen Gefühle, denn der Wiederaufstieg wird begleitet von der Frage, was man denn mit weiblicher Macht und Energie anfangen kann und soll.

Wie immer ist es leichter, zu definieren, was man damit *nicht* anfangen soll. Weibliche Energie wird mißbräuchlich eingesetzt, wenn sie dazu verwendet wird, Männer weiterhin zu stärken, aufzubauen und vor sich selber zu beschützen. Nicht minder mißbräuchlich gehen wir mit ihr um, wenn wir uns so weit stärken, daß wir uns weiterhin vor allem beklagen können, ohne etwas tun zu müssen. Zuletzt liegt auch dann ein Mißbrauch vor, wenn wir sie dazu einsetzen, um uns wichtig zu machen. Ich sehe sie schon vor mir, die berüchtigten Seminar-Frauen, wie sie Rituale austauschen wie andere Leute Kochrezepte und sich darüber streiten, ob man der wilden Frau an Beltane nun ausschließlich rote oder weiße Speisen anbieten darf, wie sie zum Harpyen-Meeting bei Vollmond ins Sommerlager laden und das große Furien-Fest feiern, mit selbstgemachtem Kartoffelsalat und wilden Kraft-Plätzchen gegen einen kleinen Unkostenbeitrag. Ich glaube, wir sollten dem verzichtorientierten Mutter-Typ und dem leistungsorientierten Karriere-Typ nicht noch einen initiationsorientierten Wilde-Frauen-Typ zur Seite stellen.

Anleitungen zu Ritualen und Zeremonien fordern, so glaube ich, zu einem Umgang mit äußerster Vorsicht auf, obwohl nach einer so langen Zeit der Vorbereitung auf eine Veränderung des Lebens das große Bedürfnis nach Betätigung und neuen Lebensformen verständlich ist. Nur allzu schnell entleeren wir, die wir aus einer alles und alle entleerenden Welt kommen, was doch zu unserem eigenen Aufbau dienen sollte. Wenn diese Dinge nicht aus dem eigenen Inneren heraufsteigen, sondern von außen an uns herangetragen werden, dann sollten wir besser die Finger davon lassen.

Einen Nutzen ziehen wir aus den Quellen unserer Energie und dem angemessenen Gebrauch davon, wenn wir aus dem symbolischen Tod lernen, wie schön es ist, sich selber neu geboren zu haben, wie überaus wesentlich die damit erlangte innere Freiheit ist, die uns erlaubt, nicht länger mehr Sklavin zu sein – Sklavin von was auch immer: Männern, Essen, Alkohol, Zigaretten, Vorurteilen, Ängsten, Minderwertigkeitsgefühlen, Schuldgefühlen, der Meinung anderer und so weiter. Wenn eine Begegnung mit der wilden Frau überstanden wurde, so wird sie uns gelehrt haben, daß die Bedeutung der Dinge, die wir erlitten haben, unter anderem auch ist, daß wir nun von diesen Dingen wirklich etwas verstehen.

Wir leben nicht, um verschont zu werden. Wir leben, um vom Leben etwas zu verstehen. Und das läßt sich nicht erreichen, indem wir vermeiden, was wir nicht können, und verleugnen, was wir nicht zu ertragen meinen.

Wer das nicht glaubt, ist vielleicht noch nicht unglücklich genug, um damit aufzuhören, unglücklich zu sein. Es ist sinnlos, seine Zeit damit zu verbringen, endlich die Dinge zu bekommen und zu erleben, die uns als Kinder verwehrt wurden, auch dann, wenn es sich um so elementare Dinge wie Liebe handelt. Niemals wird eine Liebe aus dem Heute den Hunger des Kindes in uns stillen können, denn sie kommt zu spät, und sei sie noch so groß, so bedingungslos, so wunderbar. Wir sind erwachsen, und nun alt genug, um die Wahrheit zu überleben.

Und hierin zeigt sich plötzlich die große Güte der wilden Frau und ihrer Lehren des Lebens. Sie zeigt uns, daß uns aus so mancher Wunde, die wir erlitten haben, eine große Kraft und Stärke erwachsen kann, wenn wir uns nur erlauben, die Dinge einmal aus einem anderen Blickwinkel zu betrachten. Nur jemand, der beispielsweise bitterste Einsamkeit erfahren und durchgestanden hat, weiß wirklich, was sie bedeutet, und wird diese Erfahrung sinnvoll für sein Leben nutzen können. Dies gilt für beinahe alle Formen des Leidens, denen wir ausgesetzt waren und sind. So kann sich aus einer Position des Leides und der Klage eine Position der Stärke entwickeln, die dafür sorgen wird, daß solches Leid nicht mehr geschieht. Hierin besteht für Frauen die Chance, aus der Haltung von Ohnmacht und Passivität auszusteigen, die Welt nicht nur zu sehen, wie sie wirklich ist, sondern im Schutze der Gesetze des Universums den eigenen Weg in dieser Welt zu gehen.

Fünfter Teil

Die wilde Frau

Wild Witches Don't Get the Blues

Fiona Morgan

nach einer alten keltischen Frauen-Weisheit

1. Kapitel

Inhuman wie die Natur

Die wilde Frau ist ganz anders, als wir uns erhofft haben. Sie ist nicht nett, nicht nachsichtig, man kann sie nicht bezaubern, nicht beschwatzen. Sie bezeichnet unsere Schwächen als schwach und unsere Stärken als selbstverständlich. Sie redet niemals *über* die Dinge, und so gesehen weiß sie nicht viel. Sie ist, wie ich schon gesagt habe, inhuman wie die Natur. Das muß sie sein, denn wäre sie es nicht, wäre sie geneigt, es uns leicht zu machen, dann könnte ihr Mitleid mit uns verhindern, daß wir ein wirkliches Leben führen. Es ist diese Stärke, inhuman zu sein, die ihr die Kraft und Autorität gibt, unsere Grenzüberschreitungen herbeizuführen. Es ist das Gesetz der Furie.

Dies ist ein Wesenszug, der dem Weiblichen grundsätzlich innewohnt und der auch von großer Bedeutung ist. Wenn überhaupt, so habe ich mich mein Leben lang vor allem vor Frauen gefürchtet. Zwar sind auch Männer zum Fürchten, aber es ist doch eher ihre potentielle Gewalttätigkeit oder Dummheit, die man ernst nehmen muß, zumindest sobald und solange sie mit Macht über irgend etwas ausgestattet sind. Darüber hinaus sind Männer eher leicht zu durchschauen und einfach zu haben. In uns Frauen dagegen gibt es eine Fähigkeit zu gnadenloser Härte, die beispiellos ist. Wer den Zorn oder gar den Haß einer Frau auf sich gezogen hat, der wechsle am besten Arbeitsplatz, Namen und Wohnort und baue sich anderswo eine neue Existenz auf, denn auf diesen Menschen kommen für lange Zeit ernste, schlafraubende, fürchterliche Schwierigkeiten zu. Das Gesetz der Furie kann auch dann erwachen, wenn die Frau, durch die es sich ausdrückt, sich dessen nicht bewußt ist, weil sie noch nie davon gehört hat.

Diese Fähigkeit der Frauen zur konsequenten Härte macht einen großen Sinn für unser Leben und geht weit über die für unsere Erde vergleichsweise unbedeutende Interessenverfolgung menschlicher Belange hinaus. Ich habe die Bedeutung dessen in einer Geschichte gefunden, die über Tanna, eine Berggöttin aus den Marmaròles, einem Bergzug in den Dolomiten, erzählt wird.

In dieser Geschichte wird berichtet, wie die Crodères, die Felsensöhne in den Marmaròles, welche weder Leid noch Liebe kannten, Tanna zur Königin über die Berge ernannten. Doch Tanna hatte sich in die Menschen verliebt, weil es ihr gefiel, daß sie von ihnen verehrt wurde, und darum gebot sie den brausenden Bächen, den Steinschlägen und donnernden Lawinen nicht mehr im Sinne der Natur, der felsgeborenen Crodères, sondern im Sinne der Menschen. Sie glaubte nicht daran, daß die Menschen sie nur deshalb verehrten, weil sie die Macht besaß, über die Natur zu gebieten, sondern sie glaubte, die Menschen honorierten ihre Nettigkeit und Harmlosigkeit.

Ohne die Lawinen, die Steinschläge und mit den nun nurmehr sanft herabrieselnden Bergbächen war alle Ordnung im Reich der Berge gestört. Das einst so ernste und einsame Reich der Marmaròles war damit gezähmt und wurde ein Tummelplatz der Menschen. Die wilde Pflanzen- und Tierwelt begann unter dieser einseitigen Ungerechtigkeit zu leiden. Am Ende kehrte sich Tannas Weichherzigkeit auch gegen die Menschen. Der Schnee, der nicht mehr zu Tal fallen durfte, türmte sich zu Firn und Eis und wuchs sich zu einem Gletscher aus, der die Berge langsam unter sich begrub. Nun gab es kaum noch Weideplätze, die Menschen mußten weiter und weiter in die Täler zurückweichen. Plötzlich, auf der Suche nach der Ursache, schlug ihr Verdruß in Haß um, und sie beschuldigten Tanna, die Eishexe, wie sie sie nun nannten, den Gletscher verzaubert zu haben, damit er Schaden über die Menschen bringe.

Auch Tanna bekommt in dieser Sage Gelegenheit, sich auf ihre inhumane Wildheit zu besinnen, und kehrt schließlich wieder auf die Berge der Marmaròles zurück, wo sie seitdem im Sinne der Natur gebietet, die keine menschlichen Interessen kennen darf, um das Gleichgewicht nicht zu stören. Tanna, die wahrscheinlich identisch mit der etruskischen Welt-Mutter Dana ist, war nicht die einzige Göttin, die in den alten Zeiten merkwürdigerweise versucht hat, sich kleiner zu machen, um vielleicht dem Ernst ihrer Aufgabe zu entgehen.

Es ist die kleine Mutter, die *zu* kleine Mutter, die ihren Sohn zu sehr liebt, als daß sie es ertragen könnte, ihn zu den Männern zu schicken, wo er lernen könnte, wer er ist, auch wenn es wehtut und seine Schrecken birgt. Und so kauft sie ihm eine hübsche Jacke, verpaßt ihm einen netten Haarschnitt und macht einen kleinen Kavalier aus ihm. Später greift dieser nette kleine Kavalier dann vielleicht zu Mitteln, die uns allen das Blut in den Adern gefrieren läßt, um sich der Übermacht unausgelebter Weiblichkeit um ihn herum zu erwehren. Die zu kleine Mutter ist es auch, der das Herz abstirbt vor lauter Angst davor, was die Welt ihren kleinen Töchtern antun könnte. Und so sperrt sie sie ein und erzählt ihnen schwarze Geschichten über die Gefahren, die auf eine vorwitzige Frau lauern, wenn sie sich unter dem freien Himmel bewegen will, bis die Angst die Töchter dazu gebracht hat, nie mehr fortgehen zu wollen, schon gar nicht dorthin, wo der Himmel noch frei ist.

Es ist die wilde Frau, die ihr helfen kann, eine Große Mutter zu werden, indem sie ihr beizeiten in die Herzlosigkeit hilft, bis sie eine echte Rabenmutter geworden ist. Sie ist es auch, die den Töchtern zeigt, wie man sich die Welt zu eigen macht und sie mit Macht erlebt.

Dies ist sicherlich der bedeutendste Aspekt der wilden Frau, und wir müssen uns dazu durchringen, ihn in uns wieder lebendig werden zu lassen. Auch dann, wenn wir befürchten, nicht mehr geliebt zu werden, und die Einsamkeit einer solchen Haltung seine Schrecken für uns birgt. Es ist der bedeutendste Aspekt der wilden Frau, jedoch nicht ihr einziger. Das Wilde, das Ungezähmte kommt stets in zahlreicher und vielfältiger Gestalt daher, wenn es weiblich ist.

Ein sehr leiblicher, steinzeitlich-leiblicher Aspekt ist der der Höhlenfrau, der dicken Frau ohne Gesicht, der uns mit unseren Körpern wieder versöhnen soll, die wir selber so lange Zeit mißbilligt, mißachtet und mißhandelt haben. Diese wilde Frau lehrt uns, die Schönheit unserer Vulva zu lobpreisen, sie zeigt uns, daß Frauenaugen andere Arten der Schönheit erkennen, die für uns eine größere Gültigkeit hat als verwertbare Ebenmäßigkeit.

Die Venus von Willendorf war nicht hübsch, aber welch eine schöne Erdmutter war sie doch! Die Ziegenfrau aus den Anfängen dieses Buches zeigt, daß die Große Mutter häufig von kleiner Gestalt war und ihr Leib gezeichnet von der Geschichte ihres Lebens. Die fledermausflügelige Alte, Lilith, die erste Frau der Welt, die weder Vater noch Mutter hatte, weil sie sich selbst gebar, die Vogelköpfige, welche die Kinder brachte oder holte – sie alle sind verschiedene und doch vergleichbare Gestalten dieses Aspektes, in dem die wilde Frau sich uns offenbart. Zu ihr gehören auch alle Feen und Zauberinnen, die *morgans*, welche in einem Augenblick ganz harmlos ausschauen und im nächsten Augenblick lachend in der unsichtbaren Welt verschwinden können, die sich einem Menschen in der betörend duftenden Schönheit einer jungen Frau zeigen. Plötzlich schlagen sie die Kapuze zurück und zerfallen in Sekundenschnelle zu einem alten Weib, einer stinkenden Leiche, einem toten Skelett.

Vergessen wir nicht: Wir Frauen sind die Menschen, die in ihrem Leben zuwenig Mutter hatten. Unser ungestillter emotionaler Hunger aus den Kindertagen hat zu heftigen, jedoch niemals eingestandenen Gefühlen geführt, die sich letztlich gegen uns selbst und unsere Körper, ja sogar gegen unsere Kinder, vor allem unsere Töchter richteten. Die üppig schwellenden Brüste der wilden Frau nähren uns jetzt wieder, ihr Tanz mit dem Tod nimmt uns die Furcht vor der Körperlichkeit. Ihre Direktheit lehrt uns, den Gesetzen der Erde zu vertrauen. Sie endlich ist stark genug, eine wahre, wärmende, nährende, behütende Mutter zu sein, unser aller Mutter.

Ein eher geistiger Aspekt zeigt sich in einer anderen Muttergestalt, der Notre-Dame de la Nuit, der Königin der Nacht. Sie ist die Göttin, die dem Element der Luft zugeordnet wird. Wenn sie auch ganz anders als die fetten Erdmütter daherkommt, so ist sie doch eine sehr handfeste Erscheinung, die eine andere, sehr mächtige Wildheit repräsentiert. Ihr und nicht etwa den Erdmüttern ist die heilige Schlange zugeordnet, denn diese ist nicht, wie man auf den ersten Blick hin angesichts seiner kriechenden Gestalt meinen mag, ein Symbol für Erdhaftigkeit. Die Schlange ist ein sehr geistiges Tier. Trotz aller Tiefe, die einem Symbol innewohnt, sind es doch auch hier stets eher die einfachen und naheliegenden Gründe, die es dazu gemacht haben. So hat man auf der Suche nach einer Erklärung, warum ausgerechnet die Schlange weltweit ein Symbol der Mutterreiche war, lange Zeit geglaubt, das läge daran, daß die Schlange sich häutet, und nahm an, daß damit in ihr der Gedanke der Wiedergeburt verkörpert sei. So eine Annahme entspringt eher dem Hirn eines Psychoanalytikers und ist der Welt der wilden Frau nicht angemessen.

Wahrscheinlich war es aber das einfache, aber doch besondere Wissen, daß Schlangengift zu Visionen verhilft, die ungefähr so intensiv sind wie ein LSD-Trip (außer man stirbt daran). Von Kassandra, der visionären Seherin von Troja, wird berichtet, daß sie als Kleinkind ihre Mutter Hekate zum Schlangenheiligtum nach Delphi in Griechenland begleiten durfte. Durch ein Versehen wurde Kassandra im Schlangenhaus vergessen und über Nacht dort eingeschlossen. Am nächsten Morgen, als ihre Mutter bemerkte, daß sie sich nicht in der Obhut der Kinderfrau befand, wurde eine aufgeregte Suche nach dem Kind begonnen. Man fand sie tief und fest schlafend inmitten aller Schlangen, die sich nicht mehr in ihren Behältern befanden, sondern frei auf dem Boden herumkrochen. Sie hatte mehrere Schlangenbisse überlebt und war von da an immun dagegen. Nachdem sie auf diese Weise von der Göttin der Nacht auserwählt worden war, wurde sie selbstverständlich eine der Priesterinnen, die mit Hilfe von Schlangengift ekstatische Visionen hatten. Erst später, als man sie zu den Männern und deren neuen Göttern steckte, sie also im Tempel des Apollon landete, damals in den Zeiten, als Troja zerstört wurde, galt sie erst als gefährliche und lächerliche Verrückte, die im Delirium merkwürdiger Anfälle vollkommen unverständlichen Blödsinn von sich gab, auf den ein ordentlicher Trojaner besser nicht hörte.

Die Königin der Nacht, diese dunkle, aber elegante Erscheinung ist es, die über die Kunst des gnadenlosen oder auch bösen Blicks verfügt, wie es ihr als der Wissenden zukam.

Für sie war der neue Gott Apollon, der sich zwar vor allem in alle ihre Tempel und Heiligtümer setzte, wo er dann aber doch nicht ohne Hilfe der Pythia und ihrer Priesterinnen das Orakel verkünden konnte, für sie blieb dieser Apollon in seinen weißen Gewändern und seinem sportlichen Jünglingsgetue ein Schönling, Emporkömmling, nicht besonders intelligent, aber fesch; keiner, der wirklich Biß hatte.

Notre-Dame de la Nuit stillt unsere Sehnsucht nach Größe, denn wie alle Frauen leiden wir darunter, daß unsere Mütter so schwach und alltäglich waren und uns nicht beschützen konnten, daß sie zu klein und bescheiden waren, um uns das Träumen zu lehren, daß sie ohne Stolz und viel zu verängstigt waren, um uns zur Kühnheit zu ermutigen.

Den feurigen Aspekt, den unbändigen und einen nicht minder wilden als den der Höhlenfrau und der nächtlichen Königin verkörpert die Heilige Jungfrau. Sie steckte in langen Stiefeln und war ganz in Leder gekleidet. Eine Rossebändigerin war sie, die reiten konnte wie der Teufel, weil ihr die eigenen Beine viel zu langsam waren. Man nannte sie in alten Zeiten Amazone, »die niemals Brot (mazze) ißt«, denn dafür hatte sie keinen Sinn und keine Zeit. Sie kochte nicht und zauberte nicht.

Sie war die leibhaftige Tochter, und deshalb sollten wir von ihr auch keinerlei mütterliche Ausstrahlung erwarten noch darüber klagen, wenn sie uns so ganz und gar nicht mütterlich begegnet.

In der Vergangenheit gab es zwei sagenhafte Amazonenreiche. Das eine lag jenseits des Schwarzen Meeres an seinen Nordufern. Von hier kam Medea, und auch Hekate von Troja, Kassandras Mutter, soll von diesen Amazonen abstammen. Man ordnete diese Reiterweiber den Skythen zu, was wörtlich »Verteidiger« bedeutet und ein Sammelname ist für alles, was vom Schwarzen Meer kommend bis nach Griechenland gelangte. Unter ihnen führten die Amazonen Reiche mit Doppel-Königinnen. Eine war ständig unterwegs zu Eroberungsfeldzügen mit dem Heer, die andere hielt solange daheim bei den Herden und den Kindern die Stellung.

Wohin sie auch kamen, welches Land sie auch immer mit der Doppelaxt eroberten, alles begann fortan urban zu erblühen. Sie waren die größten und berühmtesten Städtegründerinnen und Stifterinnen von Heiligtümern der gesamten ionischen Welt. Smyrna, die Heimatstadt meiner Familie, in der meine Mutter als letzte von uns geboren wurde, ist von ihnen in grauer Vorzeit gegründet worden und trägt den Namen einer Amazone. Ebenso eine lange Reihe von Städten bis hin nach Nordafrika.

Natürlich war Epona, die Göttin der Pferde, die Göttin der Amazonen. Aber auch alle anderen Göttinnen, die als heilige Jägerinnen verehrt wurden, waren die ihren. »Einmal im Jahr wurde als orgiastisches Weihefest erst auf einem Granitfelsen im Kaukasus, später auf der schilfigen Aresinsel im Pontus, unter verschwiegenen Bräuchen, ein erlesenes milchweißes Roß geopfert«, erzählt Sir Galahad.

Das andere, sagenhafte Amazonenreich lag in Nordafrika, und noch heute ergehen sich die Tuareg und die Berber in dunklen Andeutungen, daß sie direkte Abkömmlinge von diesen wilden Weibern seien. Medusa war eine libysche Amazonenkönigin, und die Gorgonen sollen ein ganzes Weibervolk in Afrika gewesen sein.

Die Amazonen weisen mit ihrer Existenz darauf hin, daß jungfräulich die Bedeutung »gattenlos« hat und nichts mit dem Vorhandensein eines Hymen zu tun, das ja nur für den patriarchalen Besitzer von Frauen von einer solchen Bedeutung sein kann (Gerade, daß man nicht müde wird, es zu erzählen, aber um der Zählebigkeit solcher Vorstellungen muß es sein.).

Ich möchte noch weitergehen und die Jungfrau, die heilige Amazone, als ungebunden, das heißt kinderlos, betrachten und bezeichnen.

Die wilde Frau in ihrem amazonischen Aspekt trocknet uns die Tränen der Weinerlichkeit und stopft uns unseren Jammermund. Sie hebt uns aufs Pferd und jagt mit uns durch die Wälder, daß der Dreck hoch aufspritzt und die kalte Luft uns ins Gesicht beißt. Sie ist so ganz und gar nicht spirituell und auch nicht erdig dem Korn verbunden. Sie schreit: »Wird schon wieder!« und dürstet nach Taten.

Sie kann in der Tat viel für uns tun, ganz genau wie die Erdmütter und wie die Königin der Nacht. Jede auf ihre Weise bringen sie das Leben zu uns.

2. *Kapitel*

Im Namen der Weiblichkeit

Die Konzentration auf Äußerlichkeiten ist der Fluch, der auf der patriarchal verzauberten Frau lastet. Ihre innere Leere ist fast so groß wie ihre Angst, jemand inklusive sie selber könnte es bemerken. Manche verdekken die Leere durch die Überbetonung der Äußerlichkeiten, manche demonstrieren sie durch Verneinung und Vernachlässigung der äußeren Form. Ratlos stehen patriarchale Frauen vor dem verwirrenden Überangebot an weiblicher Typisierung und wissen kaum, wie sie sich entscheiden sollen. Es kann schon passieren, daß das Trutscherl vom Land eines Tages in die verruchte Reizwäsche steigt und sich nach und nach, mehr und mehr in die sexuell souveräne Frau aus der Stadt mausert, weil ihr die Bestätigung gefällt, die sie nun erhält. Ein wildes Weib ist sie deshalb natürlich noch lange nicht. Auch wäre dies ja nur eine weitere Konzentration auf eine äußerliche Typisierung, die letztlich einen anstrengenden Anpassungsstreß nach sich zieht, was bedeuten würde, daß sie in der Äußerlichkeit steckenbleibt.

Der Fluch kann dadurch gebannt werden, daß Frauen sich darüber klar werden, daß sie gezielt entweiblicht wurden und diese Entweiblichung zwar geistig und seelisch vollzogen wurde, aber von den Frauen körperlich und damit im äußeren Bereich erfahren wird.

Diese Klarheit kann die Tatsache erhellen, daß nur das zählt, was sich unter all diesen symbolischen Mänteln und Kleidern, unter den Masken und Aufmachungen verbirgt. Der Inhalt ist es, der der Form ihre Bedeutung gibt, und so muß auch Identität sich innen bilden und nach außen hin ausgedrückt werden.

Identitätsfindung ist ein innerlicher Prozeß, der darin endet, daß eine Frau ausreichend potent ist, um erstens Position beziehen zu können und zweitens diese Position zu halten. Frauen sind komplizierte Wesen. Das wissen sogar die Frauen, die sich nicht so gern mit ihrer Weiblichkeit auseinandersetzen möchten und sich lieber auf die Gleichheit der Geschlechter konzentrieren. Dieses Komplizierte der Frau drückt sich für mich darin aus, daß es stets mehrere Aspekte von Weiblichkeit sind, die eine ganze Frau ergeben. Von den sieben Aspekten weiblicher Identität, die ich gefunden habe, ist die wilde Frau der bedeutendste, wesentlichste.

Die anderen sechs möchte ich hier, am Ende des Buches über die wilde Frau, noch einmal einer genaueren Betrachtung unterziehen. Sie sind es, für die die wilde Frau, oder besser die wilden drei Frauen, etwas tun können, ja sogar tun müssen. Solange wir noch nicht in das Labyrinth hinabgestiegen sind, ist ein Teil dieser Aspekte von Weiblichkeit noch nicht in uns erwacht oder wird von einem kleinen Mädchen besetzt: dem Mädchen, das wir einmal waren, und das heute in diesem erwachsenen Leib gefangensitzt und sich, wie festgefroren in einer befremdlichen inneren Realität, weigert, erwachsen zu werden und das Leben in die Hand zu nehmen. Kinder brauchen unendlich viel Liebe –

und sie brauchen Grenzen. Wenn wir dem Kind, das wir einmal waren, erlauben, sich in unsere erwachsenen Frauen-Angelegenheiten einzumischen, so dürfen wir uns nicht wundern, daß es uns, also wir uns immer wieder in dieselben blöden Situationen bringen, wo wir immer wieder an denselben blöden Problemen leiden und scheitern. Kinder sind dem Leben eines Erwachsenen nicht gewachsen. Wir müssen lernen, unseren infantilen und schwachen Seiten Grenzen zu setzen, um nicht von ihnen tyrannisiert zu werden, denn es gibt Dinge im Leben, von denen verstehen Kinder so ganz und gar nichts, und die gehen sie auch gar nichts an.

Frauen sind so lange noch leidende Kinder, wie sie sich mit der Opferrolle identifizieren und darauf hoffen, daß die Täter ein Unrechtsbewußtsein entwickeln. Frauen sind auch dann noch Kinder, wenn sie glauben, daß sie nur ausreichend Energie aufwenden müssen, um Gewalt und Lieblosigkeit, die ihnen angetan wird, auszugleichen durch freundliches und kooperatives Verhalten.

Dem lustigen Kind sollten wir ruhig nachgeben und in unserem Leben der Ausgelassenheit, dem Leicht-Sinn und dem flachen Blödsinn genügend Raum geben, sonst ertrinken wir in unserer eigenen Tiefe. Ebenso sollten wir uns erlauben, unsere Sehnsucht nach Bemutterung und Bevaterung zu fühlen, unseren Hunger nach Bestätigung und Ermutigung zu spüren und uns auf die Suche machen, daß solche Sehnsüchte gestillt werden können, zumindest so gut es geht. All diesen Dingen sollten wir ausreichend Raum in unserem Leben einräumen, aber uns nicht davon beherrschen lassen. Wenn wir erwachsen werden wollen, dann müssen wir in die sieben Aspekte von Weiblichkeit hineinwachsen und dafür sorgen, daß sie sich in uns erfüllen.

Mit der Liebenden in sich haben viele Frauen nicht so große Schwierigkeiten. Die große Liebende, von Shakespeares niedlicher Julia bis hin zur tragischen Kameliendame, wird uns Frauen im Patriarchat nicht verwehrt, solange wir bereit sind, sie von der wilden Frau fernzuhalten.

Wenn dieser Aspekt in uns erblüht, so erleben wir einen ungeheuren Anstieg unserer Lebensenergie. Da gibt es plötzlich kein Problem, das so wichtig wäre wie die Liebe. Ja, da ist kein Problem unlösbar, das sich uns in den Weg stellen mag. Unsere Kräfte sind, wenn wir uns in diesem Aspekt befinden, immens, als hätten wir nächtelang in den Quellen weiblicher Energie gebadet und wären beinahe unverwundbar.

Die vergiftete, die schattige Seite der Liebenden zeigt sich dann, wenn eine Frau das Objekt ihrer Liebe auf monströse Weise zu Tode liebt, wenn sie zur eifersüchtigen Gefängniswärterin mutiert, den Boden der Realität verlassen hat und eher einem plärrenden Kind als einer Liebenden ähnelt.

Im Schatten oder unreif bleibt die Liebende, weil sie ohne Hilfe der wilden Frau nicht weiß, wie sie mit ihrer Lieblichkeit fertig werden soll, ohne daß diese nicht irgendwann ins Schwarze überkippt. »Nie gut genug« und »Nie genug«, diese beiden Ausdrucksformen weiblicher Deformierung sind auch in den Händen einer in großer Lauterkeit liebenden Frau lebensfeindliche Waffen.

Die wilde Frau kann die Liebende aus dem Reich der kindlichen Koketterie und des herzigen Augenaufschlags vertreiben, was bei einer Zwanzigjährigen ja noch angehen mag, bei einer Dreißigjährigen aber auf die Dauer schon recht anstrengend für das geliebte Objekt sein kann. Es ist die wilde Frau, die der Liebenden die ganze Sexualität schenkt, die ihr aus der Verklemmung hilft und sie dennoch vor der sexualtherapeutischen Orgasmus-Machbarkeit schützt und an der angepaßten Benutzbarkeit und Verfügbarkeit hindert, »gut im Bett« zu sein.

Die Mutter

Dies ist der zweite Aspekt, der uns fraglos zugestanden wird, es sei denn, wie erfüllten ihn tatsächlich mit Leben und übernähmen die gesamte uns in diesem Bereich zustehende Macht. Über den Aspekt der Mutter in uns ist in diesem Buch schon so viel gesagt worden, daß ich dem an dieser Stelle nichts mehr hinzufügen will. Auch das, was die wilde Frau für die Mutter in uns tun kann, ist ausführlich besprochen worden. Das Wichtigste bleibt, daß sie ihr hilft, anderen eine Rabenmutter zu sein, und sie mit den Mächten der Finsternis vertraut macht. Von ebenso großer Bedeutung ist es, daß eine Frau lernt, ihre Mütterlichkeit auch sich selbst zu geben und damit nicht zu vergessen, sich selber Gutes zu tun, um nicht am Ende ein überflüssiges Muttertier mit verausgabten Lebensbatterien zu sein, das keine Kraft mehr aufbringt, um eine weise Frau zu werden.

Die Priesterin

Wenn die Priesterin in uns nicht leben kann, dann sind wir wirklich in Schwierigkeiten, denn dann müssen wir ein Leben führen, in dem der Sinn des Lebens in Ehe oder Karriere oder in einem Haus auf dem Lande und dem nächsten Urlaub besteht. Wehe uns dann, wenn die Ehe in die Binsen geht, die Karriere nicht klappt und das Häuschen im Grünen endlich Wirklichkeit geworden ist.

Ohne den Aspekt der Priesterin sind wir auf die Lebenshilfe der Freizeitgestaltung angewiesen, und obwohl wir es so gut haben und uns doch nichts fehlt, würden wir zeitweise unerklärliche und ohnmächtige Anfälle von Schwermut und Depression erleiden müssen, Zeiten, die uns erscheinen, als würden wir gleichzeitig von Gespenstern gejagt und mutterseelenallein und abgrundtief einsam und verlassen sein.

Wenn wir die Priesterin in uns erwachen lassen, dann wird sie es sein, die die Verbindung zum Göttlichen herstellt und die uns die Sprache der Tiere, Bäume und Pflanzen, der Steine und der Wasser lehrt. Die Priesterin zeigt uns, daß wir das Bindeglied zwischen Himmel und Erde sind.

Ohne die Hilfe der wilden Frau würde die Priesterin jedoch eher einer Nonne ähneln. Sie erst ermöglicht ihr den Zugang zu Wahnsinn und Ekstase und zeigt uns die Durchgänge in die unsichtbare Welt. Sie erst sorgt dafür, daß die Priesterin nicht allzu himmlisch abgehoben in weißen Gewändern dahinfliegt, sondern befleckt ist wie alle ordentlichen Frauen, indem sie sie mit dem *sacer mens*, dem heiligen Blute, erdet.

Fehlt der Priesterin das Wilde, Ungezähmte, das Gnadenlose und Krumme, so wird sich ihr Schatten mit dem der Liebenden und der Mutter vereinen, und sie wird freundlich grüßend und bigott und bösartig eben diesen Schatten auf alles Lebendige werfen wollen.

Die Priesterin ist der Teil in einer Frau, der weiß, wann es Zeit ist, sich in den Heiligen Raum zurückzuziehen, und was dort zu tun ist. Dieser Teil in uns ist es auch, der ein feines Gespür dafür hat, mit wem eine Frau über ihre spirituellen Erlebnisse sprechen sollte und wer unbefugt, unwürdig und unberechtigt für dieses Wissen ist. So ist sie auch diejenige, die uns Verschwiegenheit lehrt.

Die Künstlerin

Es ist die Künstlerin in uns, an die sich die Priesterin wenden kann, wenn es darum geht, dem Göttlichen in der Welt Ausdruck zu verleihen. Sie ist die, die tanzt.

Auch der Künstlerin in uns scheint in unserer Welt kaum ein Platz eingeräumt werden zu dürfen. Mit dem Aspekt der Künstlerin meine ich nicht die realen Fähigkeiten, ein Bild zu malen oder eine Skulptur anzufertigen. Noch weitaus weniger verstehe ich darunter jemanden, der sich verkleidet und öffentlich und gegen Geld Kostproben seines Kurz- bis Mittelzeitgedächtnisses abgibt, indem Text auswendig hergesagt wird.

Die Künstlerin ist nicht kreativ und nicht auf Applaus angewiesen. Das heißt nicht, daß ich diese Dinge für unbedeutend halte, nur gehören sie in die Welt der alten Kinder und weisen nicht auf den Aspekt der Künstlerin in einer Frau hin.

Eine der Aufgaben der Künstlerin ist es, uns vor grausamer Mittelmäßigkeit zu bewahren. Sie braucht aber die Hilfe der wilden Frau, um durch die Verbindung zum Kosmos der bloßen Exaltiertheit zu entgehen.

Exaltiertheit, Vernissagen-Wichtigkeit und neckische Dekoration sind unreife Ausdrucksformen von ihr. Darin kann sich zwar eine Sehnsucht nach der Künstlerin und ihren Betätigungsmöglichkeiten ausdrücken.

Aber erst, wenn sie mit Hilfe der wilden Weiber ein *Borderline*-Fall geworden ist, beginnt sie zu erwachen.

Die Künstlerin in uns verkörpert die Fähigkeit des sinnlichen Ausdrucks. In diesem Aspekt der Weiblichkeit ist endlich der Platz für das Äußere, die Form. Sie lehrt uns, daß es Regeln und Gesetzmäßigkeiten geben muß, die das Ritual bestimmen. Sie weiß um die Anzahl der Schleier beim Tanz und kennt den Unterschied zwischen Zufall und Absichtslosigkeit.

Die Kriegerin

Ich sollte sie nicht als Kriegerin bezeichnen, denn Krieg und Schlachtfelder sind ihr ein Greuel.

Der kämpferische Aspekt der Kriegerin scheint alle Furcht und Angst des patriarchalen Mannes und seiner kollaborierenden Dienerin schlagartig hervorzurufen. Nur selten und unter Verzicht aller möglichen Vergünstigungen und Vorenthaltungen von Achtung und Verständnis ist es einer Frau erlaubt, die Kriegerin in sich zum Leben zu erwecken. Es sei denn, die Mutter macht in Notzeiten bei der Kriegerin eine kleine Anleihe, um ihre Jungen wie eine Löwin zu verteidigen.

Eine Frau muß aber kämpfen können. Für sich und gegen andere. Um sich und nicht nur um andere.

Sie sollte den Gebrauch von Waffen kennen und imstande sein, geschickte und realistische Strategien zu entwickeln, um ihre Interessen durchzusetzen. Nicht von realen Waffen – von der MP bis zum Nudelholz – ist hier die Rede, sondern von angemessenen Fähigkeiten, sich zu wehren, was allerdings den Schutz des eigenen Körpers einschließt, das heißt also, auch die Fähigkeit zur Selbstverteidigung.

Die Kriegerin in uns ist es, die das Aggressionspotential einer Frau verwaltet und hütet.

Wäre die Künstlerin, die tanzen kann, nicht – wer weiß –, vielleicht wäre die Kriegerin hart und herzlos. Wäre die Mutter nicht, so wüßte die Kriegerin möglicherweise nicht, daß sie eine Hüterin und Wächterin verletzbaren Lebens sein muß. Wäre die wilde Frau nicht, traute sich die Kriegerin am Ende überhaupt nicht, zum Vorschein zu kommen.

Wenn einer Frau verwehrt wird, eine Kämpferin zu werden, so zeigt sich ein Schatten, wie er entsetzlicher nicht sein kann. Dann schöpft die feindselige Frau Heimtücke aus ihrem Aggressionspotential und wendet sich gegen ein beliebiges Objekt oder aber auch gegen sich selbst: die nicht kämpfende Frau.

KZ-Wächterinnen wie die berüchtigte blutige Brygida, deren entsetzliche Taten ein Beispiel für den sadistischen und mordlustigen Niedergang der Kriegerin sind, zeigen, daß wir Frauen uns Frauen nicht verharmlosen dürfen. Weitaus verbreiteter ist es allerdings, daß eine Frau, die nicht zu kämpfen gelernt hat, den Schatten über sich selber wirft. Sie kann autoaggressive Störungen entwickeln, die in so zahlreichen wie subtilen Facetten existieren. Sie kann eine ganze Palette von psychosomatischen Selbstzerstörungs- und Selbstbestrafungs-Symptomen entwickeln wie Nägelbeißen oder Migräne. Im schlimmsten Falle bekommt sie möglicherweise Krebs, den eine Reihe von einfühlsamen Psychotherapeuten als eine Krankheit des verleugneten Kämpfens und der nie gewagten Abgrenzung und verhinderten Selbstverteidigung betrachten.

Daran sollten wir erkennen, daß die Kriegerin in uns unbedingt etwas von der Ernsthaftigkeit verstehen muß, die das Leben von einer Frau fordert. Man kann tatsächlich daran sterben, wenn man nicht wagt zu kämpfen. So stimmt es also doch: Wer sich nicht in Gefahr begibt, kommt darin um. Das dringende weibliche Bedürfnis nach Harmonie und Geborgenheit mag zu der einseitigen Sicht verleiten, Aggression als männlich und destruktiv abzulehnen. Das ist nicht wahr und ein Akt der Verleugnung weiblicher Natur. Eine gibt es, die dringend auf sie angewiesen ist und die danach verlangt, daß die Kriegerin ihre Kunst beherrscht. Es ist die Königin.

Die Königin

Das Reich des Selbst muß gut regiert werden. Die Königin in uns weiß, was sie will, und sie setzt es souverän durch. Sie kennt die Grenzen ihres Reiches gut. Das bedeutet, daß sie sowohl die Rechte anderer Menschen respektiert wie es ihr niemals einfiele, ihre eigenen Grenzen zurückzunehmen oder Grenzübertritte anderer in ihr Reich zu dulden. Sie ist der Schutz einer Frau vor der Selbstlosigkeit, das heißt, der Tendenz zur Selbstauflösung, zu der wir alle neigen, der wir der patriarchalen Gehirnwäsche einst unterzogen wurden.

Wenn unser Leben darauf aufgebaut ist, den Wünschen und Vorstellungen anderer zu entsprechen, dann ist der Thron der Königin verwaist, und das ist mehr als nur eine persönliche Katastrophe.

Solange eine Frau keine Selbstachtung annimmt, wenn sie die Chance dazu endlich bekommt, solange werden alle Frauen leiden. Vielleicht vermögen wir nichts mehr dagegen zu tun, daß das Patriarchat das Bestialische im Menschen hervorruft. Wahrscheinlich werden wir keinen Mann vor sich selbst retten können. Aber uns selbst retten können wir, müssen wir – also werden wir.

Wenn wir Frauen so leben, als wären wir nichts wert, laden wir eine große Schuld auf uns. Ich glaube, wir haben kein Recht, uns darauf zu berufen, daß wir schwach sind, wenn es darauf hinausläuft, daß wir unser Reich des Selbst nicht selber zu regieren beabsichtigen. Und wir haben kein Recht, uns anschließend zu beklagen, wenn die von uns an unserer Stelle mit dieser Aufgabe Betrauten es nicht oder nur schlecht vermochten.

Schneewittchen und Dornröschen, Rapunzel und Aschenputtel waren junge Dinger ohne Selbstachtung, so daß sich in ihrem Leben der böse, der destruktive und giftige Aspekt der Königin ihrer bemächtigen konnte. Sie vermochten nicht zu erkennen, daß sie anderen die Macht über ihr Leben übertragen hatten, anderen, die nicht einmal imstande waren, ihr eigenes Königreich zu regieren. Sie waren Vatertöchter, und ihre Väter waren mit dieser Macht überforderte Figuren.

Wahrscheinlich sagte Schneewittchen zu den sieben Zwergen: »Bei euch kann ich endlich ich selbst sein« und wusch anschließend fleißig und emsig Zwergenunterhosen. Dornröschen stand dem in nichts nach und brauchte einen richtigen Mann, um sich überhaupt wachzuhalten und bewegen zu können. Rapunzel hat wahrscheinlich jahrelang davon geträumt, daß einer vorbeikäme, der sie aus dem ganzen Schlamassel befreite, während sie wie eine Qualle im Turm hockte, anstatt endlich von der wilden Frau zu lernen. Und Aschenputtel sonnte sich im Keller und in der Schloßküche in ihrer Opferrolle.

Solche schwachen Prinzessinnen geben später auch keine guten Königinnen ab. In einem solchen Reich kann ein- und ausgehen wer will, kann es verwüsten, planieren und betonieren, kann es zum Vergnügungspark erklären und zur Müllhalde.

Es ist ein Irrtum anzunehmen, daß die anderen gut zu uns sein werden, wenn wir gut zu ihnen sind. »Was du nicht willst, das man dir tu, das füg auch keinem anderen zu.« Das lernen die braven und fleißigen Prinzessinnen von den Räubern ihres Reiches, von falschen Großwesiren und bösen Stiefmüttern, die nichts anderes im Sinn haben, als uns um unser rechtmäßiges Erbe zu bringen.

In Wahrheit verhält es sich ganz anders. Die anderen sind immer nur so gut zu uns, wie *wir* gut zu uns sind. In einem Hause, in dem der Müll aus allen Zimmern quillt, wird ein Besucher keine Scheu haben, sein klebriges Bonbonpapier dazuzuwerfen.

Die Königin in uns verkörpert sich in der Fähigkeit einer Frau, ihr eigenes Zentrum sein zu können. Ich behaupte, daß wir es alle nicht können. Wir können ja nicht einmal im Mittelpunkt stehen. Die meisten geraten schon bei dem Gedanken daran, aufzustehen und vor die Menge zu treten, mit hochroten Ohren in kalten Schweiß. Die wenigen, die es sich zutrauen und fertigbringen, gehören zumeist zur Sorte der auf Beachtung dressierten und nach nachträglicher Anerkennung dürstenden kleinen Prinzessinnen.

Um das Zentrum ihres Lebens zu sein, bedarf die Königin nicht des Konsenses mit anderen. Die Königin in uns ist alles andere als demokratisch. Sie trifft in ihrem Reich die Entscheidungen und niemand sonst. Es ist *ihr* Leben. Was fehlt, bringt ihr Leid und niemandem sonst. Was ihr nicht gefällt, bereitet ihr Unbehagen und niemandem sonst. Was sie nicht fordert, wird sie nicht bekommen. Was sie nicht entscheidet, gebührt ihr nicht. Sie kann es nicht auf der Energie anderer aufbauen, und sie darf anderen nicht mehr geben, als sie wirklich hat. Es ist gut, wenn sie ihr Reich gut kennt, je besser, desto leichter läßt es sich regieren. Es ist auch gut, wenn sie weiß, woher sie Hilfe bekommt.

Ohne den Schutz der Kriegerin in uns, kann die Macht der Königin ins Wanken geraten. Ohne die Künstlerin würde es keine Schönheit in ihrem Palast geben, keine Musik und kein Lachen, und die Anwesenheit des Göttlichen wäre nicht sichtbar. Ohne die Mutter und die Liebende gäbe es keine Nahrung und keine Wärme. Und ohne die Priesterin läge auf ihrem Palast kein Segen.

Danksagung

»Wir laufen nicht durch die Gegend und danken einander überschwenglich für alles mögliche. In deiner Welt sagt ihr: Dankeschön. Dankeschön ist eine Lüge, und ich rate dir, es nie wieder zu sagen. Du magst es als Höflichkeitsfloskel sagen, aber sage niemals aufrichtig »Danke« zu einem Mann – es raubt dir Macht. Es gibt nur eine Ausnahme: Wenn du in einem anderen wahrhaft den Großen Geist siehst. Dann darfst du diesen Geist mit Dank und Ehrbezeugung ansprechen. Ansonsten, vergiß es.«

(Agnes Whistling Elk vom Stamme der Cree)

Literatur

Vittoria Alliata: Die Freiheit hinter dem Schleier, München 1981.
Lynn Andrews: Die Medizinfrau, Hamburg 1986.
Alan Bleakley: Früchte des Mondbaumes, München 1984.
Gisela Bleibtreu-Ehrenberg: Vom Schmetterling zur Doppelaxt, Frankfurt am Main 1990.
Robert Bly: Eisenhans, München 1991.
Elisabeth Camenzind/Ulfa von den Steinen (Hrsg.): Frauen definieren sich selbst, Zürich 1991.
Joseph Campell: The Power of Myth, New York 1988.
Andrée Collard: Die Mörder der Göttin leben noch, München 1988.
Joelle de Gravelaine: Lilith, der schwarze Mond, Gersthofen 1985.
Hans Egli: Das Schlangensymbol, Olten 1982.
Rian Eisler: Von der Herrschaft zur Partnerschaft, München 1989.
Paul Faure: Kreta, Stuttgart 1978.
Richard Fester u. a.: Weib und Macht, Frankfurt am Main 1991.
Luisa Francia: Drachenzeit, München 1987.
Luisa Francia: Kalypso, München 1984.
James George Frazer: Der goldene Zweig, Reinbek 1991.
Sigrid Früh (Hrsg.): Märchen und Geschichten aus der Welt der Mütter, Frankfurt am Main.
Carlo Ginzburg: Hexensabbat, Berlin 1990.
Heide Göttner-Abendroth: Die tanzende Göttin, München 1988.
Elisabeth Gould Davis: Am Anfang war die Frau, Berlin 1990.
Benoîte Groult: Ödipus Schwester, München 1985.
Manfred Hammes: Die Amazonen, Frankfurt am Main 1981.
Thomas Hauschild: Die alten und die neuen Hexen, München 1987.

Siegmund Hurwitz: Lilith, die erste Eva, Zürich 1983.
Institut für Sozialpädagogik TU Berlin (Hrsg.): Mittäterschaft und Entdeckungslust, Berlin 1989.
Hermann Kern: Labyrinthe, München 1983.
Ron Kurtz: Körperzentrierte Psychotherapie, Essen 1985.
Ronald D. Laing: Phänomenologie der Erfahrung, Frankfurt am Main 1969.
Ronald D. Laing: Weisheit, Wahnsinn, Torheit, Köln 1987.
Jean Markale: Die keltische Frau, München 1984.
Marko Pogacnik: Die Erde heilen, München 1989.
Jonathan Schell: Das Schicksal der Erde, München 1982.
Hilde Schmölzer: Die verlorene Geschichte der Frau, Mattersburg 1991.
Penelope Shuttle/Peter Redgrove: Die weise Wunde Menstruation, Frankfurt am Main 1989.
Martha Sills-Fuchs: Der Mittagshirsch, Wien 1990.
Sir Galahad: Mütter und Amazonen, Berlin 1987.
Starhawk: Mit Hexenmacht die Welt verändern, Freiburg 1991.
Johannes Thiele: Die mystische Liebe zur Erde, Stuttgart 1989.
Christina Thürmer-Rohr: Vagabundinnen, Berlin 1990.
Jutta Voss: Das Schwarzmondtabu, Stuttgart 1988.
Paul Watzlawick: Wie wirklich ist die Wirklichkeit, München 1976.
Christa Wolf: Voraussetzung einer Erzählung: Kassandra, Darmstadt 1983.
Mario Zanot: Die Welt ging dreimal unter, Augsburg 1991.
Marion Zimmer-Bradley: Die Nebel von Avalon, Frankfurt am Main 1987.

Weibliche Perversionen